Creation and Utilization of **INVENTION AND PATENT**

지식재산 창출·활용을 위한

발명과 특허

홍정표 지음

INFINITY BOOKS

이 도서의 국립중앙도서관 출판예정도서목록(CIP)은 서지정보유통지원
시스템 홈페이지(http://seoji.nl.go.kr)와 국가자료종합목록시스템
(http://www.nl.go.kr/kolisnet)에서 이용하실 수 있습니다.

(CIP제어번호 : CIP2018033696)

머리말

최근 지식재산에 관한 뉴스를 언론에서 자주 접하게 됩니다. 2011년 시작된 삼성과 애플의 특허 분쟁은 세계적 이슈가 되었고, 오라클과의 저작권 소송에서 패한 구글이 지불해야 하는 배상액은 10조원에 달할 것이라는 보도가 있었으며, 중국의 지식재산권 무단 침해에 대한 미국의 불만이 미·중 무역분쟁의 배경으로 꼽히고 있습니다. 이러한 사례들은 이 시대의 변화를 나타내며 산업의 미래를 보여준다고 할 수 있습니다.

1만 년 전의 농업혁명, 18세기의 제조업에 의한 산업혁명에 이어 21세기 들어 지식정보사회로 진입하면서 제조기술에 앞서 창작활동의 성과로서 특허와 저작권을 중심으로 한 지식재산이 국가와 기업 경쟁력의 원천으로 떠오르고 있는 것입니다.

이 점을 단적으로 나타내는 것이 기업가치(enterprise value)에서 차지하는 유형자산과 무형자산의 비중입니다. 1980년 미국 500대 기업의 기업가치에서 40% 이하였던 무형자산의 비율이 2000년대 중반 이후 80% 이상을 차지하고 있습니다.

최근 창의적 역량에 대한 중요성이 강조되고 창업에 관한 관심도 높아지고 있습니다. 그러나 창의적 아이디어 창출에 머물러서는 안 되며 지식재산으로 권리화하고 활용할 줄 알아야 합니다. 새로운 아이디어를 믿고 사업을 시작했는데 나의 아이디어를 모방하여 다른 사람이 같은 제품을 판매하는 경우 특허권이 없다면 이를 막을 수 있는 방법이 없습니다.

생명공학, 소프트웨어, AI 등 유망기술과 제4차 산업혁명에서도 특허와 저작권 등 지식재산의 확보가 경쟁력의 핵심이라고 할 수 있습니다.

이러한 환경에서 우리나라도 지식재산의 중요성을 이해하며, 이를 창출하고 활용할 줄 아는 지식재산 사회로의 변화가 절실하며, 대학에서의 지식재산권 교육의 중요성이 여기에 있다고 할 수 있습니다.

앞으로의 사회에서는 창의성이 우수한 학생이 성공하는 사회가 될 것이며, 창의적 역량을 바탕으로 지식재산을 창출하고 활용하는 능력이 중요하다고 하겠습니다.

이 책은 지식재산과 특허 제도에 대한 소개에서부터 발명의 창출, 특허정보의 검색 및 분석, 명세서 작성과 전자출원, 특허권과 침해 등 지식재산권 창출·활용에 관한 실무적 내용을 위주로 구성되어 있습니다.

이 책이 대학에서 실제 강의하고 있는 내용을 바탕으로 하여 대학생을 위한 교재로 발간되었지만, 지재권과 특허에 관하여 공부하고자 하는 모든 사람들에게 도움이 될 수 있을 것으로 생각됩니다.

이 책을 통해 지식재산과 특허에 대한 이해를 넓히고, 앞으로 이 분야에 대한 더 큰 관심과 노력을 갖게 되기를 기대합니다.

2018년 7월

홍정표

목차

머리말 · v

CHAPTER 01 지식재산권 · 1

1. 지식재산권 개요 · 1
2. 산업재산권 · 3
3. 저작권 · 10
4. 신지식재산권 · 13

CHAPTER 02 특허요건 및 출원절차 · · · · · · · · · · · · · · · 29

1. 특허의 개요 · 29
2. 특허를 받을 수 있는 권리 · 35
3. 실체적 등록요건 · 38
4. 특허출원 절차 · 51
5. 특허심사 절차 · 57
6. 특허심판 절차 · 63

CHAPTER 03 발명의 창출 · 75

1. 창의성이란 무엇인가 · 75
2. 아이디어 발상법 · 77
3. 트리즈(TRIZ) · 81
4. ASIT · 87
5. 사물인터넷의 활용 · 99
6. 발명 창출 프로세스 · 104

CHAPTER 04 특허정보검색 · 115

   1. 특허정보검색 개요 · 115
   2. 키프리스 검색 · 125
   3. 선행기술조사보고서 · 135

CHAPTER 05 특허정보분석 · 147

   1. 특허정보분석 개요 · 147
   2. 특허검색 · 149
   3. 데이터 가공 · 152
   4. 정량분석 · 156
   5. 정성분석 · 176

CHAPTER 06 특허출원서류 및 해외출원 · · · · · · · · · · · · · · · · · · · 191

   1. 특허출원서 및 수수료 · 191
   2. 명세서 및 요약서 · 193
   3. 명세서 작성 실습 · 205
   4. 전자출원 · 214
   5. 해외출원 · 224

CHAPTER 07 특허권 및 특허침해 · 237

   1. 특허권 · 237
   2. 특허침해 · 249
   3. 특허침해에 대한 구제 · 260

   찾아보기 · 269

Creation and Utilization of
INVENTION AND PATENT

01 지식재산권

1. 지식재산권 개요

지식재산권(intellectual property rights)[1]이란 "인간의 지적(정신적) 창작물 중에서 보호할만한 가치가 있는 것에 대하여 법이 부여하는 권리"라고 간략히 정의할 수 있다.[2]

지식재산권을 창작하거나 발명하기 위해서는 많은 노력과 시간, 자금이 투자되어야 하는 반면, 이를 복제하거나 모방하는 것은 상대적으로 훨씬 쉽다. 지식재산권을 보호해주지 않는다면 굳이 많은 시간과 노력을 들여 새로운 창작과 발명을 하려 하지 않을 것이고, 새로운 창작과 발명을 하였더라도 이를 공개하지 않으려 할 것이다.

따라서 지식재산권을 보호하는 근본 목적은 뛰어난 창작활동의 성과를 보호하여 새로운 창작활동을 장려함으로써 산업발전과 문화융성을 달성하고자 하는 것이라 할 수 있다.

지식재산권은 부동산, 동산 등 형체를 갖고 있는 유체재산권(有體財産權)과 달리 형체가 없는 무체재산권(無體財産權)이다. 그러나 사고팔고, 빌리고 빌려주며, 담보로 대출을 받을 수 있는 점에서는 유체재산권과 차이가 없다.

지식재산권의 가치는 매우 크다. 영화 '해리포터 시리즈'의 수익은 77억불을 넘어 자동차 500만대를 수출해서 얻은 수익에 해당하고, 우리가 휴대전화를 구입할 때에도 대금의 5% 정도는 미국 퀄컴사에 로열티로 지급되는 것으로 알려져 있으며, 외국의 지식재

---

[1] 지적재산권이라고도 하며 같은 의미이다.

[2] 지식재산기본법(제3조)은 지식재산을 "인간의 창조적 활동 또는 경험 등에 의하여 창출되거나 발견된 지식·정보·기술, 사상이나 감정의 표현, 영업이나 물건의 표시, 생물의 품종이나 유전자원, 그 밖에 무형적인 것으로서 재산적 가치가 실현될 수 있는 것을 말한다"고 정의하면서, 지식재산권은 "법령, 조약 등에 따라 인정되거나 보호되는 지식재산에 관한 권리"로 규정하고 있다.

산권 절도행위로 미국이 입는 피해가 연간 2,250억불에서 6,000억불에 이른다는 평가가 있다.[3]

지식재산권은 산업재산권과 저작권, 신지식재산권으로 크게 나뉜다. 산업재산권은 특허, 실용신안, 디자인 및 상표 등 산업경제와 관련이 깊은 지식재산권이고, 저작권은 인간의 사상 또는 감정을 표현한 도서, 음악, 미술, 연극, 건축, 영상, 사진, 컴퓨터프로그램 등에 부여되는 지식재산권을 말한다.

신지식재산권은 기술과 산업이 복잡해지고 다양해짐에 따라 산업재산권과 저작권과 같은 전통적 지식재산권 외에 새로이 대두된 지식재산권[4]으로서, 영업비밀, 부정경쟁방지, 반도체집적회로배치설계, 컴퓨터프로그램, 데이터베이스, 인터넷도메인네임, 캐릭터, 식물신품종, 생명공학기술, 프랜차이징, 퍼블리시티권, 소리·냄새상표 등이 속한다.

지식재산권은 관련된 많은 국제조약이 있고, 최근의 다자간 또는 양자 간 무역협상에서 중요한 의제 중의 하나로 다루어지고 있으며,[5] UN 산하에 전 세계적 지식재산 관련사항을 관장하는 기관으로 세계지식재산권기구(WIPO; World Intellectual Property Organization)가 있다.

앞서 설명한 대로 "인간의 정신적 창작물 중 보호할만한 가치가 있는 것에 대하여 법이 부여하는 권리"를 지식재산권이라고 한다면, 앞으로 인간의 새로운 창작물이 다른 형태의 지식재산권으로 나타날 수 있다.

신지식재산권은 그 성격에 따라 산업재산권과 저작권에 포함되어 보호되기도 하고, 새로운 법령에 의하여 보호되기도 한다. 산업재산권과 신지식재산권 중 부정경쟁방지 및 영업비밀보호, 반도체집적회로배치설계보호 등의 소관부서는 특허청이고, 저작권은 문화체육관광부이며, 식물신품종은 농림축산식품부이다.

2016년 기준 산업재산권 4권의 출원건수를 보면, 특허 208,830건, 실용신안 7,767건, 디자인 65,659건, 상표 181,606건이다.[6]

---

[3] The Nat'l Bureau of Asian Research, "The theft of American Intellectual Property: Reassessments of the Challenge and United States Policy", Update to the IP Commission Report, 2017(이 보고서는 미국의 지식재산권을 훔치고 있는 대표적 국가로 중국을 지목하고 있으며, 이러한 미국의 불만이 미·중 무역분쟁의 주요 원인 중 하나인 것으로 알려져 있다).

[4] 지식재산기본법은 "신지식재산"을 경제·사회 또는 문화의 변화나 과학기술의 발전에 따라 새로운 분야에서 출현하는 지식재산을 말한다"고 정의하고 있다. 동법 제3조 제2호.

[5] 예를 들면 우루과이 라운드 무역협상의 지재권분야 협상인 TRIPs(Trade Related Aspects of Intellectual Property) 타결로 인하여 지재권 제도의 국제적 통일화가 많이 진척되었으며, 한·미 FTA, 한·EU FTA에 의해 저작권의 보호기간이 늘어나고(저자 사후 50년에서 70년으로), 소리상표·냄새상표가 도입되었으며 특허와 실용신안의 공지예외를 주장할 수 있는 기간(grace period)이 6개월에서 12개월로 늘어났다.

[6] 출처: 특허청 홈페이지 온라인통계서비스(IPSS).

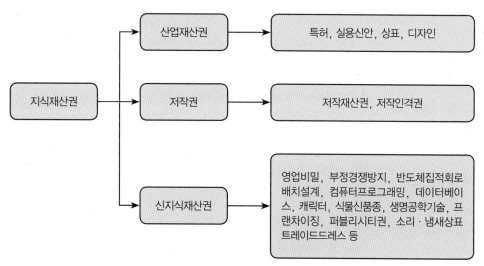

그림 1.1 지식재산권의 분류

2.　산업재산권(Industrial Property Rights)

1.　특허권

특허법에서는 특허의 대상이 되는 발명을 "자연법칙을 이용한 기술적 사상의 창작으로서 고도한 것"(특허법 제2조 제1호)으로 정의하고 있다. 특허제도는 발명을 보호·장려함으로써 국가산업의 발전을 도모하기 위한 제도로서, 기술공개의 대가로 일정기간의 독점권을 부여하는 것이다.

특허를 받으면 일정기간의 독점적 실시로 경쟁자의 배제가 가능하다. 새로운 아이디어로 사업을 실시하고 있던 중에 다른 사람이 동일 제품을 생산·판매할 때 특허가 없다면 이를 막을 수가 없다.

특허를 받기 위해서는 성립성, 산업상 이용가능성, 신규성, 진보성, 선원 등의 특허요건을 만족하여야 하고, 특허법에 규정된 바에 따라 특허출원서 및 명세서를 작성하여 특허청에 제출하여야 한다.

특허청은 해당 기술분야를 전공한 심사관의 심사를 거쳐 등록결정 또는 거절결정을 하게 된다. 심사관이 거절결정을 하는 경우에는 반드시 거절이유를 기재한 거절이유통지서를 먼저 출원인에게 발송하며, 출원인은 이에 대하여 의견서 및 보정서를 제출하여 거절이유통지에 대응할 수 있다.

특허의 영향력이 커진 데는 1980년 이후 특허대상이 크게 확대된 데 기인하는 바가 크다.[7] 현재는 특허요건을 만족한다면 물건, 장치, 방법, 화학물질, 식품, 약품, 인공 생명체, 컴퓨터프로그램, 영업방법 등이 모두 특허의 대상이다.

특허권은 다른 지식재산권에 비해 그 권리가 강력하다. 저작권자는 저작권 침해 혐의를 받는 상대방이 실제로 자신의 저작물을 복제(copy)하였음을 입증하여야 하고, 상표권자는 소비자 혼동을 입증하여야 하며, 영업비밀 보유자는 불법적인 취득이나 비밀유지의무 위반 등을 입증해야 하지만, 특허권자는 특허 침해 혐의를 받는 사람이 특허발명[8]을 생산, 사용, 양도(판매), 수입하는 행위 중 하나를 하였다는 것을 입증하면 침해가 성립된다.

특허권자는 자신의 특허발명을 침해하고 있는 타인의 실시행위를 금지시키거나(금지청구권), 그 침해행위로 입은 손해에 대한 손해배상을 청구할 수 있으며(손해배상청구권), 그 침해행위를 근거로 형사고소도 할 수 있다.[9] 특허권자는 또한 자신의 특허권을 팔거나, 빌려주며(실시권 부여) 수익을 창출할 수 있다.

특허권의 존속기간은 설정등록한 날부터 출원일 후 20년이 되는 날까지이다.

2. 실용신안권

특허법의 보호대상이 발명인데 대하여 실용신안법은 고안이다(실용신안법 제1조). 실용신안법은 고안을 "자연법칙을 이용한 기술적 사상의 창작"으로 정의하고 있어서 특허법의 발명과 대비하면 '고도한 것'이라는 용어가 없다는 점에서만 차이가 있다.

실용신안은 특허를 받기에는 다소 부족할 수 있는 소발명을 보호하기 위한 제도로서,[10] 기본적인 등록요건과 심사절차는 특허와 거의 차이가 없다. 성립성, 산업상이용가능성, 신규성, 진보성, 선원 등의 등록요건이 같고, 특허청에 제출하여야 하는 출원서, 명세서, 도면의 형식도 같으며, 같은 기술분야의 특허심사를 담당하는 심사관이 등록 여부를 결정한다.

실용신안이 특허와 다른 점은 첫째, 그 대상이 특허에 비하여 현저하게 좁다는 것이다. 실용신안의 대상은 "물품의 형상·구조 또는 조합에 관한 것"으로 한정되므로(실용신

---

[7] 특허대상의 확대는 미국에 의해 주도되었다. 미국 연방대법원이 1980년 초 인공생명체 및 컴퓨터프로그램을 특허대상으로 판결하였고, 1998년에는 미국연방항소법원(CAFC)이 영업방법(Business Method)을 특허대상이라고 판결한 이후 미국을 시작으로 다른 나라들도 이들을 특허대상으로 받아들이게 되었다.

[8] '특허발명'이란 특허를 받은 발명을 말한다. 특허법 제2조 제2호.

[9] 고의로(형사처벌을 위해서는 '고의'의 입증이 필요하다) 타인의 특허권을 침해한 자에 대하여는 7년 이하의 징역 또는 1억원 이하의 벌금형에 처할 수 있다(특허법 제225조). 이 죄는 고소가 없으면 공소를 제기할 수 없다(소위 '친고죄').

[10] 실용신안 제도는 비교적 산업화가 늦었던 독일이 1891년 산업정책상 소발명을 보호하기 위하여 세계 최초로 채택한 후 일본을 거쳐 우리나라에 도입되었다. 미국 등 실용신안 제도를 갖고 있지 않은 나라도 많다. 우리나라에서는 종래 특허와 함께 산업재산권 제도의 한 축을 담당하여 1988년까지는 그 출원 건수가 특허출원 건수를 상회하였으나('88'년 특허출원 20,051건, 실용신안등록출원 22,677건; 출처: 특허청 홈페이지 지식재산권통계), 89'년 역전된 이후 현재는 그 출원 건수가 특허출원 건수의 1/20에도 미치지 못하고 있다.

안법 제4조 제1항), 구체적인 형상을 갖는 장치나 기계 등이 대상이 되며, 특허의 대상이 되는 방법발명이나 조성물, 식품·의약품, 동식물, 컴퓨터프로그램 등은 실용신안으로 등록받을 수 없다.

둘째, 실용신안법은 통상의 기술자가 "극히 쉽게 고안할 수 있는 고안은 진보성이 없다"고 하여(실용신안법 제4조 제2항), "쉽게 발명할 수 있는 발명은 진보성이 없다"는 특허법과는 '극히'라는 용어가 더 있다는 점에서 차이가 있다.

따라서 실용신안은 특허에 비하여 진보성의 문턱이 다소 낮다고 볼 수 있다. 그러나 실용신안도 일정기간의 독점권을 주는 강력한 권리이기 때문에, 실무에서는 특허와 실용신안의 진보성의 차이가 명확하게 구별되지 않는 경우가 많다.

셋째, 특허권의 존속기간이 설정등록한 날부터 출원일 후 20년이 되는 날까지인데 비하여, 실용신안권의 존속기간은 설정등록한 날부터 출원일 후 10년이 되는 날까지로 짧다.

앞서 기재한 차이점 외에는 출원절차, 등록요건, 심사절차, 실용신안권의 효력, 실시권, 침해가 되는 행위, 침해에 대한 구제,[11] 심판·소송 등에 있어서, 특허법의 규정이 그대로 실용신안법에 적용된다고 보아도 무방하다.

3. 디자인권

디자인보호법상 디자인이란 "물품의 형상·모양·색채 또는 이들의 결합으로 시각을 통해 미감을 일으키게 하는 것을 말한다"(디자인보호법 제2조 제1호).

우리가 통상적으로 디자인이라고 칭하는 디자인에는 건축디자인, 조형디자인, 광고포스터, 그래픽디자인, 산업디자인, 시각디자인, 환경디자인 등이 포함되는 개념이지만, 디자인보호법에서 보호하는 디자인은 '물품의 미적 외관(산업디자인)'을 말하는 좁은 개념이다.

디자인보호법상 디자인은 독립적인 거래의 대상이 되는 물품의 외관에 관한 디자인이므로 물품과 불가분의 관계에 있으며, 물품을 떠나 디자인 자체로서는 보호받을 수 없다. 또한 형태가 같아도 물품이 달라지면 다른 디자인으로 취급된다. 즉 자동차와 장난감 자동차, 휴대용 전화기와 장난감 휴대용 전화기와 같은 경우이다.

디자인보호법은 특허법이나 실용신안법과 같이 창작을 보호하는 제도로서, 법체계의 기본 골격은 특허법과 유사한 면이 많다. 디자인의 등록요건은 공업상이용가능성, 신

---

[11] 금지청구권, 손해배상청구권 및 형사고소 등을 말한다.

규성,[12] 창작성,[13] 선원 등이고, 디자인의 대상이 되는 물품과 그 디자인에 대한 설명 및 도면 등을 기재한 디자인출원서를 제출하여 특허청 심사관의 심사를 거쳐 등록 또는 거절된다.

디자인등록을 받을 권리를 가진 자가 디자인등록출원 전에 그 디자인을 공개하게 된 사정이 있는 경우, 6개월 이내에[14] 출원하면서 그 공개사실을 디자인등록출원서에 기재하고 그로부터 30일 이내에 이를 증명하는 서류를 제출하면,[15] 해당 공지(및 이로부터 파생된 공지)에 의해 등록이 거절되지 않는 신규성 상실의 예외규정이 있다.

디자인보호법은 특허·실용신안법에는 없는 몇 가지 제도를 갖고 있다. 물품의 부분에 대해서 디자인 출원을 할 수 있는 부분디자인제도, 기본디자인과만 유사한 디자인을 1년 이내에 출원할 수 있는 관련디자인제도, 동일한 물품류에 대하여 100개의 디자인까지 하나의 출원으로 청구할 수 있는 복수디자인제도, 한 벌의 수저세트와 같이 함께 사용되는 물품을 같이 1출원으로 할 수 있는 한 벌 물품제도, 출원일부터 설정등록 이후 3년까지 비밀로 유지할 수 있는 비밀디자인제도, 유행성이 강하고 수명주기가 짧은 의류·사무용품 등에 대하여 등록요건 일부만 심사하여 등록시키는 디자인일부심사등록제도 등이다.

디자인 침해가 성립하려면 물품과 그 물품에 표현된 디자인의 형태가 모두 동일하거나 유사해야 한다. 디자인은 유행성이 강하고, 모방과 창작의 경계가 애매모호하기 때문에 디자인권의 침해판단에는 디자인의 유사여부 판단이 중요하다.[16]

디자인권자는 업(業)으로 설정등록한 날부터 출원일 후 20년이 되는 날까지 등록디자인 또는 이와 유사한 디자인을 실시할 권리를 독점한다.[17]

---

[12] 디자인보호법은 공지공연, 간행물 및 인터넷으로 공지된 디자인과 동일한 디자인 외에 이들과 유사한 디자인도 신규성이 없다고 규정하고 있는 점에서 특허법과 차이가 있다. 디자인보호법 제33조 제1항.

[13] 공지된 디자인 또는 이들의 결합으로부터 그 디자인이 속하는 분야에서 통상의 지식을 가진 자가 쉽게 창작할 수 있는 디자인은 등록받을 수 없다는 규정이다(특허법의 진보성에 해당한다). 디자인보호법 제33조 제2항.

[14] 특허와 실용신안에 있어서는 이 기간이 12개월이다.

[15] 출원시 취지 기재와 30일 이내에 증명서류 제출을 못한 경우에는, 디자인등록거절결정 또는 디자인등록결정의 통지서가 발송되기 전까지, 디자인일부심사등록 이의신청에 대한 답변서를 제출할 때, 등록무효심판이 청구되어 이에 대한 답변서를 제출할 때에 취지 주장과 증명서류 제출을 할 수 있다. 디자인보호법 제36조.

[16] 디자인의 유사 여부는 이를 구성하는 각 요소를 분리하여 개별적으로 대비하는 것이 아니라 그 외관을 전체 대 전체로 대비 관찰하여 보는 사람으로 하여금 상이한 심미감을 느끼게 하는지의 여부에 따라 판단하며, 이 경우 디자인에서 보는 사람의 주의를 가장 끌기 쉬운 부분을 요부로서 파악하고 이것을 관찰하여 심미감에 차이가 생기는지 여부의 관점에서 유사 여부를 결정하여야 한다. 대법원 2001.5.15. 선고 2000후129 판결, 2010.5.13. 선고 2010후265 판결 등 참조. 또한 참신한 디자인일수록 유사의 폭은 넓게 보고, 같은 종류의 디자인이 많이 나올수록 유사의 폭은 좁게 본다. 양 디자인의 공통되는 부분이 그 물품으로서 당연히 있어야 할 부분 내지 디자인의 기본적 또는 기능적 형태인 경우에는 그 중요도를 낮게 평가하여야 하므로, 이러한 부분들이 동일·유사하다는 사정만으로 양 디자인이 동일·유사하다고 할 수 없다. 대법원 2005.10.14. 선고 2003후1666 판결.

[17] 디자인보호법 제91조 및 92조.

4.　상표권

상표법상 상표란 자기의 상품과 타인의 상품을 식별하기 위하여 사용하는 표장(기호, 문자, 도형, 소리, 냄새, 입체적 형상, 홀로그램, 동작 또는 색채 등으로서 그 구성이나 표현방식에 관계없이 상품의 출처를 나타내기 위하여 사용하는 모든 표시)을 말한다 (상표법 제2조 제1항).

상표의 보호는 특허·디자인과 같은 새로운 창작활동이 아니라, 영업상의 신용과 그에 따른 공정한 경쟁질서의 유지를 목적으로 한다.

상표는 기본적으로 상품에 사용되는 것으로서 상품표(merchandise mark)이다. 그러나, 삼성·LG·롯데·SONY 등과 같은 상표는 원래 상호로 사용되는 것으로서 상표 중 영업표(business mark)로 구분하기도 한다. 영업표도 상표로 사용되면 상품을 표시하는 상표가 된다.[18] 또한 상표법상의 상표에는 단체표장[19], 지리적표시 단체표장[20], 증명표장[21], 업무표장[22] 등이 포함된다.

상표는 자타상품의 식별이라는 기본적 기능 외에 품질보증기능, 출처표시기능, 광고선전기능, 재산적 기능을 가지며, 소비자들은 알려진 상표(브랜드)의 상품에 대해서는 더 비싸더라도 구입하게 된다.

특허와 마찬가지로 상표의 대상도 꾸준히 확대되어 왔다. 기호, 문자, 도형(및 문자와의 결합), 입체상표, 색채만으로 된 색채상표, 홀로그램, 동작상표, 소리상표,[23] 냄새상표까지 등록받을 수 있다.[24]

상표는 다른 산업재산권과 다른 몇 가지 특징을 갖고 있다.

첫째, 상표권은 지정상품 별로 등록되어 원칙적으로 지정상품에서만 보호된다는 것이다.[25] 예를 들어 마로니에 상표가 과자 관련 지정상품에 등록되어 있을 때, 제3자가 마로니에 상표를 의류에 붙여 판다면 이를 막을 수가 없다.

---

[18] 상품표는 영업자가 제조판매하는 특정 상품의 동일성을 표시하는 것임에 대하여 영업표는 영업자가 제조·판매하는 모든 상품에 사용되고 출처 외에 신용을 표시하는 기능이 강하다. 송영식·이상정·김병일 공저, 지적재산법(14정판), 세창출판사, 2015, 199면.

[19] 상품을 생산·제조·가공·판매하거나 서비스를 제공하는 자가 공동으로 설립한 조합·협회 등이 직접 사용하거나 그 소속 단체원에게 사용하게 하기 위한 표장을 말한다. 상표법 제2조(정의) 제1항 제3호.

[20] 상품의 특정 품질·명성이 특정지역에서 비롯된 경우에 그 지역에서 생산·제조 또는 가공된 상품임을 나타내는 지리적 표시를 사용하는 단체표장을 말한다.

[21] 상품의 품질, 원산지 등을 증명하고 관리하는 것을 업(業)으로 하는 자가 타인의 상품이 그러한 특성을 충족한다는 것을 증명하는 데 사용하는 표장을 말한다.

[22] 영리를 목적으로 하지 아니하는 업무를 하는 자가 그 업무를 나타내기 위하여 사용하는 표장을 말한다. 예를 든다면 YMCA, IOC, 대한적십자사 등이다.

[23] 예를 들어 20세기폭스 영화사의 오프닝 뮤직이 우리나라 특허청에 소리상표로 등록되어 있다.

[24] 소리상표, 냄새상표는 한미 FTA 협정에 의해 도입되었다(2012년). 소리상표, 냄새상표는 그 상표를 시각적으로 인식하고 특정할 수 있도록 문자 등으로 작성한 '시각적 표현'과 소리파일 또는 냄새견본을 상표출원서에 첨부하여 제출하여야 한다. 일반상표와 달리 입체상표, (색채만으로 이루어진) 색채상표, 소리상표, 냄새상표 등이 등록받기 위해서는 출원 전에 일정기간 사용되어 일반 소비자 사이에서 식별력이 있는 것으로 인정되어야 한다.

[25] 상표권자는 지정상품에 관하여 그 등록상표를 사용할 권리를 독점한다. 상표법 제89조.

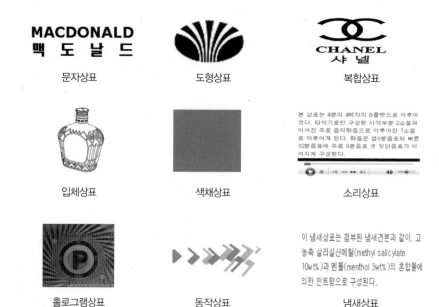

그림 1.2   상표의 종류(출처: 키프리스)

둘째, 우리나라 상표법은 선(先)출원한 사람이 등록을 받는 선출원주의를 채택하고 있어서, 먼저 사용하고 있더라도 제3자가 먼저 출원하면 제3자가 상표등록을 받을 수 있다. 즉 특허·실용신안·디자인에서의 신규성의 개념이 적용되지 않는다.

다만 수요자 간에 널리 인식되어 있는 주지상표나 현저하게 인식되어 있는 저명상표인 경우에는 그 상표가 출원 또는 등록되어 있는지의 여부에 관계없이 제3자의 상표등록이 거절될 수 있다.[26]

셋째, 상표가 등록되려면 해당 기업의 상품이나 서비스가 다른 회사의 것과 구별될 수 있는 출처표시기능 즉 '식별력'이 있어야 한다. 식별력이 없는 상표로는 보통명칭상표, 관용상표, 성질표시상표(descriptive mark), 현저한 지리적 명칭(New York, KOREA, 백두산), 흔한 성(姓) 또는 명칭, 간단하고 흔한 상표(123, AK), 기타 식별력 없는 상표가 있다.[27]

보통명칭상표는 상표가 수요자 사이에 그 상품을 일반적으로 지칭하는 것으로 사용되고 인식되어 있는 경우를 말하고,[28] 관용상표는 수요자까지는 아니더라도 동업자들

---

[26] 타인의 주지상표와 동일·유사한 상표는 그 타인의 상품과 동일·유사한 상품에 사용하는 상표로는 등록받을 수 없고(상표법 제34조 제1항 제9호), 타인의 저명한 상품이나 영업과 혼동을 일으키게 하거나 그 식별력 또는 명성을 손상시킬 염려가 있는 상표는 상품의 동일·유사성에 관계없이 등록받을 수 없다(상표법 제34조 제1항 제11호).

[27] 상표법 제33조 제1항.

[28] 보통명칭 상표는 처음부터 상표의 일반적 명칭인 경우(컴퓨터에 컴퓨터, 자동차에 car)와 당초에는 상표로 등록되었으나 그 상품이 유명하게 되고 상표권자가 상표관리를 허술하게 하여 보통명칭화된 경우가 있다. 예를 들어 XEROX(복사기), YOGURT(유산균 발효유), 호두과자(옥수수 건과자), ASPIRIN(해열진통제), Cafe Latte(커피) 등이다.

사이에 그 상품을 지칭하는 것으로 자유롭고 관용적으로 사용되어, 식별력을 상실한 상표를 말한다.[29]

성질표시 상표[30]는 상품의 산지·품질·원재료·효능·용도·수량·형상·가격·생산방법·가공방법·사용방법 또는 시기를 보통으로 사용하는 방법으로 표시한 것을 말한다. 성질표시 상표라는 거절이유는 자주 통지된다.

성질표시 상표를 거절하는 이유는, 상품의 성질을 직감할 수 있어 상품의 출처표시로 인식될 수 없거나 특정인에게 독점시킬 경우 당업계의 경쟁을 제한할 우려가 있기 때문이다.[31]

그러나 식별력이 없는 성질표시상표, 현저한 지리적 명칭, 흔한 성(姓) 또는 명칭, 간단하고 흔한 표장이 오래 사용되어 수요자 간에 특정인의 상품에 관한 출처를 표시하는 것으로 식별할 수 있게 된 때에는 상표 등록을 받을 수 있다(예컨대 SUPERIOR, K2, SK, LG 등).[32]

상표를 등록받기 위해서는 식별력 없는 상표는 가급적 피하는 것이 좋다. 부득이 사용하여야 한다면 도형이나 다른 식별력 있는 문자와 결합하는 방법을 생각해 볼 수 있다.

넷째, 식별력을 구비한 상표라도 공익 또는 사익을 침해할 우려가 있는 부등록사유에 해당할 때에는 등록을 받을 수 없다. 예를 들면 국기·국장, 공익단체의 표장, 박람회의 상패 등과 동일·유사한 상표, 공서양속(公序良俗)에 반하는 상표, 저명한 타인의 성명·예명 등을 사용하는 상표, 상품의 품질을 오인하게 하거나 수요자를 기만할 우려가 있는 상표 등이다.[33]

상표는 상호와 혼동되기도 한다. 상표는 자타상품을 식별하기 위하여 상품에 부착하는 표장으로서 상품의 동일성을 표시하는 기능을 가지는 것이나, 상호는 상인(법인·개인)이 영업상 자기를 표시하는 명칭(상법 제18조)으로서 영업의 동일성을 표시하는 기능이 있다.

기업이미지 통일화 전략(corporate identification program)에 따라 상호와 상표를 일치시켜 사용하는 경우가 많다(예: LG, IBM, SK, SONY 등). 그러나 상호는 문자로만 표현되므로, 문자상표 만이 상호가 될 수 있다.

상표는 특허청에 등록함으로써 국내에서 독점배타적인 권리가 발생하나, 상호는 등기

---

[29] 예를 들어, 정종(청주), 나폴레온(꼬냑), 깡(과자), VASELINE(콜드크림), cyber·web·net·com(통신업), 가든·장(요식업)등이 있다.
[30] 기술적 상표라고도 한다.
[31] 산지표시로는 금산(인삼), 대구(사과), 한산(모시), 울릉도(오징어), 품질표시는 품질보증, 특선, 원조, 특급, 명품, 원재료표시는 WOOL(양복), SILK(블라우스), 효능표시는 생명물(차류), 보들보들(화장품), 원예(비료), DIET COKE(콜라), 형상표시는 소형, 대형(연필) 등의 예를 들 수 있다.
[32] 보통명칭 상표와 관용명칭 상표는 제외된다. 오래 사용하더라도 식별력이 없다.
[33] 상표법 제34조에는 이 외에도 여러 부(不)등록사유가 열거되어 있다.

함으로써 동일 특별시·광역시·시군 내에서 동종 영업으로 동일 상호를 등기하지 못하게 하는 효력을 가진다. 상호권 침해는 통상 과태료 처분 등으로 비교적 처벌이 가볍지만,[34] 상표권 침해에 대해서는 금지청구, 손해배상청구와 형사처벌까지 가능하다.

상표권의 침해는 지정상품과 상표가 모두 동일 또는 유사할 때 성립한다. 상표의 유사 여부는, 양 상표의 외관·칭호·관념을 대비하여 수요자로 하여금 출처의 혼동을 일으킬 우려가 있는 지의 여부로 판단한다.

예를 들어 스타벅스와 스타프레야 상표 분쟁 판례[35]를 보면, 양 상표의 문자가 'STAR-BUCKS'와 'STARPREYA'로 서로 다르고, 로고에 등장하는 여신의 외관이 다르다는 등의 이유로 양 상표는 유사상표로 볼 수 없다고 판단하였다.

그림 1.3 스타벅스와 스타프레야 상표(출처: 키프리스)

상표권의 존속기간은 설정등록이 있는 날부터 10년이다. 그러나 계속 연장할 수 있기 때문에 거의 영구적이다. 한편 상표를 등록받기 위해서는 적어도 사용할 의사는 있어야 하며(상표법 제3조), 3년 이상 계속하여 국내에서 사용하지 않으면 제3자의 취소심판청구에 의해 취소될 수 있다(상표법 제119조).

---

3. 저작권

저작권이란 인간의 사상 또는 감정을 표현한 창작물에 대하여 부여되는 권리이다.[36] 저작권법에 따르면 저작권이라는 용어는 저작재산권과 저작인격권을 포함하는 개념이고,[37] 넓은 의미로는 저작재산권, 저작인격권 외에 저작인접권, 배타적발행권, 출판권, 데이터베이스에 대한 보호 등 저작권법에 규정되어 있는 모든 권리를 포함하는 개

---

[34] 다만 국내에 널리 알려진 상호를 침해한 경우 부정경쟁방지법에 위반되어 엄한 처벌을 받을 수 있다.
[35] 대법원 2007.1.11. 선고 2005후926 판결, 특허법원 2005.3.18. 선고 2004허7043 판결(원심).
[36] 저작권법 제2조 제1호.
[37] 저작권법 제10조는 저작자는 저작인격권과 저작재산권을 가진다고 규정하고 있다.

특허 원천·핵심기술
- 엔진제어시스템
- ABS브레이크 시스템
- 지능형현가 시스템
- 변속기 시스템

실용신안 소발명, 주변 개량기술
- 백미러
- 컵홀더
- 자동차 도어
- 의자 높낮이 조정

디자인 물품의 외관
- 차체 형상
- 의자 형상
- 전방램프 형상
- 리어 스포일러 형상

상표 상품의 명칭
- 자동차 명칭(제네시스, 그랜저, 소나타, 아반떼, 스팅어, 쏘렌토, 카니발, SM6, SM5, QM6, 말리부, 스파크)
- 제작사 명칭(현대, 삼성, 쉐보레)

그림 1.4 산업재산권 4권의 비교(예: 자동차)

넘이라고 할 수 있다.[38]

저작권법은 보호하는 저작물로 어문(語文)저작물, 음악저작물, 연극저작물, 미술저작물, 건축저작물, 사진저작물, 영상저작물, 도형저작물, 컴퓨터프로그램저작물 등 9가지를 예시하고 있다(저작권법 제4조 제1항).

한편 원저작물을 번역·편곡·각색·영상제작 등으로 작성한 2차적 저작물은 원저작물과 별도로 보호되며,[39] 저작자는 아니지만 저작물을 공중에게 전달하는 역할을 하는 실연자, 음반제작자, 방송사업자의 권리는 저작인접권으로 보호된다.

저작권은 산업재산권에 비해 보호받기 위한 요건이 간단하다. 신규성 및 진보성(디자인은 창작성)을 요구하는 산업재산권과 달리 약간의 독창성(originality)만이 필요하며, 타인의 저작물을 모방한 것이 아니라면 거의 같은 내용의 저작물이라도 별도로 보호받을 수 있다. 또한 예술성이나 품격이 떨어지더라도 보호받는 저작물이 될 수 있다.

저작권은 산업재산권과 달리 권리를 보호받기 위한 별도의 출원이나 등록절차가 필요없다.[40] 저작권은 창작한 시점부터 발생하며, 베른조약(Berne Convention)에 의해 전 세계 170여 국가에서 창작한 시점부터 보호된다.

---

[38] 오승종, 저작권법(제3판), 박영사, 2013, 335면 참조.

[39] 예를 들어 독일어 원작을 영어로 번역한 것을 다시 한국어로 번역하고자 할 때는 독일어 원작자와 영어 번역자 모두의 허락을 받아야 한다.

[40] 책의 표지나 웹사이트의 초기 화면을 보면 저작권 표시 ⓒ표시를 하고 있는 경우가 많으나, ⓒ표시의 유무에 관계없이 저작권은 저작물이 창작된 순간부터 발생한다.

저작권법의 보호대상은 인간의 사상 또는 감정을 표현한 창작물이며, 인간의 사상 또는 감정 그 자체, 즉 아이디어는 저작권법의 보호대상이 아니다. 이를 아이디어/표현 이분법(idea/expression dichotomy)이라 한다. 예를 들어 요리책을 복사하는 행위는 저작권법 위반이나, 요리책에 쓰여진 대로 요리를 하는 것은 저작권법 위반과는 관계가 없다.

저작권에는 복제권, 공연권, 공중송신권, 전시권, 배포권, 2차적 저작물 작성권 등의 저작재산권과 공표권, 성명표시권, 동일성유지권 등 저작자의 인격과 관련된 권리인 저작인격권이 있다. 저작인격권에 의하여 저작(재산)권이 타인에게 양도되었다고 하더라도 저자는 바뀔 수 없고, 저자의 허락 없이 그 내용을 수정할 수 없다.

저작권법은 저작권자가 입는 손실보다 공공의 이익이 더 큰 경우에 저작권을 제한하는 규정을 두고 있다. 공공저작물의 이용, 학교에서 교육목적을 위한 이용, 도서관에서의 제한된 복제, 시험문제로의 복제, 재판이나 입법·행정 목적의 복제, 비영리의 공연·방송, 사적이용을 위한 복제, 보도·비평·교육·연구 등을 위한 정당한 범위 내에서 관행에 합치되는 인용[41] 등에는 저작재산권이 제한된다.

저작권을 보호받기 위한 절차나 등록은 불필요하지만(저작권법 제10조 제2항), 한국저작권위원회에 저작권을 등록하면, 창작일 또는 공표일을 인정받고, 타인의 침해사실에 과실이 추정되는 효과 등의 유리한 점이 있다.

저작권 침해가 성립하기 위해서는 '의거'와 '실질적 유사성'의 두 가지 요건이 만족되어야 한다. '의거'는 모방(copying)을 의미하며, 모방하였는지를 알아내기가 쉽지 않기 때문에 피고가 원고의 저작물에 접근(access)할 기회가 있었느냐를 확인하는 것이 일반적이다.

원고와 피고의 저작물이 '실질적으로 유사한지(실질적 유사성)'의 판단은 양 저작물에서 아이디어를 제외하고 표현만을 분리하여 대비 판단한다.

저작권은 일부 예외[42]를 제외하고 공표한 때부터 저작자의 사후 70년까지 보호된다. 저작권을 침해하면 침해정지 및 손해배상 등 민사적 구제 외에 5년 이하의 징역 또는 5천만원 이하 벌금의 형사벌을 받을 수 있다.

---

[41] 논문을 쓸 때 출처를 밝히고 타인의 글의 일부를 인용하거나, 영화나 뮤직비디오의 일부를 패러디하는 것 등이 해당한다.

[42] 업무상 저작물이나 영상저작물은 공표한 때부터 70년이고, 저작인접권은 실연 및 음반의 경우 실연 또는 음반고정한 때부터 70년간, 방송의 경우 그 방송을 한 때부터 50년간 보호된다.

4. 신지식재산권

신지식재산권 중 부정경쟁방지와 영업비밀, 반도체집적회로 배치설계, 식물신품종 등은 별도의 법률로 보호되며, 컴퓨터프로그램, 데이터베이스, 캐릭터, 생명공학기술, 소리·냄새상표 등은 기존의 산업재산권 또는 저작권의 개념에 포함되어 보호되고 있다.

1. 영업비밀

영업비밀은 기업이 영업활동을 함에 있어서 경쟁상의 우위를 확보하기 위하여 보유하고 있는, 공공연히 알려지지 않고(비공지성),[43] 독립적 경제적 가치를 가지는 것으로서(경제성),[44] 합리적 노력에 의해 비밀로 유지된(비밀관리성) 생산방법, 판매방법, 기타 유용한 기술상, 경영상의 정보를 말한다.[45]

예를 들면 설계도면, 제조공정, 생산방법, 연구개발자료, 컴퓨터소프트웨어, 고객리스트, 경영관리기법, 원가계산표, 신제품 판매계획 등으로 매우 광범위하다. 가장 쉬운 예를 든다면 코카콜라 제조방법이다.

부정경쟁방지 및 영업비밀보호에 관한 법에 따른 영업비밀 침해행위는 절취, 기망, 협박, 그 밖의 부정한 수단으로 영업비밀을 취득·사용·공개하는 행위(부정취득행위)와 계약관계 등에 따라 영업비밀을 유지하여야 할 의무가 있는 자[46]가 부정한 이익을 얻거나 그 영업비밀의 보유자에게 손해를 입힐 목적으로 그 영업비밀을 사용·공개하는 행위(부정공개행위)를 2가지 기본유형으로 하고, 이 2가지 기본 유형에 사후적 관여행위 각 2가지가[47] 추가된다.

영업비밀로 보호받기 위한 세 가지 요건, 즉 비공지성, 경제성, 비밀관리성 중 통상 비밀관리성이 가장 문제가 된다. 비밀관리 규정을 만들어 그 접근 및 반출을 엄격히 제한하고, 컴퓨터의 중요 데이터에도 비밀번호 등 접근제한 조치를 하는 것이 필요하다.

---

[43] 영업비밀이 여러 사람에게 알려졌더라도 비밀을 유지할 의무가 있는 사람에게 알려진 경우는 공지된 것이 아니다.

[44] 영업비밀 보유자에게는 유용한 정보이더라도, 예를 들어 관공서 로비요령이라든가 공해물질의 배출방법, 세금포탈방법 등과 사회정의에 반하는 정보는 보호받을 수 없다.

[45] 부정경쟁방지 및 영업비밀보호에 관한 법률 제2조 제2호. 영업비밀보호법은 부정경쟁방지법과 함께 묶여 "부정경쟁방지 및 영업비밀보호에 관한 법률"로 되어 있다.

[46] 대표적으로 기업체의 임직원, 종업원, 연구원, 실시권자 등과 같이 근로계약이나 실시계약 등의 계약관계에 의해 영업비밀을 유지해야 할 의무가 있는 자를 말한다. 판례에 의하면, '계약관계 등에 의하여 영업비밀을 비밀로서 유지할 의무'라 함은 계약관계 존속 중은 물론 종료 후라도, 또한 반드시 명시적으로 계약에 의하여 비밀유지의무를 부담하기로 약정한 경우 뿐 아니라 인적 신뢰관계의 특성 등에 비추어 신의칙상 또는 묵시적으로 그러한 의무를 부담하기로 약정하였다고 보아야 할 경우를 포함한다. 대법원 1996.12.23. 선고 96다16605 판결.

[47] 첫째는 영업비밀에 부정취득행위가 개입된 사실을 알거나 중대한 과실로 알지 못하고 그 영업비밀을 취득·사용·공개하는 행위, 둘째는 영업비밀을 취득한 후에 그 영업비밀에 대하여 부정취득행위가 개입된 사실을 알거나 중대한 과실로 알지 못하고 그 영업비밀을 사용·공개하는 행위이다.

노하우(knowhow)라는 용어가 영업비밀과 혼용되어 쓰이기도 하는데, 영업비밀은 기술상·경영상 정보를 포괄하는데 비하여 노하우는 통상 기술상의 정보만을 지칭하고, 영업비밀과 달리 비밀로 유지된 정보만을 의미하지 않는 점에서 차이가 있다.

영업비밀은 특허와 비교하여 비밀을 유지하는 한 영구적으로 보호받을 수 있는 장점은 있으나, 비밀이 공개되거나 타인이 독자적으로 개발하는 경우에는 보호받을 수 없게 된다.

일반인들에게 판매되는 기계나 기구 및 장치 등은 역공정(reverse engineering)을 통해 그 기술내용을 파악하기가 쉽기 때문에 영업비밀로 유지되기 어렵다. 그러나 음료, 화장품 등은 정확한 성분분석이 어려워서 경우에 따라 영업비밀로 유지하는 것이 더 바람직할 수 있다. 예를 들어 코카콜라 제조방법은 130년 이상 그 비밀을 유지하여 왔다.

기업의 영업비밀이 유출되는 가장 흔한 경우는 직원들의 경쟁사로의 이직이다. 기업은 이에 대처하기 위하여 고용계약서에 비밀유지계약 및 퇴직 후 경업금지 계약을 체결해 두는 경우가 많다. 고용계약서에 퇴직 후 일정 기간의 경업금지 약정을 넣은 경우, 그 기간이나 지역 등의 조건설정이 합리적이라면 경쟁 회사로의 취업을 제한할 수 있다.[48]

영업비밀 침해행위에 대한 민사적 구제수단으로는 금지청구권, 손해배상청구권이 있고, 형사벌로 부정한 이익을 얻거나 영업비밀 보유자에게 손해를 입힐 목적으로 영업비밀을 취득·사용·공개하는 행위는 5년 이하의 징역이나 5천만원 이하의 벌금(외국에서의 사용·공개에 대해서는 10년 이하 징역, 1억원 이하 벌금)에 처할 수 있다.[49]

다만 거래에 의하여 영업비밀을 정당하게 취득한 자[50]가 그 거래에 의하여 허용된 범위에서 그 영업비밀을 사용하거나 공개하는 행위에 대해서는 위 구제수단이 적용되지 아니한다.

2. 부정경쟁방지

부정경쟁방지 및 영업비밀보호에 관한 법은 국내에 널리 인식된[51] 타인의 성명, 상호, 상표, 상품의 용기·포장, 그 밖의 상품표지와 동일·유사한 것을 사용 또는 판매하여 타

---

[48] 경업금지 약정에서 정한 금지기간이 1년으로서 비교적 단기간인 점, 그 제한범위에 있어서도 채권자 회사와 경쟁관계에 있는 회사로 한정되어 있어 채무자들에게 과도한 제약이 된다고 보이지 않는다는 점 등을 들어 경업금지약정이 헌법에서 보장하고 있는 개인의 직업선택의 자유를 침해하는 것이어서 무효라는 주장을 받아들이지 아니한 사례가 있다. 수원지방법원 2000.6.7자 2000카합 95 결정.

[49] 벌금형에 처하는 경우 위반행위로 인한 재산상 이득액의 10배에 해당하는 금액이 5천만원(외국공개는 1억원)을 초과하면 그 재산상 이득액의 2배 이상 10배 이하의 벌금에 처한다. 부정경쟁방지 및 영업비밀보호에 관한 법률 제18조.

[50] "영업비밀을 정당하게 취득한 자"란 영업비밀을 취득할 당시에 그 영업비밀이 부정하게 공개된 사실 또는 영업비밀의 부정취득행위나 부정공개행위가 개입된 사실을 중대한 과실 없이 알지 못하고 그 영업비밀을 취득한 자를 말한다. 부정경쟁방지 및 영업비밀보호에 관한 법률 제13조 제2항.

[51] 이른바 '주지(周知)성'을 의미한다. 여기서 '주지성'은 국내 전역에 걸쳐 모든 사람에게 주지되어 있음을 요하는 것이 아니고, 국내에 일정한 지역적 범위 안에서 거래자 또는 수요자들 사이에 알려진 정도로서 족하다. 대법원 1997.4.24자 96마675 결정 참조.

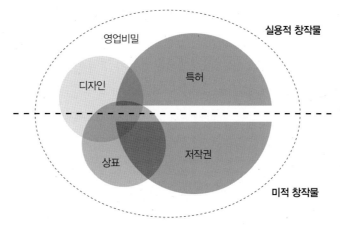

그림 1.5 IP별 보호 영역[52]

인의 상품 또는 영업활동을 혼동하게 하는 행위(출처혼동행위) 또는 식별력이나 명성을 손상하는 행위(희석화 행위),[53] 국내에 널리 인식된 타인의 성명, 상호, 상표 등 표지와 동일하거나 유사한 도메인이름을 부정한 목적으로[54] 등록·보유·이전·사용하는 행위, 타인의 상품형태 모방행위,[55] 원산지나 품질의 오인야기 행위 등을 부정경쟁행위로 규정하고 구제수단을 부여하고 있다.

경쟁의 자유가 보장된 자유시장 경제에서도 일부 기업의 독과점에 의한 폐해를 막는 독점규제법을 두고 있다. 그러나 다른 한편에서는 관습이나 상도덕에 반하는 영업행위로 경쟁업체에 부당한 손해를 끼치는 행위를 방지하여 건전한 상거래 질서를 유지하는 것이 필요하다. 이러한 부정경쟁행위를 금지하고 필요한 구제수단을 부여해 주는 것이 부정경쟁방지법이다.

부정경쟁방지법은 기본적으로 출처혼동의 방지를 통한 소비자의 보호와 기업의 재산적 이익의 보호라는 점에서 상표법과 일치한다. 그러나 상표법은 등록된 상표를 보호하는 것인데 대하여, 부정경쟁방지법은 국내에 널리 알려진 것을 요건으로 할 뿐 상표 등 지식재산권으로 등록되었는지 여부와는 관련이 없다는 점에서 차이가 있다.

부정경쟁방지법은 또한 국내에 널리 인식된 타인의 성명, 상호, 상표 그 밖의 표지와 동일·유사한 도메인 이름을 등록·보유·이전 또는 사용하는 행위도 규제대상이다.

---

52) Dylan O. Adams, Patents Demystified, ABA, 2015, p.2 참조.

53) 희석화행위는 앞의 출처혼동행위의 주지성 정도를 넘어 저명성을 요한다. 정상조, 부정경쟁방지법 원론, 세창출판사, 2007, 39면. 또한 부정경쟁방지 및 영업비밀보호에 관한 법률 시행령 제1조의2는 ① 비상업적으로 사용하는 경우, ② 뉴스보도 및 논평에 사용하는 경우, ③ 타인의 표지가 국내에 널리 인식되기 전에 동일 또는 유사한 표지를 선사용해 온 자가 부정한 목적 없이 사용하는 경우, ④ 기타 공정한 상거래 관행에 어긋나지 않는 경우에는 이 조항을 적용하지 않는 것으로 규정하고 있다.

54) 판매하거나 대여할 목적, 정당한 권원이 있는 자의 도메인이름의 등록 및 사용을 방해할 목적, 그 밖에 상업적 이익을 얻을 목적을 말한다. 부정경쟁방지 및 영업비밀보호에 관한 법률 제2조 제1호 아목.

55) 타인이 제작한 상품의 형태를 모방한 상품을 양도·대여·전시·수출·수입하는 행위를 말한다. 다만, 단서 규정에 따라 ①상품의 시제품 제작 등 상품의 형태가 갖추어진 날부터 3년이 지난 상품의 형태를 모방한 경우 및 ②타인이 제작한 상품과 동종의 상품이 통상적으로 가지는 형태를 모방한 경우에는 부정경쟁행위에서 제외된다. 부정경쟁방지 및 영업비밀보호에 관한 법률 제2조 제1호 자목.

예를 들어 샤넬사가 아닌 타인이 chanel.co.kr이라는 도메인 이름을 등록한 후, '샤넬인 터네셔널'이라는 상호를 표시하고 각종 성인용품과 란제리 등을 통신 판매하는 행위에 대하여 법원은 부정경쟁방지법상의 영업주체 혼동행위라면서, 해당 도메인 이름의 등록 말소까지 청구할 수 있다고 판결하였다.[56]

부정경쟁방지법 위반행위에 대해서는 금지청구권, 손해배상청구권의 대상이 되고, 3년 이하의 징역 또는 3천만원 이하의 벌금의 형사처벌을 받을 수 있다.

3. 반도체집적회로의 배치설계

반도체집적회로[57]의 '배치설계'란 반도체집적회로를 제조하기 위하여 여러 가지 회로소자 및 그들을 연결하는 도선을 평면적 또는 입체적으로 배치한 설계를 말하는데, 반도체 산업의 발전을 위해서는 반도체집적회로의 핵심인 배치설계를 보호하는 것이 필요하다.

그러나 반도체집적회로 배치설계의 특성상 신규성·진보성을 등록요건으로 하는 특허법이나, 아이디어가 아닌 표현만을 보호하는 저작권법으로는 반도체집적회로의 배치설계를 제대로 보호하기 어렵기 때문에[58] "반도체집적회로의 배치설계에 관한 법률"(이하 '배치설계법'이라 한다)을 제정하여 보호하고 있다.

배치설계법은, ㉠ 영리를 목적으로 그 배치설계를 최초로 이용한 날로부터 2년 이내에 등록을 하여야만 권리가 발생하고, ㉡ 배치설계의 설정등록은 신청서 및 첨부서류에 대한 형식적인 요건만을 심사하여 신속한 등록이 이루어지며, ㉢ 기본적으로 창작성만을 요구하고 특허법과 같은 신규성·진보성을 요구하지 않고, ㉣ 동일·유사한 배치설계라 하더라도 모방한 것이 아니면 권리의 병존을 인정하는 특징을 가지고 있다.

배치설계권의 존속기간은 설정등록일부터 10년이다.[59] 배치설계권의 침해에 대해서는 침해정지 및 손해배상 등을 청구할 수 있고, 3년 이하의 징역 또는 3천만원 이하 벌금의 형사처벌을 받을 수 있다.

---

56) 서울지방법원 1999.10.8. 선고 1999가합41812 판결. 영업주체 혼동행위는 아니나 식별력이나 명성을 손상하는 행위(희석화행위)에 해당되는 예로는 viagra.co.kr 사건이 있다. 이 사건에서 피고들은 'viagra.co.kr'이라는 인터넷 도메인이름의 홈페이지를 개설, 운영하면서 생칩즙 등의 건강식품을 판매하고 있었는데, 법원은 저명상표인 pfizer사 viagra와 유사한 'viagra.co.kr'이라는 도메인 이름의 사용은 부정경쟁방지법 제2조 다목의 식별력 손상행위에 해당된다고 하면서, 도메인 이름의 일부로 사용된 'viagra' 상표의 보유자는 자신의 명의로 '.kr' 도메인 이름을 등록할 적격이 있는지 여부에 관계없이 그 도메인 이름의 등록말소를 청구할 수 있다고 판시하였다. 대법원 2004.5.14. 선고 2002다13782 판결.

57) "반도체집적회로"란 반도체 재료 또는 절연(絕緣) 재료의 표면이나 반도체 재료의 내부에 한 개 이상의 능동소자(能動素子)를 포함한 회로소자(回路素子)들과 그들을 연결하는 도선(導線)이 분리될 수 없는 상태로 동시에 형성되어 전자회로의 기능을 가지도록 제조된 중간 및 최종 단계의 제품을 말한다. 반도체집적회로의 배치설계에 관한 법률 제2조 제1호.

58) 예를 들어 설계도를 복제하는 것이 아니라 시중에 나와 있는 반도체칩 자체를 모방하는 경우 저작권법으로 처벌하기 어렵다.

59) 다만 영리를 목적으로 그 배치설계를 최초로 이용한 날부터 10년 또는 그 배치설계의 창작일부터 15년을 초과할 수 없다. 반도체집적회로의 배치설계에 관한 법률 제7조 제2항.

4.   식물신품종보호

식물신품종이 특허법의 보호대상이기는 하나 식물의 특성상 반복재현성 등의 특허요건을 충족시키기가 쉽지 않기 때문에, 식물 신품종 육성자의 권리보호를 강화하기 위해 별도의 법률로 식물신품종보호법이 제정되었다.[60]

식물신품종보호법의 특징으로는 ㉠ 품종보호출원은 형식적인 출원요건만 갖추어지면 출원공개가 이루어지고, 출원공개가 이루어지면 출원인이 출원공개일부터 업(業)으로서 그 출원품종을 실시할 권리를 독점하는 임시보호의 권리(식물신품종보호법 제38조)가 발생하며, ㉡ 식물신품종보호법의 보호품종으로 등록받기 위해서는 신규성,[61] 구별성,[62] 균일성,[63] 안정성,[64] 1개의 고유한 품종명칭의 5가지 요건을 갖추어야 한다.

품종보호출원에 대한 출원공개 후 심사관에 의한 심사를 거치게 되며, 서류심사에서 신규성 및 품종명칭, 재배심사[65]에서 구별성, 균일성, 안정성을 심사하게 된다.

심사관은 거절이유가 없을 때에는 품종보호결정을 하며, 거절이유가 있을 때에는 출원인에게 거절이유를 통지하여 의견서를 제출할 기회를 주어야 한다. 최종 거절결정에 대하여 출원인은 품종보호심판위원회에 거절결정불복심판청구를 할 수 있다(식물신품종보호법 제91조).

식물신품종보호법의 전체적인 체계는 특허법과 유사한 부분이 많으며,[66] 여러 특허법의 규정을 준용하고 있다.

등록된 품종보호권의 존속기간은 설정등록일부터 20년(과수 및 임목의 경우는 25년)이고, 품종보호권자는 자기의 권리를 침해한 자에 대하여 금지청구권 및 손해배상청구권을 가지며, 7년 이하의 징역 또는 1억원 이하의 벌금형의 형사벌 규정이 있다.

5.   컴퓨터프로그램

컴퓨터프로그램은 "특정한 결과를 얻기 위하여 컴퓨터 등 정보처리능력을 가진 장치

---

[60] 작물의 용도에 따라 농업용은 국립종자원, 산림용은 산림청의 국립산림품종관리센터, 해조류는 국립수산과학원의 수산식물품종관리센터가 출원·심사 등 업무를 담당하고 있다. 2016년 기준 657건의 식물신품종이 출원되고 556건이 등록되었다. 국립종자원 홈페이지 (http://www.seed.go.kr).

[61] 국내에서 1년, 외국에서는 4년(과수, 임목 6년) 이상 해당 종자 또는 수확물이 이용을 목적으로 양도되지 아니한 것을 말한다.

[62] 일반인에게 알려져 있는 품종과 한 가지 이상의 특성이 명확히 구별되는 것을 말한다. 식물신품종보호법 제18조.

[63] 품종의 본질적인 특성이 그 품종의 번식방법상 예상되는 변이를 고려한 상태에서 충분히 균일한 경우에는 그 품종은 균일성을 갖춘 것으로 본다. 식물신품종보호법 제19조.

[64] 품종의 본질적인 특성이 그 품종이 반복적으로 증식된 후에도 변하지 아니하는 것을 말한다. 식물신품종보호법 제20조.

[65] 식물신품종에 대한 심사는 통상 재배심사를 거치며 품종에 따라 대략 1년 반-3년 정도 소요된다.

[66] 예를 들어 우선권제도(제31조), 무효심판제도(제92조), 통상실시권·전용실시권(제61조·제63조) 등을 들 수 있다.

내에서 직접 또는 간접으로 사용되는 일련의 지시·명령의 집합"[67]이라고 정의할 수 있다. 또한 하드웨어에 대비되는 말로서 소프트웨어라는 용어도 많이 쓰이는데, 소프트웨어에는 컴퓨터프로그램 외에 설계도, 기술서, 흐름도(flowchart) 등이 포함되므로,[68] 소프트웨어가 컴퓨터프로그램보다 더 넓은 의미이다.

컴퓨터프로그램은 1986년 이후 저작권법의 특별법적 성격을 갖는 컴퓨터프로그램보호법[69]으로 보호되어 오다가, 2009년 컴퓨터프로그램보호법이 개정 저작권법에 통합되면서 저작권법에 의한 저작물로 보호를 받고 있다.[70]

그러나 컴퓨터프로그램의 저작권 침해 여부를 가리는 경우에도 아이디어 영역에 해당하는 부분은 보호대상에서 제외되고,[71] 표현에 해당하는 부분만이 보호대상이 된다는 점에서 저작권법에 의한 컴퓨터프로그램의 보호는 한계가 있다.

컴퓨터프로그램이 특허의 대상인지에 대하여 많은 논란이 있었으나, 현재는 컴퓨터프로그램도 특허의 대상으로 보고 있다. 다만 컴퓨터프로그램 그 자체는 특허의 대상이 아니며, 컴퓨터프로그램(소프트웨어)이 컴퓨터 등의 하드웨어와 연계하여 구체적으로 실현되는 것을 필요로 한다.

우리나라에서 컴퓨터프로그램은 컴퓨터프로그램에 의한 정보처리가 컴퓨터·스마트폰 등의 하드웨어와 결합되어 구체적으로 실현되고 있는 경우, 해당 소프트웨어와 협동해 동작하는 정보처리장치(기계), 그 동작방법 및 해당 소프트웨어를 기록한 컴퓨터로 읽을 수 있는 매체, 매체에 저장된 컴퓨터프로그램으로 특허를 받을 수 있다. 매체에 저장되지 않고 컴퓨터프로그램 자체를 청구하는 것은 허용되지 않는다.[72]

컴퓨터프로그램과 실질적으로 동일하며 표현만 달리하는 애플리케이션(앱), 플랫폼, 운영체제(OS) 등도 컴퓨터프로그램과 동일하게 취급한다.

"소프트웨어에 의한 정보처리가 하드웨어를 이용해 구체적으로 실현되고 있는 경우"란 소프트웨어가 컴퓨터에 읽혀지는 것에 의해 소프트웨어와 하드웨어가 협동한 구체적 수단으로 사용목적에 따른 정보의 연산 또는 가공을 실현함으로써 사용목적에 부응한 특유의 정보 처리장치(기계) 또는 그 동작방법이 구축되는 것을 말한다.[73]

---

[67] 저작권법 제2조 제16호.

[68] 소프트웨어산업진흥법 제2조 제1호에서는 '소프트웨어'를 "컴퓨터, 통신, 자동화 등의 장비와 그 주변장치에 대하여 명령·제어·입력·처리·저장·출력·상호작용이 가능하게 하는 지시·명령(음성이나 영상정보 등을 포함한다)의 집합과 이를 작성하기 위하여 사용된 기술서(記述書)나 그 밖의 관련 자료를 말한다"고 정의하고 있다.

[69] 컴퓨터프로그램보호법은 1986.12.31. 법률 제3920호로 제정되었다.

[70] TRIPs 협정에서 컴퓨터프로그램은 베른조약상의 저작물로서 보호를 받도록 규정하고 있다. TRIPs 협정 제10조.

[71] 예를 들면 알고리즘(algorithm) 자체는 기술적 사상, 즉 아이디어의 영역에 속하는 것이어서 저작권의 보호대상에서 제외되고, 알고리즘을 구체적으로 표현한 원시코드(Source code)와 목적코드(Object code)가 저작권의 보호대상이다.

[72] 특허청, 특허·실용신안 심사기준-컴퓨터관련발명 심사기준(2016년 11월 추록), 9A03면.

[73] 위 심사기준 9A10면.

예를 들어 소프트웨어가 컴퓨터·스마트폰 등의 하드웨어와 결합되어 가전기기(전기밥솥, 세탁기, 냉장고 등)에 대한 제어 또는 제어를 위해 필요한 처리를 구체적으로 실행하고 있는 경우를 들 수 있다.[74]

영업방법(Business Method; BM) 발명은 영업방법 등 사업 아이디어를 컴퓨터·인터넷 등의 정보통신기술을 이용하여 구현한 새로운 비즈니스 시스템 또는 방법을 말하는 것으로서, 쉽게 표현하면 전자상거래에 관한 새로운 방법 또는 시스템에 관한 발명이다.

영업방법 발명은 그 발명내용의 중심이 컴퓨터프로그램이기 때문에 컴퓨터프로그램 발명의 일종이라고 할 수 있으며, 컴퓨터프로그램에 관한 심사기준이 영업방법(BM) 발명에도 적용된다.

특허청 통계에 따르면 2013년 소프트웨어 관련 발명은 16,684건이 출원되어 전체 특허출원 204,589건의 8.15%를 차지하고 있고,[75] 영업방법(BM) 특허 출원건수는 7,193건이며, 등록율은 다른 분야에 비하여 현저히 낮은 30% 부근이다. 2013년 BM특허 출원건을 세부 기술별로 보면, 광고 및 홍보(15.9%), 교육 및 의료(12.4%), 쇼핑몰 및 거래시스템(10.7%), 지불체계(7.7%), 금융서비스(6.6%), 물류 및 경영관리(5.4%), 게임 및 오락(3.4%)의 순이다.[76]

미국에서 컴퓨터프로그램은 1981년 연방대법원의 Diamond v. Diehr 판결[77]에서, 영업방법은 1998년 연방순회항소법원(CAFC; Court of Appeals for the Federal Circuit)의 State Street Bank 사건 판결[78]에서 특허의 대상으로 인정받은 후, 1996년 '컴퓨터 관련 발명의 심사가이드라인'에서 '기록매체청구항'을 공식 인정하였고, 현재는 컴퓨터프로그램이 기계, 제조물, 공정의 일부인 경우에 프로그램 프로덕트(program product) 형식의 청구항으로 등록되고 있다.

유럽의 경우는 EPC 52조 제2항에서 컴퓨터 프로그램을 특허대상에서 제외한다고 규정하고 있음에도 불구하고, 실무적으로는 기술적인 특징을 가지고 있는 소프트웨어의

---

[74] 위 심사기준 9A12면.

[75] "소프트웨어분야 특허보호 대상 확대"라는 제목의 특허청 보도자료(2014.6.19.). IPC 분류로는 G06F 3/ ~ 12/, G06F 17/, G06F 19/, G06K 9/, 15/, H04L 9/, A63F 9/, A63F 13/, G06Q가 소프트웨어 발명에 해당된다.

[76] 특허청刊, BM특허 길라잡이, 2014, 5면.

[77] Diamond v. Diehr, 450 U.S. 175(1981). 이 사건 출원발명은 생고무를 경화시켜 합성고무로 만드는 고무가공방법에 관한 발명인데, 적절한 경화시간이 경과한 때 몰드를 열어 가공된 고무를 제거하는 것이 중요하였다(고무를 너무 빨리 꺼내면 충분히 굳지 않고, 너무 늦게 꺼내면 딱딱해져 버린다). 적절한 경화시간을 계산하는 수식은 알려져 있었으며 이 수식은 몰드 내의 온도와 압력의 함수였다.

디어의 발명은 센서를 통해 몰드 내부의 온도와 압력을 측정하고 이 데이터를 외부 컴퓨터로 보내 위 수식을 지속적으로 계산하여 만족하는 시간에 몰드가 열리도록 하는 발명이다. 미국 대법원은 디어의 발명이 수학적 방정식을 사용하기는 하지만 수학공식에 대하여 특허를 추구한 것이 아니라, 컴퓨터라는 물리적 수단과 결합된 고무의 처리방법에 독점권을 구하는 것이라고 보았다.

또한 판결문에는 1952년 법개정 관련 의회보고서를 인용하면서 "인간에 의해 만들어지는 태양 아래 있는 모든 것(anything under the sun that is made by man)"이 특허대상(subject matter)에 포함되는 것으로 해석해야 할 것이라는 유명한 내용이 기재되어 있다.

[78] State Street Bank & Trust Co. v. Signature Financial Group, Inc., 149 F.3d 1368.

경우 특허대상으로 인정되고, 일본과 같이 '프로그램(program)' 청구항을 가진 특허도 등록되고 있다.[79]

일본은 제도적으로 가장 앞선 형태의 소프트웨어 특허제도를 가지고 있다고 할 수 있는데, 1997년 심사기준에서 방법발명 및 기록매체 청구항을 인정하였으며, 2002년 특허법 개정을 통하여 컴퓨터프로그램 자체를 특허법상의 물건으로 규정하였다.[80]

우리나라의 경우 1984년 컴퓨터 관련발명의 심사기준 제정을 통하여 소프트웨어 특허를 보호하기 시작였으며, 1998년에는 소위 '기록매체' 청구항을 도입하였고, 2014년 심사기준 개정에 의해 '기록매체에 저장된 컴퓨터프로그램' 청구항을 인정하고 있지만, 기록매체를 배제한 채 컴퓨터 프로그램 자체로 청구하는 것은 허용하지 않고 있다.

그러나 최근 소프트웨어가 주로 온라인으로 이동하는 스마트 생태계 환경에서 '컴퓨터프로그램이 저장된 매체', '매체에 저장된 컴퓨터프로그램' 형식의 청구항은, 해당 컴퓨터프로그램이 CD 등 기록매체가 아닌 온라인으로 전송된 경우 직접침해에 해당된다고 보기 곤란하다는 점에서[81] 컴퓨터프로그램 보호를 강화하기 위한 제도 정비가 필요하다는 의견이 꾸준히 제기되고 있다.[82]

6. 생명공학기술

종래 생명체에 관한 발명은 특허의 대상이 아니라는 인식이 강하였으나, 1980년 미국 연방대법원이 Diamond v. Chakrabarty 사건[83]에서 유전자 재조합기술로 제조된 '석유 폐기물을 먹는 미생물'에 대하여 심리하면서 자연의 산물이 아닌 '살아있는 생명체(living organism)'도 특허의 대상이라고 판결[84]한 후, 동물 및 식물, 기타 유전자 관련 발명에 대하여 전 세계적으로 특허가 부여되고 있다.

또한 생명공학 기술의 산업화는 1982년 미국 FDA의 승인을 획득한 유전자 재조합 인슐린을 필두로 생명공학 신제품들이 속속 시장에 등장하고 있으며, 현재 생물의약, 생

---

[79] 특허청 정책연구과제(주관연구기관 아인특허사무소), 프로그램 발명의 보호강화에 따른 경제적 효과 및 법제연구, 2012, 76면 참조.

[80] 앞의 글, 76-77면.

[81] 온라인 전송은 장치·기록매체가 수반되지 않고 소프트웨어만 전송되는 것이므로, 구성요소 완비의 원칙에 따라 침해주장이 곤란하다. 또한 특허발명이 '방법발명'인 경우, 온라인 전송은 단순한 소프트웨어 제공행위이고, 실제 방법발명을 사용하는 사람은 소프트웨어를 구동한 사용자이므로, 방법발명을 실시하지 아니한 온라인 전송자에 대한 침해 주장이 곤란하다.

[82] 위와 같은 문제점의 해결방안으로 특허법에서 소프트웨어를 '물건'의 한 형태로 규정하고 있는 일본처럼 특허법을 개정하자는 의견이 대두되어 추진되기도 하였으나, 소프트웨어 특허의 보호강화가 오히려 소프트웨어 산업 발전에 저해요인이 될 수 있다는 등의 반대 의견도 있어서 성사되지 못하였다.

[83] Diamond v. Chakrabarty, 447 U.S. 303(1980).

[84] 출원인은 자연에서 발견된 어떠한 미생물과도 뚜렷하게 다르며 또한 중요한 유용성을 가질 수 있는 새로운 박테리아를 생산해내었다. 그의 발명(신규 박테리아)은 자연이 만든 것이 아니라 그가 만든 것이다. 따라서 그의 발명은 미국 특허법 제101조의 특허 받을 수 있는 대상(subject matter)에 해당한다. id. at 310.

물전자, 생물화학, 바이오식품, 생물농업, 생물환경 등 다양한 생물산업군으로 발전하고 있다.

현재 특허의 대상이 되고 있는 생명공학 발명은 아래와 같이 분류될 수 있다.[85]

① 유전공학 발명: 유전자, DNA 단편, 벡터, 재조합 벡터, 형질전환체, 융합세포, 모노클로날 항체, 단백질, 재조합 단백질, 안티센스 등 통상의 유전공학 기술

② 미생물 관련 발명: 신규한 미생물[86] 자체의 발명, 신규 미생물 및 공지 미생물의 이용에 관한 발명

③ 식물 관련 발명: 신규 식물 자체 또는 신규 식물의 일부분(종자, 과실, 화분 등)에 관한 발명, 신규 식물의 육종방법 및 번식방법

④ 동물 관련 발명: 동물 자체 또는 동물의 일부분에 관한 발명, 동물을 만드는 방법 및 이용하는 방법의 발명

생명공학기술에는 '자연법칙을 이용하고 있는 발명'인지의 여부 보다는 유용성(산업상이용가능성)이 문제가 되는 경우가 많다. 출원명세서에 실질적이며 신뢰성 있는 유용성이 기재되지 않은 경우 특허법 제29조 제1항 본문 규정의 '산업상이용가능성'이 있는 발명으로 인정되지 않는다.[87]

예를 들어 'DNA 단편' 발명에 있어서, 전장 DNA를 취득하기 위한 프로브(probe)로 사용할 수 있다는 기재만으로는 유용성이 없고, 특정 질병을 진단하기 위한 프로브로 이용하거나 특정 단백질을 코드한다는 것 등이 구체적으로 제시되어야 유용성이 인정된다.[88]

생명공학 발명과 관련된 특유 제도로서 미생물기탁제도와 서열목록 제출제도가 있다. 특허 명세서는 제3자가 그 발명을 반복하여 실시할 수 있도록 명확하고 상세하게 기재되어야 하는데, 미생물에 관한 발명의 경우 미생물 없이 그 발명을 반복재현하는 것이 곤란하다.

미생물기탁제도는 출원인이 공인된 기탁기관에 미생물을 기탁하고 공개 후에는 제3자가 분양받을 수 있도록 함으로써 명세서 기재요건을 보완하기 위한 제도이다.[89]

서열목록제출제도는 핵산염기 및 아미노산 서열을 포함한 특허출원의 심사와 공개를

---

85) 특허청, 생명공학 특허출원 길라잡이, 2013, 7면 참조.

86) 미생물의 범위에, 바이러스, 세균, 원생동물, 효모, 곰팡이, 버섯, 단세포조류, 방선균 등을 의미하며, 동식물의 분화되지 않은 세포 및 조직 배양물도 포함된다.

87) 특허청, 특허·실용신안 심사기준-생명공학 관련발명 심사기준(2014년 7월 추록), 9101면.

88) 특허청, 생명공학 특허출원 길라잡이, 앞의 글, 7면.

89) 기탁의 대상이 되는 미생물은 유전자, 벡터, 곰팡이, 동물세포, 수정란, 식물세포, 종자 등의 생물학적 물질(Biological material)이다. 우리나라에는 한국생명공학연구원 생물자원센터(KCTC), 한국미생물보존센터(KCCM), 한국세포주연구재단(KCLRF), 농촌진흥청국립농업과학원(KACC) 등 4개의 기탁기관이 있다. 특허청 홈페이지(www.kipo.go.kr)/지식재산제도/주요제도/미생물기탁제도.

원활히 하기 위하여, 명세서에 기재된 서열목록에 대하여 컴퓨터 판독이 가능한 전자 파일(서열목록 전자파일)을 별도로 제출하도록 하는 제도이다.[90]

한편 생명공학 관련 출원발명의 선행기술 검색에는 특허문헌 외에 미국의 PubMed,[91] Genbank, 유럽 EMBL(European Molecular Biological Laboratory) 등의 비특허문헌 검색도 많이 활용된다.

특허청의 '생명공학심사기준'에 의하면, ㉠ 인간에게 위해를 끼칠 우려가 있거나 인간의 존엄성을 손상시키는 결과를 초래할 수 있는 발명, ㉡ 인간을 배제하지 않은 형질전환체에 관한 발명은 공서양속(公序良俗) 위반(특허법 제32조)으로 거절된다.

7. 퍼블리시티권

사람은 누구나 얼굴 기타 신체적 특징에 관해 촬영되거나 공표되거나 광고 등에 무단 사용되지 않을 권리를 가지는데, 이를 초상권이라 한다. 초상권은 헌법 제10조[92] 및 제17조[93]에 의해 보장되는 인격권의 하나로서 보호되어 왔다.[94]

타인의 초상권을 침해하면 민법 제750조 불법행위로 인한 손해배상청구의 대상이 되고, 초상권의 속성상 그 침해의 정지 또는 예방을 청구할 수 있는 권리도 인정된다.[95]

한편 초상권과는 별개로 연예인이나 운동선수 등 유명인의 초상·성명·음성·말투·동작·이미지 등이 상품이나 서비스업에 이용되면 커다란 고객흡인력을 가질 수 있다. 이와 같이 유명인이 초상·성명·음성·말투·동작·이미지 등의 총체적 자기동일성(personal identity)을 통해 재산적 이익을 누릴 수 있는 권리로서 퍼블리시티권(right of publicity)이라는 개념이 등장하였다.

초상권과는 별도로 퍼블리시티권을 인정하여야 한다는 근거는, ㉠ 유명인의 성명·초상 등이 가지는 고객흡인 효과는 스스로의 노력에 의해 획득한 명성·지명도 등으로부터 생기는 독립된 경제적 이익 또는 가치에 관한 것이므로 인격권과는 별개의 재산권으로 보호할 필요가 있고, ㉡ 일반 대중에게 널리 알려진 유명인의 성명·초상 등이 허락 없이 사용됨으로써 수요자들이 그 출처나 후원관계에 대하여 기망당하거나 혼동을

---

[90] 서열목록은 WIPO 표준 ST.25를 채택한 특허청 고시 제2016-5호의 "핵산염기 및 서열목록 또는 아미노산 서열목록 작성기준"에 따라 특허청에서 무료로 배포하는 프로그램(KoPatentin)으로 작성하면 된다. 특허청 홈페이지(www.kipo.go.kr)/지식재산제도/주요제도/서열목록제출제도.

[91] 미국국립의학도서관 산하 미국국립생물정보센터(NCBI)의 검색시스템.

[92] 모든 국민은 인간으로서의 존엄과 가치를 가지며, 행복을 추구할 권리를 가진다. 국가는 개인이 가지는 불가침의 기본적 인권을 확인하고 이를 보장할 의무를 진다. 헌법 제10조.

[93] 모든 국민은 사생활의 비밀과 자유를 침해받지 아니한다. 헌법 제17조.

[94] 사람은 누구나 자신의 얼굴 기타 사회통념상 특정인임을 식별할 수 있는 신체적 특징에 관하여 함부로 촬영 또는 그림묘사되거나 공표되지 아니하며 영리적으로 이용당하지 않을 권리를 가지는데, 이러한 초상권은 우리 헌법 제10조 제1문에 의하여 헌법적으로 보장되는 권리이다. 대법원 2006.10.13. 선고 2004다16280 판결.

[95] 대법원 1996.4.12. 선고 93다40614·40621 판결.

일으키는 것을 방지할 필요가 있다는 것을 들 수 있다.[96]

퍼블리시티권의 침해에 대한 구제로는 민법상 불법행위에 대한 구제와 마찬가지로 손해배상청구권이 있다. 인격권인 초상권에 대한 손해는 정신적 손해로서 그 배상은 위자료의 지급으로 이루어지게 되며, 재산권인 퍼블리시티권의 손해에 대한 배상은 그 초상·성명 등이 어떤 금전적 가치를 가지고 있는 지를 바탕으로 산정한 실손해액이 토대가 된다.

또한 퍼블리시티권 침해에 대해서도 영업비밀의 침해에 금지청구권이 부여된 예에서 보듯이, 침해 자체를 금지할 수 있는 금지청구권이 인정된다고 보아야 할 것이다.[97]

퍼블리시티권의 개념이 발전해 온 미국의 경우 대부분의 주가 성문법 또는 판례로 퍼블리시티권을 인정하고 있다.[98]

우리나라는 퍼블리시티권과 관련하여 성문법은 물론이고 대법원 판례도 아직 없으며, 하급심 판례는 퍼블리시티권을 인정한 판례와 부정한 판례가 혼재하고 있어서, 우리나라에서는 아직 퍼블리시티권의 인정 여부가 확립되지 않은 상태라고 할 수 있다.

8. 캐릭터

캐릭터(character)는 만화, TV, 영화, 신문, 잡지, 소설 등 대중이 접하는 매체를 통하여 등장하는 가공적인 또는 실재하는 인물·동물 등의 형상과 명칭 등(예컨대 미키마우스, 배트맨, 스머프, 헬로키티, 포켓몬스터, 뽀로로, 둘리)을 뜻하는 것으로서,[99] 상품이나 서비스, 영업에 사용하는 경우 현저한 고객흡인력을 발휘하게 된다.

캐릭터는 그 인물, 동물의 생김새, 동작 등의 시각적 표현에 작성자의 창조적 개성이 드러나 있으면 원저작물과 별개로 저작권법에 의하여 보호되는 저작물이 될 수 있고,[100] 저작권자가 캐릭터를 영업자에게 이용하게 하는 계약을 통해 그 이용권 이른바 상품화권(merchandising right)을 설정할 수 있다.

캐릭터를 상표로 등록하면 상표법에 의한 보호를 받을 수 있으며,[101] 캐릭터를 상품화하여 상품표지 또는 영업표지로서 수요자들에게 널리 인식되어 있는 경우에는 부정경쟁방지법의 보호대상이 될 수 있다.

---

[96] 정상조·박준석, 지식재산권법(제3판), 홍문사, 2013, 762면.

[97] 앞의 글, 768-770면 참조.

[98] 미국 연방법에는 퍼블리시티권에 관한 규정이 없다.

[99] 대법원 1996.9.6. 선고 96도139 판결.

[100] 캐릭터를 등장시킨 만화, 영화 등이 저작물로서 보호받는다는 것은 당연하나, 이러한 저작물과 독립하여 캐릭터 자체가 저작물로 인정될 수 있는지에 대해서는 견해의 대립이 있다. 미국은 캐릭터의 독자적인 저작물성을 인정하는 긍정설의 입장이고, 일본의 최고재판소 판례(1997.7.17. 선고 平成(才) 1443호 판결)은 캐릭터의 독자적인 저작물성을 부정하였다. 우리나라의 판례(2010.2.11. 선고 2007다63409 판결 등)는 캐릭터의 독자적인 저작물성을 긍정하고 있다.

[101] 미키마우스, 스머프, 포켓몬스터, 헬로키티, 둘리 등 많은 캐릭터가 우리나라 특허청에 상표로 등록되어 있다.

9. 데이터베이스

데이터베이스는 이미 알려진 정보를 컴퓨터 등을 통해 개별적으로 접근 또는 검색하기 쉽도록 체계적으로 배열 또는 구성한 편집물이다.[102]

데이터베이스가 그 소재의 선택이나 배열에 창작성이 인정되는 경우에는 저작권법상 편집저작물로 보호될 수 있으나,[103] 대부분의 데이터베이스는 그 소재가 특정 분야 전체로서 선택의 창작성이 없고, 그 입력이나 배열도 컴퓨터프로그램에 의해 기계적으로 이루어지기 때문에 편집저작물로서 보호받기는 어렵다.

2003년 개정된 저작권법은 데이터베이스에 대한 특례규정을 두고 있는데, 데이터베이스 제작자에게 저작인접권과 유사한 권리를 부여하여 데이터베이스 제작을 완료한 때부터 권리가 발생하고 그 다음 해부터 기산하여 5년간 보호된다.[104]

10. 트레이드 드레스(Trade dress)

트레이드 드레스는 영미법계의 상표법적 보호가 확장된 것으로서, 초기의 판례에서는 상품의 포장, 용기, 라벨 등의 외형을 의미하는 것이었으나, 이후의 판례에서는 상품의 크기나 모양, 색채, 질감, 도안, 판매방법까지 포함하는 개념으로 넓어져서, "상품이나 서비스에 관하여 출처표시로서 기능하는 총체적인 외관이나 인상(look and feel)"을 의미하게 되었다.[105]

트레이드 드레스는 미국에서 판례법으로 인정되다가 1989년 개정된 미국 연방상표법(Lanham Act) 제43조(a)[106]에서 성문화되었다. 연방상표법 제43조(a)는 "누구든지 어떠한 상품, 서비스 또는 상품의 용기에 문자, 용어, 명칭, 심볼, 고안(device) 또는 이들의 결합 또는 출처나 사실의 왜곡된 기술 등을 상업적으로 사용하여 출처(origin)나 후원 등에서 혼동이나 오해 등을 일으키는 자는 민사소송에 따른 책임이 있다"[107]고 규정하고 있다.

---

[102] 데이터베이스는 "소재를 체계적으로 배열 또는 구성한 편집물로서 개별적으로 그 소재에 접근하거나 그 소재를 검색할 수 있도록 한 것을 말한다." 저작권법 제2조 19호.

[103] 편집저작물의 작성권은 2차적 저작물과 마찬가지로 원저작물의 저작자에게 속하며(저작권법 제22조), 편집저작물에 대한 저작권은 그 소재가 되는 원저작물에 대한 저작권과는 별도로 독자적인 보호의 대상이 된다.

[104] 그 소재의 갱신 등에 상당한 투자가 이루어진 경우에는 그 갱신 등을 한 때로부터 5년간 존속한다. 저작권법 제95조.

[105] 정상조·박준석, 앞의 글, 578면 참조.

[106] 15 U.S.C.A. § 1125(a).

[107] Any person who, on or in connection with any goods or services, or any container for goods, uses in commerce any word, term, name, symbol, or device, or any combination thereof, or any false designation of origin, false or misleading description of fact, or false or misleading representation of fact, which-- (A) is likely to cause confusion, or to cause mistake, or to deceive as to the affiliation, connection, or association of such person with another person, or as to the origin, sponsorship, or approval of his or her goods, services, or commercial activities by another person, or (B) in commercial advertising or promotion, misrepresents the nature, characteristics, qualities, or geographic origin of his or her or another person's goods, services, or commercial activities, shall be liable in a civil action by any person who believes that he or she is likely to be damaged by such act. 15 U.S.C.A. § 1125(a)(1).

트레이드 드레스로 보호를 받기 위해서는 상표와 마찬가지로 식별력이 있어야 하고 비기능적(non-functional)이어야 한다.

트레이드 드레스가 우리나라에 널리 알려진 계기는 2011년 시작된 애플-삼성전자 간의 스마트폰 특허분쟁에서 삼성의 트레이드 드레스 침해가 주요 쟁점으로 부각된 이후이다.

우리나라에는 트레이드 드레스라는 개념으로 보호하고 있지는 않지만, 입체상표와 부정경쟁방지법으로 상당 부분 유사한 보호가 가능하다.

2004년 신설된 부정경쟁방지 및 영업비밀보호에 관한 법률 제2조 제1호 자목은, 상품의 형태(형상·모양·색채·광택 또는 이들을 결합한 것을 말하며 시제품 또는 상품소개서상의 형태를 포함한다)를 모방한 상품을 양도·대여 또는 이들을 위한 전시를 하거나 수입·수출하는 행위를 부정경쟁행위로 추가하였으며,[108] 여기서 상품의 형태는 트레이드 드레스에 해당하는 것으로 볼 수 있다.

또한 부정경쟁방지 및 영업비밀보호에 관한 법률은 "국내에 널리 인식된 상품의 용기·포장, 그 밖에 타인의 상품임을 표시한 표지(標識)와 동일하거나 유사한 것을 사용하거나 이러한 것을 사용한 상품을 판매·반포(頒布) 또는 수입·수출하여 타인의 상품과 혼동하게 하는 행위"(제2조 제1호 가목)와 "국내에 널리 인식된 타인의 성명, 상호, 표장(標章), 그 밖에 타인의 영업임을 표시하는 표지(상품 판매·서비스 제공방법 또는 간판·외관·실내장식 등 영업제공 장소의 전체적인 외관을 포함한다)와 동일하거나 유사한 것을 사용하여 타인의 영업상의 시설 또는 활동과 혼동하게 하는 행위"(제2조 제1호 나목)를 부정경쟁행위로 규정하고, 금지청구(제4조), 손해배상청구(제5조) 및 형사처벌(제18조)의 대상으로 하고 있다.

---

[108] 상품의 시제품 제작 등 상품의 형태가 갖추어진 날부터 3년이 지난 상품의 형태를 모방한 상품을 양도·대여 또는 이를 위한 전시를 하거나 수입·수출하는 행위는 제외된다.

01 삼성–애플 특허분쟁이나 구글–오라클 저작권 분쟁[109]에서 보듯이 최근 지식재산권 분쟁이 늘면서 그 규모도 이전과 비교할 수 없을 정도로 커지고 있다. 이와 같이 최근 지재권 분쟁이 증가하면서 격렬해지고 있는 이유는 무엇인가?

02 아래 기사를 보면 말라리아 치료제[110]가 최근 미국 FDA에서 허가를 받았다는 보도가 있다.

The ScienceTimes

August 26, 2018

말라리아 치료제 60년 만에 美 FDA서 첫 승인
'재발성' 말라리아 박멸 가능···부작용도 상당

세계적으로 연간 850만 명에게 고통을 주는 '재발형' 말라리아의 치료제가 60년 만에 처음으로 미국에서 승인을 받았다고 영국 BBC 방송이 23일 보도했다.

말라리아는 오래된 질병으로서 매년 수억 명이 감염되어 수십만 명이 사망하는[111] 질병임에도 불구하고 치료제 개발이 원활하지 않은 질병으로 꼽히고 있다. 그 이유는 무엇인가?

03 甲은 '○○○쭈꾸미'란 상호의 음식점을 수년간 운영하여 인근에서는 제법 유명한 음식점으로 소문이 났다. 어느 날 甲은 乙로부터 '○○○쭈꾸미'는 특허청에 등록되어 있는 乙의 상표와 동일 내지 유사하여 자신의 상표권을 침해하고 있으므로 당장 상호 사용을 중지하라는 경고장을 받았다. 이때 甲이 취할 수 있는 대응수단은 어떤 것들이 있는가?

04 다음 중 지식재산권으로 보호받을 수 없는 것은 어느 것인가?
❶ 새로운 자동차 엔진 기술   ❷ 원숭이가 자연경관을 촬영한 사진
❸ 새롭게 개발한 요리법   ❹ 유치원생이 작성한 산문
❺ 일본 사람이 제작한 음란동영상

05 다음 중 등록받기 위한 요건으로 '신규성'을 요구하지 않는 지식재산권은 어떤 것인가?
❶ 상표권   ❷ 실용신안권   ❸ 디자인권
❹ 품종보호권   ❺ 특허권

---

[109] 2018.3.27. 미국 연방순회항소법원(CAFC)은 구글이 안드로이드 운영체제(android operating system)를 개발하면서 자바 애플리케이션 프로그래밍 인터페이스(API)를 허락없이 이용한 것은 오라클의 저작권을 침해한 것이라는 판결을 내렸다. 오라클은 이 소송을 시작하면서 구글에 90억달러(약 10조원)의 배상을 요구하였다.

[110] 중국 중의과학원의 투유유 교수가 개똥쑥에서 말라리아 치료제인 '아르테미시닌(artemisinin)'을 추출해낸 공로로 2015년 노벨 생리의학상을 수상한 바 있다.

[111] 세계보건기구(WHO)는, 전 세계적으로 91개국이 말라리아 위험에 노출되어 있으며 2016년에는 약 2억1,600만 명이 감염되어 이 중 445,000명이 사망한 것으로 추정하였다. WHO, WORLD MALARIA REPORT. 2017.

06 다음 산업재산권과 저작권을 비교한 내용 중에서 맞지 않는 것은?

① 산업재산권은 출원하고 등록을 받아야 권리가 발생하는 데 비하여, 저작권은 출원·등록절차 없이 창작한 때부터 권리가 발생한다.

② 산업재산권은 속지주의 원칙에 의하여 해외에서 권리행사를 하려면 각 국마다 출원하여 등록받아야 하는 반면에, 저작권은 베른조약에 의해 우리나라에서 창작한 순간부터 해외에서도 보호받는다.

③ 특허권은 아이디어를 보호하는 데 비하여 저작권은 표현(expression) 만을 보호하므로 특허에 비하여 저작권의 권리범위는 좁다.

④ 산업재산권과 저작권 모두 고의로 침해한 사람에 대하여 7년 이하의 징역 또는 1억원 이하의 벌금형에 처할 수 있다.

⑤ 산업재산권의 보호기간은 통상 출원일부터 20년을 넘지 않는 데 비하여 저작권의 보호기간은 통상 저작권의 생존기간 및 사후 70년까지이다.

07 다음 중 디자인권으로 보호받을 수 있는 것은?

① 이동 가능한 주택

② 디자이너가 컴퓨터프로그램으로 그린 컴퓨터에 저장된 캐릭터

③ 비행기 모양으로 접어 모양을 낸 손수건

④ 파리의 에펠탑을 모사한 디자인

⑤ 초등학생이 그린 그림

08 다음 중 등록받을 수 있는 상표는 어떤 것인가?

① 음료의 맛을 문자로 표현한 상표

② 간단한 표장이지만 오래 사용하여 식별력이 생긴 상표

③ WIPO 마크

④ 국내외에서 누구나 알고 있는 표장을 지정상품을 달리하여 출원한 상표

⑤ 외설적 문자

09 다음 중 저작권에 관한 설명으로 옳은 것은?

① 독일어로 쓰인 원작 소설의 영문 번역본을 한글로 번역하여 우리나라에서 출간하려면, 독일인 원작자와 영문 번역자 모두의 허락을 받아야 한다.

② 유치원생의 글과 그림을 모아서 책으로 발간하는 것은 저작권 침해와는 관계없다.

③ 출판권자는 꼭 필요하다고 판단되는 경우 원작자가 쓴 소설의 내용을 일부 수정할 수 있다.

④ 인터넷에서 찾은 사진을 다운로드 받아 출처 표시를 하고 나의 블로그에 올려도 저작권법 위반은 아니다.

⑤ 2018년 하반기 개정된 저작권법 시행령에 의하면 15평 이하의 작은 카페나 음식점도 매장에서 음악을 틀려면 저작권료를 내야 한다.

10 다음 신지식재산권에 대한 설명 중 맞지 않는 것은?

① 신지식재산권 중 부정경쟁방지와 영업비밀, 반도체집적회로 배치설계, 식물신품종 등은 별도의 법률로 보호되며, 컴퓨터프로그램, 데이터베이스, 캐릭터, 생명공학기술, 소리·냄새상표 등은 기존의 산업재산권 또는 저작권의 개념에 포함되어 보호되고 있다.

② 영업비밀은 특허와 비교하여 비밀을 유지하는 한 영구적으로 보호받을 수 있는 장점은 있으나, 비밀

이 공개되거나 타인이 독자적으로 개발하는 경우에는 보호받을 수 없게 된다.

❸ 부정경쟁방지법과 상표법은 기본적으로 출처혼동의 방지를 통한 소비자와 기업의 이익을 보호한다는 점에서는 일치하나, 상표법이 등록된 상표를 보호하는 것인 데 대하여, 부정경쟁방지법은 국내에 널리 알려진 것을 요건으로 할 뿐 지식재산권으로 등록되었는지 여부와는 관련이 없다는 점에서 차이가 있다.

❹ 식물신품종은 특허법 또는 식물신품종보호법에 의해 보호받을 수 있으며, 특허법의 보호대상이 되는 경우에 식물신품종보호법으로는 등록받을 수 없다.

❺ 컴퓨터프로그램 자체는 저작권법의 보호대상이며, 특허로 보호받기 위해서는 컴퓨터프로그램에 의한 정보처리가 컴퓨터 · 스마트폰 등의 하드웨어와 결합되어 구체적으로 실행되는 것이 필요하다.

특허요건 및 출원절차

1. 특허의 개요

1. 특허의 의의

특허란 발명자가 일정한 요건을 만족하는 발명을 공중에 공개하는 대가로 국가에서 일정 기간 동안 독점·배타적 권리를 부여하는 것으로, 발명자와 국가 간의 계약에 기초한 것이라고 할 수 있다.

발명자의 입장에서는 독점적 실시를 통한 경제적·기술적 이익 도모가 가능함에 따라 새로운 발명을 위한 커다란 동기부여를 갖게 되고,[1] 국가에서는 그 발명을 공중(公衆)에 공개함으로써 제3자가 동일한 발명을 연구개발하는 것을 막고, 공개된 발명에 대한 개량발명을 유도함으로써 국가의 산업발전을 도모하고자 하는데 특허제도의 목적이 있다.[2]

이와 같은 특허제도의 목적에 비추어 보면, 특허법이 특허를 받기 위한 요건으로 ㉠ 발명자가 그 발명을 제3자도 쉽게 실시할 수 있도록 명확하고 상세하게 적은 명세서를 첨부하여 특허청에 특허출원서를 제출하여야 하고(절차적 요건), ㉡ 특허출원된 발명이 새로워야 하며(신규성), 그 분야의 통상의 기술자가 종래 기술로부터 쉽게 발명할 수

---

[1] 스스로 특허를 취득(미국 특허 제6469호)하기도 했던 아브라함 링컨은, "특허제도는 천재라는 불에 이익이라는 기름을 붓는 것이다 (The patent system added the fuel of interest to the fire of genius)"라는 말을 남겼는데, 특허제도가 연구자나 기술자의 발명의욕을 강하게 자극하고 있음을 적절하게 표현한 말이라고 할 수 있다.

[2] 특허법 제1조는 "이 법은 발명을 보호·장려하고 그 이용을 도모함으로써 기술의 발전을 촉진하여 산업발전에 이바지함을 목적으로 한다"고 규정하고 있다.

있는 것이 아니어야 하고(진보성), 산업상 이용할 수 있는 발명(즉 유용한 발명)이어야 한다는 등의 요건(실체적 요건)을 규정하고 있는 것을 이해할 수 있을 것이다.

특허에는 속지주의(屬地主義) 원칙[3]이 적용되는데, 이는 우리나라에서 특허권을 획득한 경우 우리나라에서만 독점·배타적인 권리를 가질 뿐 다른 나라에서는 그러한 권리가 없다는 의미이다. 그러므로 우리나라 뿐 아니라 타국에서도 그 발명에 대한 독점·배타적인 권리를 행사하기 위해서는 각 나라마다 특허출원하여 특허권을 획득해야 한다.

2. 특허의 기원

특허제도를 법령의 형태로 채택한 최초의 국가는 베니스(베네치아)로서, 1474년에 최초로 특허법을 제정하였다. 이 법령은 일정 기간 동안 최초의 발명자에게 배타적인 권리를 부여하고, 침해에 대한 벌칙을 마련하는 등 오늘날 특허법상의 원칙을 일부 규정하고 있다. 베니스에서는 15세기 중엽부터 16세기에 걸쳐 상당히 많은 특허가 부여된 사례가 기록되어 있으나, 그 후 중단되었다.[4]

14세기에 영국은 당시 유럽대륙에 비하여 공업이 매우 뒤떨어져 있었기 때문에, 필요한 기술을 갖고 있는 대륙의 기술자가 길드(guild)에 의해 지배되고 있던 영국 내에서 안전하고 자유롭게 영업할 수 있도록 국왕이 특허장(letters patent)[5]을 주는 제도를 갖고 있었다.[6]

그러나 엘리자베스 여왕 시대(1558~1603)에 이르러 특허장이 충신에 대한 상이나 왕실의 수입을 늘리기 위한 목적으로 남용되자 국민과 의회의 저항으로 특허장 제도는 폐지되었고, 1624년 현대적인 특허제도의 모태가 된 전매조례(Statute of Monopolies)가 제정되었다.

전매조례는 진정한 최초의 발명자(first and true inventor)에게 특허가 부여되고, 특허권자는 국내에서 독점 실시권을 가지며, 공익에 위반되는 발명은 특허대상에서 제외되고, 특허기간을 14년 이하로 한다는 등의 내용을 담고 있다.[7] 이후 미국이 1790년, 프랑스가 1791년, 통일이 늦었던 독일은 1877년 특허법을 제정하였다.

---

[3] 각국 특허독립의 원칙이라고도 하며, 파리조약의 3대 원칙 중 하나이다.

[4] 吉藤幸朔, 特許法槪說(YOU ME 특허법률사무소 역), 대광서림, 2000, 34면.

[5] Patent의 어원은 '공개된 것'이라는 의미를 가진 라틴어 'patere'이다. Patent가 특허를 가리키는 용어가 된 것은, 특허장을 모든 사람이 읽을 수 있도록 "개봉된 서한(open letter)"이란 의미의 'letters patent'라 칭하던 데에서 유래한다. 박희섭·김원오, 특허법원론(제4판), 세창출판사, 2009, 46면 참조.

[6] 이미 1331년에 당시 영국왕 에드워드 3세가 영국에서 구할 수 없던 장인의 기술과 상품을 최초로 수입한 사람에게 특허를 부여한 기록이 있다. Ted Sichelman & Sean O'Connor, Patents as Promoters of Competition; the Guild Origins of Patent Law in the Venetian Republic, 49 San Diego L. Rev. 1267, 1280.

[7] 吉藤幸朔, 特許法槪說(YOU ME 특허법률사무소 역), 앞의 글, 36면.

한국의 특허제도의 역사는 이들에 비하면 매우 짧은 편이다. 1882년 지석영이 상소로 특허제도의 도입을 주장한 바 있고, 1908년(순종 2년)에 한국특허령이 칙령으로 공포·시행됨으로써 특허제도가 처음으로 도입되었다.[8]

해방 후 미군정에 의해 1946년 특허법이 제정·시행되었으며, 1961년 전면 개정된 새로운 특허법이 제정되면서 실용신안법과 의장법도 함께 제정되었다.[9] 비록 특허제도의 도입은 늦었지만 한국은 세계에서 가장 특허출원 건수가 많은 IP5 국가[10]에 속해 있다.

3. 특허의 특징

특허를 받기 위해서는 출원서·명세서 제출 등 절차적인 요건과 신규성·진보성 등 실체적인 요건을 갖추어야 하며, 특허를 등록받으면 그 특허발명에 대한 타인의 실시를 금지시키거나 그 실시행위로 입은 손해에 대하여 손해배상을 청구할 수 있다. 이 외에 특허에 관한 몇 가지 특징들을 살펴보면 아래와 같다.

첫째, 특허제도에는 승자독식의 원칙이 적용된다. 즉 선출원주의(先出願主義)의 원칙에 따라 동일한 발명에 대해서 하루라도 먼저 출원한 최선 출원인만이 특허를 받을 수 있다(특허법 제36조). 따라서 많은 투자와 노력을 들여 독자적으로 발명을 완성하였더라도 늦게 출원한 후발명자는 아무런 혜택이 없으며, 선출원인의 발명이 특허를 받게 되면 후출원인은 자신의 발명을 실시할 수 없게 된다.[11]

선원(先願) 위배 여부의 판단은 특허청구범위의 청구항 단위로 이루어진다. 선출원과 후출원의 청구항들을 각각 대비하여 어느 하나의 청구항이라도 같다면 선원 규정의 위배이다. 동일한 발명에 대하여 같은 날에 둘 이상의 특허출원이 있는 경우에는 특허출원인 간에 협의하여 정한 하나의 특허출원만이 특허를 받을 수 있다.[12]

둘째, 특허는 특정한 제품이 아니라 "기술적 사상(Idea or concept)"을 보호한다는 점이다. 물건의 발명이 실시될 때는 제품이 되고, 방법의 발명이 실시될 때는 생산기술로서의 구체적인 방법이 되겠지만 이들이 발명의 실체는 아니다.

---

[8] 이 제도는 1908년 8월 16일부터 1910년 8월 29일까지 실시되었는데, 이 기간 동안 275건이 등록되었다. 등록된 건의 대부분을 일본인이 차지하였고, 한국인의 출원은 2건으로 모두 말총모자(등록번호 제133호)에 관한 것이었다. 특허청, 지식재산강국을 향한 도전 30년, 2007, 33면.

[9] 1946년 특허법은 특허법 내에서 실용신안과 의장(디자인)을 함께 규정하고 있었다. 1961년 법에서 비로소 우리나라는 1949년 제정된 상표법과 함께 공업소유권 4법체계를 구축하게 되었다. 앞의 글, 50면.

[10] 세계적으로 특허출원 건수가 가장 많은 미국특허상표청, 유럽특허청(EPO), 일본특허청, 중국특허청, 한국특허청을 말한다.

[11] 후출원의 출원시 선출원이 공개되었다면 신규성 위반이 되므로(특허법 29조 제1항), 통상 선·후출원 관계를 논할 때는 후출원 시에 선출원이 공개되기 전인 경우, 즉 선원 규정 위배(특허법 제36조)의 경우를 말한다. 이론적으로 후출원인은 선출원의 존재를 알지 못하고 출원한 것이 된다.

[12] 특허청 심사관이 출원인들에게 협의하도록 통지서를 보내며, 협의가 성립하지 아니하면 해당 특허출원 모두 등록 받을 수 없다.

도면	청구범위

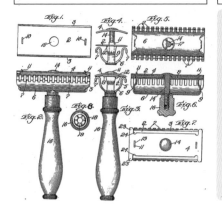

1. As a new article of manufacture, a <u>flexible and detachable blade for safety-razors</u>.

2. As a new article of manufacture, a detachable razor-blade of such thinness and flexibility as to require <u>external support to give rigidity to its cutting edge</u>.

3. As a new article of manufacture, a flexible and detachable blade <u>having two opposite cutting edge</u>.

그림 2.1 미국 특허 제775134호 도면 및 청구범위

예컨대 밑변을 공통으로 하고 일정한 높이를 갖는 3각형을 '기술적 사상'이라 가정한다면, 형상·색채 등이 상이한 많은 3각형을 그릴 수 있는데, 이들 각 3각형을 제품이라 할 수 있다.[13] 이는 디자인과 비교하면 이해하기 쉬운데, 디자인은 기본적으로 도면에 그려진 디자인 및 그 디자인과 유사한 디자인에만 보호범위가 미친다.

위 도면은 질레트사의 창립자인 King C. Gillette가 1904년 분리형 면도기에 관해 등록받은 미국 특허(제775134호)이다. 도면에는 여러 구성요소가 그려져 있지만, 청구항은 짧게 기술적 사상을 위주로 작성되어 있다.[14]

특허발명의 보호범위는 특허청구범위에 기재된 사항에 의해 정하여지므로, 발명의 실체는 특허청구범위에 기재된 "기술적 사상"이라 할 수 있다. 따라서 특허청구범위에는 최소한의 구성요소[15]로 발명의 '기술적 사상'이 잘 표현되도록 기재할 필요가 있다.

셋째, 발견도 특허의 대상이 되는 경우가 있다. 예컨대 이제까지 알려지지 않았던 새로운 화합물이나 미생물을 천연의 식물이나 흙으로부터 분리해낸 경우, 그 화합물이나 미생물에 대하여 특허가 부여되고 있다. 특허를 받을 수 있는 발명은 "자연물이 아닌 인간이 만든 물건(man-made object)"이어야 하는데, 자연(自然)에서 분리해낸 화합물과 미생물은 오히려 자연에 있던 것을 발견한 것에 가깝다.

또한 발견이라고 할 수 있는 발명에 '용도발명'이 있다. 용도발명은 이미 알려진 물질의 새로운 용도에 관한 발명을 말한다. 예를 든다면 이미 알려진 물질 A에 살충효과가

---

[13] 吉藤幸朔, 特許法槪說(YOU ME 특허법률사무소 역), 앞의 글, 81면.

[14] 분리형 면도기로는 최초의 출원이기에 이와 같이 간략히 기재했을 수 있다. 선행기술들이 있는 경우는, 선행기술과 차별화하기 위해 구성요소들을 더 기재해야 하는 경우가 많다.

[15] 구성요소가 적을수록 특허의 권리범위는 크다. 특허침해 판단과 관련해서는 7장을 참고할 것.

있다는 것이 새로이 발견되면, 이 속성을 이용하여 "A를 유효성분으로 하는 살충제" 또는 "A를 벌레에 뿌려서 살충하는 방법"으로 청구범위를 작성하여 특허를 받을 수 있다.[16]

위와 같이 발견이라고 볼 수 있음에도 특허가 부여되는 사례들을 보면, 그 발견이 쉽게 얻어질 수 없는 것으로 많은 노력과 수고를 필요로 한다는 공통점이 있다. 즉 쉽게 예측할 수 있거나, 큰 노력 없이 찾아 낼 수 있는 단순 발견에 대해서는 특허가 부여되지 않는다.

넷째, 특허권의 존속기간은 설정등록한 날부터 출원일 후 20년이 되는 날까지이지만, 대부분의 특허권은 이보다 훨씬 빨리 소멸한다.

처음 특허권을 설정등록 할 때 3년분의 등록료를 내지만, 4년차 이후는 매년 연차특허료를 내야만 특허권이 유지되며, 연차특허료를 내지 않는 경우 그 특허권은 소멸된다.

연차특허료는 특허권의 연수가 높아질수록 급격히 증가하므로, 특허존속기간의 만료일인 출원 후 20년까지 특허권을 유지하는 경우는 많지 않다. 특허권의 평균적인 유지기간은 대략 6~7년 정도이다.

한편 제3자가 특허심판원에 청구한 특허무효심판에 의해 특허가 무효되기도 한다. 특허의 무효가 확정되면 그 특허권은 처음부터 없었던 것으로 본다. 2014년 특허무효심판 청구건수는 687건이고, 처리(심결)된 590건 중 314건이 무효심결이었다(일부 청구항 무효 포함).[17]

다섯째, 특허법(제94조)은 "특허권자는 업으로서 특허발명을 실시할 권리를 독점한다"고 규정하고 있지만, 특허를 받았다는 것만으로 자유로운 실시가 보장되는 것은 아니다.

예컨대 선행특허를 개량한 발명으로 후행특허를 등록받은 경우 이용발명에 해당하여 선행특허에 대한 침해가 성립할 수 있다. 만약 선행특허가 A+B의 구성으로 이루어져 있고, 후행특허가 A+B+C의 구성으로 되어 있다면, "구성요소 완비의 원칙(all element rule)"[18]에 따라 침해가 성립하므로, 후행특허를 실시하기 위해서는 원칙적으로 선행특허 특허권자의 허락을 받아야 한다.

이와 같은 상황은, 특허권의 본질을 독점실시 할 수 있는 권리(독점권)가 아니라, 다른

---

[16] 발기부전 치료제 비아그라도 대표적인 용도발명의 예이다. 유효성분인 '구연산 실데나필 시트레이트'는 원래 협심증 치료제로 개발되었으나, 임상실험 과정에서 발기부전 치료 효과가 부작용으로 발견되어 '발기부전 치료'라는 용도발명으로 별개의 특허를 받았다.

[17] 출처: 특허청 홈페이지 지식재산권 통계.

[18] 후행발명이 선행특허의 구성요소를 모두 가지고 있으면 침해가 성립한다는 침해판단의 원칙을 말한다. 후행발명이 선행특허의 구성요소 외에 다른 구성요소를 더 가지고 있는 것은 침해 판단과 관련이 없다(즉 침해가 성립한다). 반면에 구성요소 완비의 원칙에 따라 선행특허의 어느 구성요소 하나라도 결여한 후행발명에 대해서는 침해가 성립하지 않는다.

사람이 나의 특허발명을 실시하지 못하게 할 수 있는 권리(배타권)로 보면 이해하기 쉽다. 우리나라, 일본, 독일은 특허권의 효력을 독점적 실시권과 배타적 금지권으로 나누어 파악하고 있는 반면에, 미국이나 유럽은 통상 특허권을 배타적 금지권으로만 파악하고 있다.[19]

또한 특허를 받았다고 하더라도, 다른 법령에 의한 허가를 받기 전까지는 그 발명을 실시할 수 없는 경우가 있다. 예를 들어 새로운 의약품에 대하여 특허를 받았다고 하더라도 식약처의 판매 허가를 받기까지는 그 제품을 판매할 수 없다.

여섯째, 특허의 대상, 등록요건 및 침해요건 등과 관련된 법규·심사기준·판례는 시대의 변화를 반영하여 계속 변화하고 있다. 예를 들어 1980년 이전에는 생명체, 컴퓨터프로그램 및 영업방법 발명들이 특허를 받을 수 있을 것이라고 생각한 사람들은 별로 없었을 것이다.

특허를 포함한 지식재산권 분야는 매우 국제화되어서, 예를 들어 일본의 특허법 개정이나, 미국 연방대법원과 연방순회항소법원(CAFC)의 새로운 판례는 우리나라에 많은 영향을 미칠 수 있다.

불과 십수년 전만 해도 기술산업 분야에서 특허에 관하여 심사숙고하는 최고경영자는 많지 않았으나, 오늘날에는 기업을 운영하는 거의 모든 최고경영자가 특허에 관하여 우려한다.[20] 변화의 가장 확실한 신호는 특허관리 전문회사(Non-Practicing Entity; NPE), 속칭 특허괴물(patent troll)[21]의 출현이다. 특허관리 전문회사는 자기가 특허를 개발하기 보다는, 특허를 구입하여 기다리고 있다가 다른 기업의 사업이 잘 될 때에 로열티를 받아내기 위해 소송을 하고 있다.

산업계에 따라서도 특허에 대한 인식이 다르다. 전자기업과 소프트웨어 기업의 경우는 제품의 라이프사이클이 짧고, 해당 분야의 특허권의 수가 워낙 많기 때문에 자신도 모르게 타사의 특허를 침해할 우려가 있다. 따라서 특허권에 대한 강한 보호와 긴 특허기간을 선호하지 않는 경향이 있다.

반면에 하나의 히트 상품을 개발하기 위하여 연구개발에 수억 달러를 투자해야 하는 제약업계는 당연히 긴 특허기간과 강력한 특허보호를 선호한다.[22]

---

19) 특허권의 효력과 특허침해에 대한 상세한 내용은 7장을 참고할 것.

20) Paul Goldstein, Intellectual Property-the tough new realities that could make or break your business, Penguin Books Ltd, 2007, p.38-39.

21) 이 용어는 시카고의 작은 회사가 인텔을 상대로 70억 달러에 이르는 특허침해 소송을 제기하였을 당시 인텔의 변호사가 만들어낸 조어로서, 괴물들이 자기가 직접 짓지 않은 다리 아래 살면서 다리를 지나가려면 통행료를 내라고 요구한다고 하여 만든 용어라고 한다. id. at 39.

22) id. at 55-56.

2. 특허를 받을 수 있는 권리

1. 발명자 및 승계인

특허를 받을 수 있는 사람은 해당 발명의 발명자 또는 승계인이다(특허법 제33조). 발명자는 기술적 과제를 해결하기 위한 구체적 착상을 제시·부가·구체화하거나, 발명의 목적·효과 달성을 위한 구체적 수단이나 방법을 제공한 자이며, 단순한 과제나 아이디어의 제시자, 관리자, 보조자 및 후원자[23] 등은 발명자가 될 수 없다.

따라서 발명자가 특허를 받을 수 있는 권리를 이전하지 않는 한, 발명자가 출원인이 되는 것이 원칙이다. 특허가 등록되면 출원인이 특허권자가 되며, 발명자는 발명자라는 명예만 가질 뿐 실질적으로 아무런 권리가 없다.

발명자가 여러 사람인 공동발명의 경우에는 특허를 받을 수 있는 권리도 공유(共有)이다. 따라서 공동발명의 경우는 공유자 전원이 공동으로 특허출원을 하여야 한다(특허법 제44조). 여러 사람이 공동발명을 했는데, 일부 발명자를 빼놓고 출원하게 되면 나중에 거절되거나 무효가 될 수 있다. 또한, 특허를 받을 권리는 다른 공유자의 허락 없이는 타인에게 이전할 수 없다(특허법 제37조 제3항).

미성년자, 한정치산자 또는 금치산자 등 행위능력이 없는 무능력자의 경우도 발명자가 될 수 있으며,[24] 국내에 주소나 영업소가 없어서 출원인이 될 수 없는 외국인의 경우도 발명자는 될 수 있다.

승계인이란 발명자로부터 특허를 받을 권리를 이전받은 사람을 말한다. 특허를 받을 권리의 이전은 계약 또는 상속 기타의 일반승계에 의해 이전할 수 있으며, 특허출원의 전후를 불문하고 가능하다.

발명자 또는 승계인이 아닌 사람이 출원한 특허출원을 '모인(冒認)출원'[25]이라 하며, 모인출원이라는 것이 입증되면 해당 출원은 거절되고 특허등록이 되었더라도 무효심판에 의해 무효된다. 이 때 거절결정이나 무효가 확정된 날로부터 30일 이내에 정당한 권리자가 동일한 발명을 출원하면, 모인출원자가 출원한 날에 정당한 권리자가 출원한 것으로 본다(특허법 제34조·35조).

---

[23] 보조자는 예컨대 연구자의 지시로 단순히 데이터를 정리하거나 또는 실험을 실시한 자를 들 수 있다. 후원자는 설비를 제공하거나 자금을 지원한 자를 말한다.

[24] 발명자는 될 수 있지만 출원인은 될 수 없다. 출원은 법정대리인에 의해서만 할 수 있다. 특허법 제3조 제1항.

[25] 발명자가 아닌 자가 다른 사람의 발명을 사기, 산업스파이 등 불법적인 방법 외에 우연히 알게 되어 출원한 경우도 마찬가지로 모인출원에 해당한다. 또한 다른 사람의 발명을 그대로 출원한 것이 아니라 발명의 구성을 약간 변경하였더라도, 그것이 그 기술분야에서 통상의 지식을 가진 사람이 보통으로 채용하는 정도의 기술적 구성의 부가·삭제·변경에 지나지 않고 그로 인하여 발명의 작용효과에 특별한 차이가 없는 경우(실질적 동일 발명) 역시 모인출원에 해당한다.

최근 여러 기업 간의 공동연구, 산학공동의 연구 또는 국가가 관여하는 수탁 및 위탁연구가 활발하게 이루어지고 있으나, 이것들의 연구결과로 생긴 발명 등의 성과에 대하여는 후일 문제가 생기지 않도록 미리 계약으로 명확히 해둘 필요가 있다.[26]

2. 직무발명

직무발명이란 종업원[27]이 그 직무에 관하여 발명한 것이 사용자[28]의 업무범위에 속하고, 그 발명을 하게 된 행위가 종업원의 현재 또는 과거의 직무[29]에 속하는 발명을 말한다.[30]

오늘날의 발명은 대부분 기업에 고용된 종업원에 의한 발명이라 할 수 있다. 이 경우에 발명자는 종업원이겠지만, 그 발명에 이르게 되기까지 고용관계를 통한 기업의 자금과 연구시설 등의 지원에 기인한 바가 크다. 따라서 종업원 발명에 있어서, 그 연구 성과를 기업(사용자)과 종업원 간에 적절히 배분해야 할 필요성이 있어 직무발명 제도가 만들어졌다.

직무발명의 권리귀속에 관한 입법례는 크게 발명자주의와 사용자주의로 구별할 수 있다. 발명자주의는 종업원의 직무발명에 대하여 특허를 받을 수 있는 권리는 원칙적으로 발명자인 종업원에게 귀속된다는 것이고, 사용자주의는 직무발명에 대하여 특허를 받을 수 있는 권리는 연구시설과 자금을 지원한 사용자에게 귀속된다는 입장이다.

우리나라는 특허법 제33조 제1항에서 "발명을 한 자 또는 그 승계인은 이 법에서 정하는 바에 따라 특허를 받을 수 있는 권리를 가진다"고 규정하고 있고, 발명진흥법 제10조 제1항에서 "직무발명에 대하여 종업원 등이 특허, 실용신안등록, 디자인등록(이하 '특허 등'이라 한다)을 받았거나 특허 등을 받을 수 있는 권리를 승계한 자가 특허를 받으면 사용자는 그 특허권 등에 대하여 통상실시권을 가진다"고 규정하고 있어서, 발명자주의를 취하고 있음을 알 수 있다.

그러나 사용자는 미리 계약이나 근무규정 등에 예약승계규정을 마련하여 위 권리를 유

---

26) 계약해 두어야 할 사항의 예로는, ① 공동연구에서의 발명자의 결정방법, ② 특허를 받을 권리 또는 특허권의 귀속(공동연구의 결과를 반드시 공유로 할 필요는 없다), ③ 출원절차, 심판절차 등의 수행자와 비용분담자, ④ 특허발명의 실시, 실시권의 허여, ⑤ 특허발명의 실시로 얻은 이익의 분배 등을 들 수 있다. 吉藤幸朔, 特許法槪說(YOU ME 특허법률사무소 역), 앞의 글, 225면.

27) 종업원이란 사용자와의 고용계약 등에 기하여 타인의 사무에 종사하는 피용자를 말하며, 임시적으로 고용된 자, 고문이나 기능습득중인 양성공 및 수습공을 포괄하며, 상근·비상근·보수지급 유무 등을 불문하고 사용자와 고용관계에 있는 한 종업원이다. 조영선, 특허법(제5판), 박영사, 2015, 250면 참조.

28) 사용자는 자연인(개인)뿐만 아니라 법인, 국가 및 지방자치단체도 포함하는 개념이다.

29) 기술담당 직원이 그 담당 기술분야에서 행한 발명은 통상 직무에 포함될 것이나, 영업직·사무직·공장 등의 작업노동에 종사하는 종업원은 일반적으로 발명행위가 예정되거나 기대되지 않으므로, 발명을 하더라도 원칙적으로 직무에 속하지 않는다. 또한 연구·개발직에 종사하는 종업원의 경우에도 그 자신이 맡은 연구·개발 분야와 전혀 다른 기술분야의 발명을 개인적인 흥미로 한 경우에는 직무에 속하지 않는다. 성창익, "직무해당성", 한국특허법학회(편), 직무발명제도 해설, 박영사, 2015, 146면.

30) 발명진흥법 제2조 제2호.

효하게 승계할 수 있다(발명진흥법 제10조 제3항).[31] 이 경우 사용자는 종업원에게 정당한 보상을 하여야 하는 의무가 있고, 종업원은 직무발명을 완성한 경우 그 사실을 사용자에게 문서로 통지하여야 하고(발명진흥법 제12조), 사용자가 직무발명을 출원할 때까지 그 발명의 내용에 관한 비밀을 유지하여야 할 의무가 있다(발명진흥법 제19조).

종업원으로부터 통지를 받은 사용자는 통지를 받은 날부터 4개월 이내에 그 승계 여부를 문서로 발명자에게 통보하여야 한다(발명진흥법시행령 제7조).[32]

계약이나 근무규정에 따라 사용자가 직무발명을 승계한 경우 종업원은 "정당한 보상"을 받을 권리를 가진다(발명진흥법 제15조 제1항). "정당한 보상"의 보상액은 직무발명에 의하여 사용자가 얻을 이익[33]과 그 발명의 완성에 사용자와 종업원이 공헌한 정도를 고려하여 결정되며, 이러한 기준에 따라 사용자와 종업원의 자율적 결정에 의해 보상액이 정해진 경우는 정당한 보상을 한 것으로 본다.[34]

사용자가 스스로 직무발명을 실시하는 경우의 보상액 산정에 있어서, 법원의 판례는 주로 "총매출액 × 초과매상의 비율[35] × 가상 실시료율 × 발명자 공헌도[36]"의 방식으로, 제3자에게 실시 허락하거나 양도하는 경우에는 "실시료 또는 양도대금 × 발명자 공헌도"의 방식으로 종업원에 대한 보상액을 산정[37]하고 있다.[38]

대학에서의 직무발명과 관련하여서, 교수가 대학으로부터 특정 연구비를 지원받았거나 특별한 연구목적을 위해서 설치된 연구시설을 활용하여 완성한 발명은 원칙적으로 직무발명에 속한다.

또한 연구과제의 특정이나 연구비의 지원을 받지 않았더라도, 대학의 연구시설이나 인력을 이용하여 발명이 이루어진 경우라면 연구계약·학칙·직무발명규정에 의하여 직무발명에 해당된다고 볼 수 있다.

다만 교수가 대학으로부터 연구비의 지원도 받지 않고, 대학의 연구시설이나 인력도

---

[31] 2014년 특허출원된 210,292건 중 법인출원이 171,251건으로 81.4%를 차지하였다(특허청홈페이지 지식재산통계). 법인출원의 대부분은 직무발명에 대한 예약승계 규정에 의해 법인 명의로 출원된 것이라 볼 수 있다.

[32] 사용자가 이 기간 내에 종업원에게 통지를 하지 않은 경우 발명진흥법 제10조 제1항에서 규정한 통상실시권을 가질 수 없다(발명진흥법 제13조 제3항). 한편 사용자가 직무발명을 승계하지 않겠다고 통보한 경우, 종업원이 자유로이 그 직무발명에 대한 출원 여부를 결정할 수 있다.

[33] 사용자는 종업원으로부터 특허를 승계하지 않더라도 직무발명에 대하여 무상의 통상실시권을 가지므로, '사용자가 얻을 이익'은 통상실시권을 넘어 직무발명을 배타적·독점적으로 실시할 수 있는 지위를 취득함으로써 얻을 이익을 의미한다.

[34] 발명진흥법 제15조 제2항 내지 제6항.

[35] 직무발명으로 인해 얻는 독점적 이익이 전체 매출액에서 차지하는 비율을 의미한다.

[36] 최근 우리 판례에서 인정되는 발명자보상율은 대부분은 10%에서 30%의 범위에 분포되어 있고, 평균적으로 17%정도이다. 박태일, "발명의 완성에 사용자와 종업원이 공헌한 정도", 한국특허법학회(편), 앞의 글, 271면.

[37] 판례는, MPEP-2 표준기술을 발명한 삼성전자 퇴직연구원(원고)이 삼성전자(피고)를 상대로 직무발명법상 정당한 보상을 구한 사건에서, 발명자의 기여율을 10%로 인정하고 원고에게 60억원(관련 특허의 실시료 수입 6백2십5억여원의 10%에서 기보상한 2억2천만원을 제외한 액수)을 지급하도록 판결한 사례가 있다. 서울중앙지방법원 2012. 11. 23. 선고 2010가합41527 판결.

[38] 노갑식, "보상액 산정 판례 정리", 한국특허법학회(편), 앞의 글, 285-289면.

이용하지 않은 채 완성한 발명은 자유발명으로 보아야 할 것이다.[39]

한편 여러 대학들이 직무발명규정에서 교원 외에 '기타 연구업무에 종사하는 자'를 직무발명과 관련한 종업원의 개념으로 규정하고 있어서, 전임교원 외에 초빙교수, 조교, 연구원 및 대학원생 등도 종업원의 개념에 포함되는 것으로 해석될 수 있다.[40]

3. 실체적 등록요건

1. 성립성(특허법 제29조 제1항 및 제2조 제1호)

성립성은 출원발명이 특허대상이 되는 발명이어야 한다는 것이다. 특허법은 특허의 대상이 되는 발명을 "자연법칙을 이용한 기술적 사상의 창작으로서 고도한 것"으로 정의하고 있다(특허법 제2조 제1호).[41]

따라서 자연법칙에 반하거나 자연법칙을 이용하지 아니한 것(영구기관, 경제법칙, 수학공식, 교수방법, 영업방법 자체, 게임의 규칙 자체 등), 기술적 창작이 아닌 단순한 기능(악기연주방법, 투구방법 등), 반복하여 재현할 수 없는 발명,[42] 컴퓨터프로그램 자체, 완성되지 않은 발명(미완성 발명) 등은 특허를 받을 수 있는 발명이 아니다.

1980년 초 이래 특허대상은 상당히 확대되었다. 현재는 특허요건을 만족한다면 물건, 장치, 방법, 식품, 약품, 인공 생명체(미생물, 동·식물), 컴퓨터소프트웨어, 영업방법 등이 모두 특허의 대상이다.

다만 컴퓨터소프트웨어와 영업방법 자체는 특허대상이 아니다. 컴퓨터소프트웨어·영업방법에 의한 정보처리가 하드웨어(컴퓨터나 인터넷)를 이용하여 구체적으로 실현되어야 특허대상이 될 수 있다.[43]

---

[39] 조영선, 앞의 글, 252면 참조.

[40] 정차호·문려화, "대학원생 발명의 대학의 직무발명 여부 및 대학의 권리로 포섭하는 방안", 지식재산연구 제12권 제3호, 2017. 9., 6면.

[41] 우리나라와 같이 특허법에서 발명에 대한 정의규정을 두고 있는 국가는 극히 적으며, 대부분의 국가는 이것을 판례 또는 학설에 맡기고 있다. 吉藤幸朔, 特許法槪說(YOU ME 특허법률사무소 역), 앞의 글, 75면.

[42] 반복하여 재현할 때 성공확률이 낮다고 하여 성립성이 없는 것은 아니다. 항상 성공하지 않더라도 계속 실시해 보면 성공할 수 있는 발명은 반복재현성이 있는 발명이다.

[43] 예를 들어 "컴퓨터와 결합되어 ○단계, △단계를 실행시키는 기록매체에 저장된 컴퓨터프로그램"과 같은 청구범위로 특허 받을 수 있다.

2. 산업상이용가능성(특허법 제29조 제1항 본문)

특허제도의 목적이 산업발전을 도모하기 위한 것이므로, 산업적으로 이용될 수 없는 것이 특허 받을 수 없음은 당연하다. 예를 들어 개인적으로만 이용할 수 있는 발명, 현실적으로 명백히 실시할 수 없는 발명이 이에 해당한다.

의료업에 해당하는 인간의 치료방법, 진단방법 및 수술방법 등은 전통적으로 산업상 이용가능성(industrial applicability)이 없는 것으로 보며,[44] 의약 및 바이오 분야에서는 자주 거절이유로 인용된다.[45]

산업상이용가능성은 실제로 즉시 이용될 필요는 없고 장래 이용가능성만 있으면 만족된다. 따라서 장래의 이용가능성이 인정되는 한, 비록 출원 또는 특허 당시에는 산업상 이용되지 않는 것이 분명하더라도 산업상 이용가능성은 인정된다.

또한 기술적·경제적 불이익이나 일부 안전성이 결여되어 있는 발명이라도 산업상 이용가능성은 인정될 수 있다.[46] 통상의 특허출원이 산업상 이용가능성이 없다고 하여 거절되는 경우는 드물다.

3. 신규성(특허법 제29조 제1항)

특허제도는 새로운 발명의 창출을 통해 산업발전을 도모한다는데 그 목적이 있으므로 이미 공개된 기술(선행기술)과 동일한 발명에 대하여 특허를 부여할 수는 없다. 특허법 제29조 제1항은 아래의 발명을 신규성(novelty)이 없는 발명으로 규정하고 있다.

① 특허출원 전에 국내 또는 국외에서 공지(公知)되었거나 공연(公然)히 실시된 발명
② 특허출원 전에 국내 또는 국외에서 반포된 간행물에 게재되었거나 전기통신회선을 통하여 공중(公衆)이 이용할 수 있는 발명

특허법 제29조 제1항에서 규정한 신규성이 없는 발명은 ① 공지(公知)된 발명, ② 공연히 실시된 발명, ③ 반포된 간행물에 기재된 발명, ④ 전기통신회선을 통하여 공중이 이용가능하게 된 발명이다.

---

44) 이와 같이 의료방법에 특허를 부여하지 않는 것은 인간의 존엄과 가치라는 인도적 목적이 주된 이유로서, 예컨대 특정한 치료방법에 관하여 특허를 인정하여 독점, 배타적 권리를 주게 되면 환자를 치료하는 의사가 타인의 특허권을 침해할지도 모른다는 우려 때문에 환자를 적절히 치료하는데 지장을 받을 수 있고, 이를 피하기 위해 고액의 실시료를 지불하게 되면 결국 환자에게 커다란 경제적 부담을 줄 수 있기 때문이다. 조영선, 앞의 글, 110-111면 참조.

45) 산업상 이용가능성이 없는 발명은 인간의 치료방법, 진단방법 및 수술방법 등 방법발명에 한정되며, 치료·진단·수술 등에 이용되는 의료기기나 의약품의 발명 등 물건의 발명은 산업상 이용가능성이 있는 발명이다. 또한 사람으로부터 자연적으로 배출된 것(예: 소변, 변, 태반, 모발, 손톱)과 채취된 것(예: 혈액, 피부, 세포, 종양, 조직)을 처리하는 방법이 의료행위와는 분리 가능한 별개의 단계로 이루어진 것 또는 단순히 데이터를 수집하는 방법인 경우 산업상 이용가능성이 있다. 특허청, 특허·실용신안 심사기준(2018년 1월 추록), 3110면.

46) 기술적·경제적 불이익이나 일부 안정성의 결여는 후속의 개량발명에 의해 제거될 가능성이 있으며, 이렇게 부족한 부분이 있는 발명을 공개하고 특허를 부여하는 것에 의해 그에 대한 개량발명의 출현을 도모하는 것이 특허제도의 취지에 맞다. 다만, 그 부족한 부분이 전혀 극복될 수 없는 것이어서 그 발명이 실질적으로 이용될 수 없는 것이 명백하다면 산업상 이용가능성이 없는 발명이라고 할 수 있다. 吉藤幸朔, 特許法概說(YOU ME 특허법률사무소 역), 앞의 글, 98면.

공지(公知)라 함은 불특정인[47]이 널리 인식할 수 있는 상태에 놓인 것을 말하고,[48] 그와 같은 상태에 놓인 것으로 족하며 반드시 불특정인에게 인식되었을 필요는 없다.

공연(公然)히 실시된 발명은 국내외에서 그 발명이 공연히 알려진 상태 또는 공연히 알려질 수 있는 상태에서 실시된 것을 의미한다.[49] 여기서 공연(公然)은 '전면적으로 비밀상태가 아닌 것'을 의미하므로, 그 발명의 실시에 있어서 발명의 주요부에 대하여 일부라도 비밀부분이 있을 때에는 그 실시는 공연(公然)한 것이라고 할 수 없다.

간행물이란 "일반 공중에게 공개할 목적으로 인쇄, 기타의 기계적, 화학적 방법에 의하여 복제된 문서, 도면, 기타 이와 유사한 정보전달 매체"를 말한다.[50] 반포란 상기 간행물이 불특정인이 볼 수 있는 상태에 놓이는 것을 의미하며, 불특정인이 그 간행물을 현실적으로 보았다는 사실을 필요로 하는 것은 아니다.

전기통신회선은 인터넷을 말하며, 인터넷 게시물이 선행기술로 사용되기 위해서는 출원발명의 출원일 이전에 인터넷에 게재되었고 공중(公衆)의 접근이 가능했다는 것이 필요하다.

인터넷 게시물은 그 특성상 게재 후에 그 게재일 및 내용이 변조될 가능성이 있다는 점에서 전통적인 간행물과 동일하게 취급할 수는 없으며, 개인이나 사적기관(예를 들면 동호회), 상업적 웹사이트(예를 들면 기업홈페이지, 광고) 등과 관련하여 그 홈페이지의 신뢰도에 의문이 있는 경우에는 운영자와 연락하여 홈페이지 운영이 제대로 되고 있는지 게재된 후 수정이 이루어졌는지를 조사한 후 선행기술로 이용할 필요가 있다.

판례에 따르면, 카탈로그는 제작되었으면 특별한 사정이 없는 한 배부·반포된 것으로 추정할 수 있고,[51] 학위논문은 그 내용이 논문심사 전·후에 공개된 장소에서 발표되었다는 등의 특별한 사정이 없는 한 대학원 당국에의 제출시, 논문심사위원회의 인준시, 대학도서관의 등록시가 아닌 대학도서관의 입고시가 반포시기이다.[52]

신규성은 출원발명의 청구항에 기재된 발명과 출원발명의 출원 전에 공개된 하나의 선행기술과 동일한지 여부로 판단한다. 청구항에 기재된 발명과 인용발명이 전면적으로 일치하는 경우는 물론 실질적으로 동일한 경우에도 신규성이 없는 발명이다.

---

[47] 불특정인은 비밀을 유지할 의무가 없는 사람을 말하고, 그 인원의 많고 적음은 관계가 없다.

[48] 예를 들어, TV에 방영되는 것이 공지이다. '공지(公知)'라는 용어는 또한 공연실시, 간행물에 의한 공개 및 정보통신회선에 의한 공개 등 모든 공개를 포함하는 개념으로도 쓰인다.

[49] 예를 들어 출원 전 판매된 경우 특별한 사정이 없는 한 그 발명은 공연히 실시되었다고 할 수 있다. 특허법원 2008.10.30. 2007허13810 판결은, 출원발명이 그 출원 전에 판매된 사실을 인정하면서, 그 기술분야에서 통상의 지식을 가진 자가 드라이버 등 간단한 공구를 사용하여 쉽게 분해하여 내부의 부품과 부품들 상호 간의 결합관계를 육안으로 확인할 수 있는 물건이라는 이유로 불특정 다수인이 기술내용을 용이하게 인식할 수 있는 상태에서 공연히 실시되었다고 판단하였다.

[50] 간행물은 서적, 논문, 카탈로그 등 활자인쇄된 것 외에 마이크로필름, CD-ROM, 플로피디스크, 슬라이드, 프리젠테이션, OHP 자료 등을 모두 포함한다. 특허청, 특허·실용신안심사기준(2015년 4월 추록), 3203면.

[51] 대법원 1992.2.14. 선고 91후1410.

[52] 대법원 1996.6.14. 선고 95후19 판결.

▶ 단순한 관용수단의 전환 · 변경(컴퍼스에 연필을 고정하는 구성)

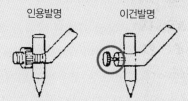

인용발명   이건발명

그림 2.2 연필이 고정된 컴퍼스

▶ 단순한 관용수단의 부가(연필깎이에 사포 부착)

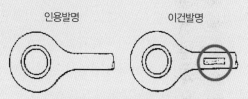

인용발명   이건발명

그림 2.3 사포가 부착된 연필깎이

▶ 단순한 재료의 변경 사례(고무장화를 비닐장화로 변경)

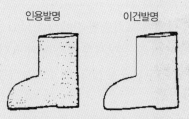

인용발명   이건발명

그림 2.4 고무장화와 비닐장화

▶ 단순하지 않은 재료의 변경(도자기화분을 고무화분으로 변경)[53]

인용발명   이건발명

그림 2.5 도자기화분과 고무화분

---

[53] 고무화분은 낙하시에도 잘 파손되지 않고, 고무가 포함하고 있는 유황성분으로 인해 벌레의 발생을 억제할 수 있다는 효과를 갖고 있으므로, 도자기 화분을 고무화분으로 재질변경한 것은 단순한 재료의 변경으로 보기는 어렵다. 따라서 실질적으로 동일하지 않다.

발명이 실질적으로 동일한 경우란 과제해결을 위한 구체적 수단에서 주지관용기술의 단순한 부가, 삭제, 변경 등에 불과하여 새로운 효과의 발생이 없는 경우를 말한다.[54]

다음은 신규성 판단에서의 유의사항이다.

첫째, 신규성 판단에서는 청구항에 기재된 발명과 하나의 인용발명을 대비하여야 하며, 복수의 인용발명을 조합하여 대비하여서는 안 된다. 다만, 인용발명이 그 기재내용 중에 별개의 간행물을 인용하고 있는 경우에는 별개의 간행물의 기재내용도 인용발명에 포함되는 것으로 보아 신규성 판단에 인용할 수 있다.

둘째, 청구항에 기재된 발명과 인용발명이 상·하위개념으로 표현되어 있을 때, ㉠ 청구항에 기재된 발명이 상위개념이고 인용발명이 하위개념인 경우 청구항에 기재된 발명은 신규성이 없는 발명이며, ㉡ 반대로 청구항에 기재된 발명이 하위개념이고 인용발명이 상위개념인 경우 청구항에 기재된 발명은 신규성이 있다.

다만 출원당시의 기술상식을 참작하여 판단한 결과 상위개념으로 표현된 인용발명으로부터 하위개념으로 표현된 출원발명이 도출될 수 있는 경우에는 신규성이 없다.

4. 공지예외(신규성의제) 제도(특허법 제30조)

특허법은 출원인의 발명이 특허출원 전에 공지되었을 경우, 그 공지일로부터 1년 이내에 출원하면서 취지 기재 및 증명서류 제출 등의 요건을 만족하면 그 공지(및 그로부터 파생된 공지)에 의해서는 신규성 및 진보성으로 거절하지 않는 공지예외 제도를 두고 있다(특허법 제30조).

공지예외 제도는 발명자가 특허출원하기 전에 자신의 발명을 논문·학회발표, 대회참가, 시제품 제작 등으로 공개하는 경우가 많고, 이러한 공개에까지 신규성을 엄격히 적용하면, 출원인에게 가혹하고 신속한 기술의 확산을 제한하여 산업발전에 오히려 장애가 될 수 있음을 고려한 것이다.

공지예외 적용을 받기 위해서는 ㉠ 공개된 발명과 특허출원한 발명이 동일할 것,[55] ㉡ 공지된 날부터 12개월 이내에 출원할 것,[56] ㉢ 특허를 받을 수 있는 권리를 가진 자에 의한 공지이거나, 그의 의사에 반한 공지[57]일 것, ㉣ 공지예외 적용을 받기 위한 절차

---

[54] 고안의 동일성을 판단함에 있어서는 양 고안의 기술적 구성이 동일한가 여부에 의하여 판단하되 고안의 효과도 참작하여야 할 것인바, 기술적 구성에 차이가 있더라도 그 차이가 과제 해결을 위한 구체적 수단에 있어서 주지관용기술의 부가, 삭제, 변경 등으로 새로운 효과의 발생이 없는 정도의 미세한 차이에 불과하다면 양 고안은 서로 동일하다고 보아야 한다. 대법원 2003.2.26. 선고 2001후1624 판결.

[55] 공지예외의 대상이 되는 공개된 발명으로는 신규성뿐 아니라 진보성으로도 거절하지 않기 때문에, 동일한 발명뿐 아니라 어느 정도 개량된 발명도 이 범주에 포함된다.

[56] 종래 6개월이던 것이 한미 FTA를 반영하여 2011.12월 개정된 법에 의해 미국과 동일하게 12개월로 길어졌다. 일본, 중국, 유럽 등 대부분의 국가에서는 아직 이 기간이 6개월이다.

[57] '의사에 반한 공지'란 협박, 사기 또는 산업스파이에 의한 공지가 대표적이다.

로서, 원칙적으로 특허출원서에 그 취지를 기재하고 이를 증명할 수 있는 서류를 출원일로부터 30일 이내에 제출하여야 한다는 요건을 만족하여야 한다.[58]

공지예외 제도의 활용과 관련하여 아래 사항을 유의할 필요가 있다.

첫째, 공지예외 제도는 신규성을 잃지 않도록 예외 규정을 둔 것일 뿐 출원일을 해당 공개일로 소급해 주는 것이 아니므로, 제3자가 독자적으로 동일한 발명을 개발하여 먼저 출원한 경우에는 나의 발명이 후원이 되어 거절될 수도 있다.

둘째, 여러 번의 공개가 있었다면 원칙적으로 모든 공개에 대하여 공지예외 주장을 하고 증명서류를 제출하여야 한다. 다만 특정한 하나의 공개행위와 밀접 불가분의 관계에 있는 경우는 2번째 이후의 공개에 대하여 증명서류 제출을 생략할 수 있다.

예컨대 학술적인 발표행위(학술지 게재, 학술단체 발표, 연구보고서 공표, 학위논문 공개 등)는 통상 연속적인 발표행위가 예정되어 있는 것이므로, 최초의 학술적인 발표행위에 대하여 적법한 공지예외 주장 절차를 밟았으면 이후의 학술적인 발표행위에도 공지예외의 효력이 미치는 것으로 인정되고 있다.[59]

그러나 학술적인 발표행위와 박람회참가·시제품 판매 등은 서로 밀접 불가분의 관계에 있는 경우라 할 수 없으므로, 각각의 공개행위에 대하여 별도로 공지예외 절차를 밟아야 한다.

셋째, 해외에 출원을 하는 경우에 있어서는 몇 가지 점에서 공지예외 제도의 활용이 상당히 제한된다는 점에 유의하여야 한다. ① 공지예외 주장기간이 미국과 우리나라는 12개월이지만 일본, 유럽 및 중국 등은 6개월이고, 공지예외를 판단하는 기준시점이 각국의 국내 출원일이라는 점이다.

즉 많은 국가에서 각국의 국내 출원일부터 6개월 이내의 공지만 공지예외 적용대상으로 인정된다.[60] 따라서 이들 국가에서 공지예외 적용을 받으려면 우리나라에 특허출원하는 것에 앞서서 발명의 공개일로부터 6개월 이내에 해외출원을 하고 공지예외 주장을 하여야 한다.

② 공지예외가 인정되는 공지예외 사유가 국가마다 다른 점에 유의해야 한다. 우리나라, 일본 및 미국은 기본적으로 모든 종류의 공지를 공지예외 사유로 인정하고 있으나,

---

[58] 특허법 개정에 의해 2015. 7. 29일 이후 특허출원에 대해서는 특허출원시 취지주장을 하지 못한 경우 명세서 보정기간, 특허결정 또는 특허심판원으로부터 거절결정 취소심결(특허등록을 결정한 심결에 한한다)의 등본을 송달받은 후 3개월 이내의 기간에 추후 공지예외 주장을 할 수 있다.

[59] 특허청, 특허·실용신안 심사기준(2018년 1월 추록), 3234면.

[60] 파리조약에 의한 우선권주장을 하면 신규성 등 특허요건의 판단시점이 최초 출원국의 출원일로 소급되는 출원일 소급효는 공지예외 주장에는 적용되지 않는다. 다만 미국의 경우는 예외로서 공지예외를 판단하는 기준시점이 AIA(America Invents Act) 법개정 이후에는 "유효출원일(effective filing date)"로 변경되어, 파리조약에 의한 우선권이 있는 경우 우선일(최초출원국의 출원일)로부터 기산된다. 따라서 미국출원의 경우 발명의 공지일부터 최대 2년(공지예외주장기간 12개월 + 파리조약 우선권 주장기간 1년)까지 공지예외를 인정받을 수 있다.

유럽은 (i) EPC 제55조 제1항 (b)호의 공식적인 또는 공인된 국제박람회 출품, (ii) 출원인의 의사에 반한 공지의 경우,[61] 중국은 (i) 중국정부가 주최하거나 승인한 국제박람회 출품, (ii) 규정된 학술회의나 기술회의에서의 최초 발표, (iii) 출원인의 의사에 반한 공지의 경우[62]로 공지예외 사유를 제한하고 있어서 공지예외를 인정받기가 매우 어렵다.

정리한다면 ㉠ 발명을 공개하였으면 공지예외 주장기간 내에서도 조속히 출원하는 것이 좋고, ㉡ 유럽, 중국을 포함하여 해외 여러 나라에 출원할 계획을 가지고 있다면 출원 전에 발명을 공개하지 않는 것이 안전하다. 또한 미국을 제외한 일본, 유럽 및 중국 등에는 발명의 국내 공개 후 6개월 이내에 해당국에 출원해야 한다.

5. 진보성(특허법 제29조 제2항)

진보성(inventive step)은 출원발명을 그 분야에서 통상의 지식을 가진 자(통상의 기술자)[63]가 특허출원시를 기준으로 선행기술로부터 쉽게(용이하게) 발명할 수 있다면 특허를 받을 수 없다는 규정이다(특허법 제29조 제2항).

특허제도는 공개된 발명을 통한 기술적 자극으로 산업발전을 도모하는데 목적이 있는 것이므로, 선행기술에 비해 신규하더라도 그 분야의 전문가(통상의 기술자)가 쉽게 생각해낼 수 있는 발명, 즉 진보성이 없는 발명에 독점권을 부여하는 것은 특허제도의 취지에 맞지 않는다.

신규성은 출원발명의 청구항과 선행기술을 구성 위주로 대비하여 동일 여부를 판단하는데 비하여, 진보성은 양 발명의 목적, 구성 및 효과를 함께 대비하여 출원발명이 선행기술에 비해 진보한 발명인지를 판단한다.

진보성의 유무(有無)는 통상 선행기술과 대비한 구성 및 효과의 차이를 함께 고려하여 결정된다. 즉 구성의 차이가 크다면 효과(양적으로 큰 차이 또는 질적으로 다른 효과)의 차이가 크지 않더라도 통상의 기술자로서는 선행기술로부터 당해 발명에 이르는 것

---

[61] European Patent Convention(EPC) Art. 55(Non-prejudicial disclosures): (1) For the application of Article 54, a disclosure of the invention shall not be taken into consideration if it occurred no earlier than six months preceding the filing of the European patent application and if it was due to, or in consequence of: (a) an evident abuse in relation to the applicant or his legal predecessor, or (b) the fact that the applicant or his legal predecessor has displayed the invention at an official, or officially recognised, international exhibition falling within the terms of the Convention on international exhibitions signed at Paris on 22 November 1928 and last revised on 30 November 1972.

[62] Patent Laws of Peoples Republic of China Article 24 : Within six months before the date of application, an invention for which an application is filed for a patent does not lose its novelty under any of the following circumstances: (1) It is exhibited for the first time at an international exhibition sponsored or recognized by the Chinese Government; (2) It is published for the first time at a specified academic or technological conference; and (3) Its contents are divulged by others without the consent of the applicant. 출처: 중국특허청홈페이지 (http://english.sipo.gov.cn/lawpolicy/patentlawsregulations).

[63] 그 분야의 기술전문가 중에서 평균적 수준에 있는 자, 즉 통상의 전문가라는 가상의 인물이다. 吉藤幸朔, 特許法概說(YOU ME 특허법률사무소 역), 앞의 글, 135면. 출원 전의 해당 기술분야의 기술상식을 보유하고 있고, 출원발명의 과제와 관련되는 출원 전의 기술수준에 있는 모든 것을 입수하여 자신의 지식으로 할 수 있는 자로서, 실험, 분석, 제조 등을 포함하는 연구 또는 개발을 위하여 통상의 수단을 이용할 수 있으며, 공지의 재료 중에서 적합한 재료를 선택하거나 수치범위를 최적화하거나 균등물로 치환하는 등 통상의 창작능력을 발휘할 수 있는 특허법상의 가상의 인물이다. 특허청, 특허·실용신안 심사기준(2013년 7월 추록), 3302면.

이 쉽지 않으리라고 보고, 구성의 차이가 크지 않더라도 발명의 효과가 선행기술에 비하여 현저히 우수하다면, 통상의 기술자가 선행기술로부터 당해 발명을 쉽게 생각해낼 수 없다고 보는 것이다.

일정한 목적달성을 위한 공지구성의 결합,[64] 공지기술의 전용, 공지의 재료 중 적합한 재료의 선택, 수치범위의 최적화, 균등물의 치환, 구체적 적용에 있어서의 설계변경, 꼭 필요하지 않은 일부 구성요소의 생략, 단순한 용도의 변경 등으로는 진보성을 인정받기 어렵다.

특허청구범위가 여러 청구항으로 이루어진 경우, 독립항의 진보성이 인정되면 그 독립항을 인용한 종속항의 진보성은 당연히 인정된다. 독립항의 진보성이 부정되면 그 독립항을 인용한 종속항의 진보성은 별도로 판단한다.[65]

진보성의 판단에 있어서 유의할 점은 당해 발명의 내용을 모두 알고 있는 사후적 시각에 입각하여 그 용이성 여부를 판단하는 것을 피해야 한다는 것이다. 특허출원시를 기준으로 당해 발명을 모르고 있던 통상의 기술자가 선행기술로부터 당해 발명에 이르는 것이 용이한가 여부로 판단해야 한다.[66]

출원발명이 외국의 주요 국가에도 출원되어 특허등록을 받았다든가, 이미 제품화되어 상업적으로 성공을 거두었다는 등의 사실은, 진보성 판단에 있어서 단지 참고사항일 뿐 진보성을 인정하는 근거가 될 수는 없다.[67]

신규성은 출원발명과 하나의 선행기술을 1:1로 대비하는 것인데 대하여, 진보성은 하나의 선행기술은 물론 둘 이상 여러 개의 선행기술을 묶어 진보성이 없다고 거절할 수 있다. 진보성은 신규성보다는 훨씬 극복하기 어려운 거절이유이며, 통상 진보성이 없다면 당연히 신규성은 없는 것으로 볼 수 있다. 심사실무에 있어서 진보성은 출원명세서의 기재불비와 더불어 가장 빈번한 거절이유이다.

---

[64] 판례는, 특허출원된 발명이 공지공용의 기존 기술을 수집 종합하여 이루어진 결합발명의 경우에 있어서, 이를 종합하는데 각별한 어려움이 있다거나 이로 인한 작용효과가 공지된 선행기술로부터 예측되는 효과 이상의 새로운 상승효과가 있다고 인정되는 경우가 아니면 그 발명의 진보성은 인정될 수 없다고 판시하고 있다. 대법원 1991.10.11. 선고, 90후1284 판결, 2001.7.13. 선고 99후1522 판결 등.

[65] 그 이유는 종속항은 독립항의 구성요소를 모두 포함하면서 그 구성요소의 일부를 한정하거나, 새로운 구성요소를 부가하여 구체화한 청구항이기 때문이다(독립항의 권리범위가 종속항보다 더 넓다). 이러한 독립항과 종속항의 관계는 신규성 판단에도 동일하게 적용된다. 보다 상세한 독립항·종속항 관계는 6장을 참고할 것.

[66] 사후적 시각에 입각하여 진보성을 판단하는 것을 피해야 한다는 것을 '사후적 고찰(hindsight) 배제의 원칙'이라 한다. 일단 해당 발명의 내용을 알고 나면 '쉽게 생각해 낼 수 있는 것'으로 판단하기 쉽다. 실제 진보성 판단은 해당 발명의 내용을 알고 나서 이루어지게 되므로 '사후적 고찰의 배제'에 유의할 필요가 있다.

[67] 일부 판례는 '상업적 성공'을 기술적 사항에 기초한 진보성 판단의 뒷받침으로 열거하고 있다. 대법원 1995.11.28. 선고 94후1817 판결; 대법원 1996.10.11. 선고 96후559 판결("진보성을 인정하는 복용의 간편함과 효과의 신속성 등의 작용효과는 우황청심환제 자체가 가지는 작용효과와는 다른 것이라 할 것이고, 더욱이 액제로 된 본건 발명이 환제에 대하여 상업적으로 성공을 거두고 있는 것으로 인정된다"). 조영선, 앞의 글, 191면에서 재인용.

▶ 공중프로펠러와 선외기를 동시 설치한 선박에 관한 발명[68]

   – 물이 깊은 곳에서는 선외기를, 물이 얕은 곳은 공중프로펠러를 사용

진보성 판단

물이 깊은 곳에서는 선외기를 물이 얕은 곳에서는 공
중프로펠러를 사용한다는 공지기술의 결합으로서, 공
중프로펠러와 선외기 각 효과 이상의 예측하지 못한
새로운 효과가 없으므로 진보성이 없음.

그림 2.6 공중프로펠러와 선외기를 설치한 선박

▶ 절삭용 커터를 일체로 부착한 석재 가공용 톱에 관한 발명[69]

   – 절삭용 커터로 상면 석재를 제거함으로써 회전축이 방해되지 않고 둥근 톱의 반지름 이상 톱질이 가능

진보성 판단

절삭용 커터와 둥근 톱의 단순한 결합이 아니라, 절
삭용 커터가 잘려진 상면의 석재를 제거함으로써, 회
전축이 방해받지 않아서 둥근 톱의 반지름 이상 깊게
톱질을 할 수 있다는 결합만으로는 예측못한 현저한
효과가 있으므로, 진보성이 있음.

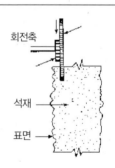

그림 2.7 절삭용 커터를 설치한 둥근톱

---

68) 출처 : 吉藤幸朔, 특허법개설(YOU ME 특허법률사무소 역), 앞의 글, 156면.

69) 출처 : 상동.

▶ 대법원 2002. 3. 29. 선고 2000후3623 판결

진보성 판단

이건고안은 유동방지돌기를 상·하로 설치하여 문을 열고 닫을 때 유동을 방지하는 것이고, 인용고안은 삽입부재를 계단형으로 형성하여 수용부재와 결합시킴으로써 문의 이동을 안내하여 주면서 상하유동도 방지하는 효과를 갖는 것으로써 이들은 형상과 개수 내지는 설치위치가 서로 다름에 따라 작용효과상 현저한 차이가 없고, 그러한 차이는 단순한 설계변경에 불과하다고 봄이 상당하다. 따라서 이건고안은 이 분야에 통상의 지식을 가진 자가 인용고안으로부터 극히 용이하게 고안할 수 있는 것이므로 진보성이 없다.

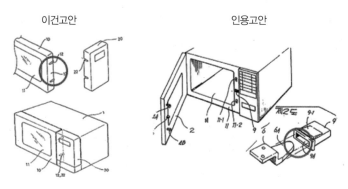

그림 2.8 전자레인지

▶ 특허법원 2004. 11. 19. 선고 2004허3232 판결

진보성 판단

이건고안과 인용고안1 내지 3은 모두 주방용 칼에 관한 것으로서, 이건고안은 인용고안1의 주방용 칼에 인용고안2의 눈금, 인용고안3의 돌기를 단순히 모아 놓은 것이고, 고안의 효과도 인용고안들의 각 구성이 가지는 효과 정도에 불과할 뿐 새로운 상승효과는 없는 것인 바, 통상의 기술자가 인용고안들로부터 극히 용이하게 고안할 수 있는 것이므로, 진보성이 없다.

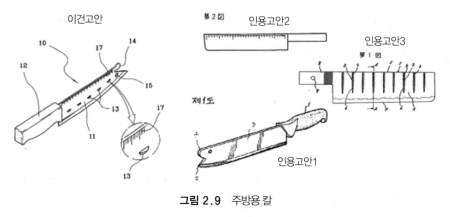

그림 2.9 주방용 칼

▶ 특허법원 2005. 7. 14. 선고 2004허7388 판결

진보성 판단

이건발명은 수면 위와 바닥에 위치한 초음파센서(1) (2)를 연결하는 센서연결봉(3)이 바닥면과 이루는 기하학적 구도로 수심을 간단히 측정할 수 있어서, 인용발명에 비하여 간단한 구조로 동일한 작용효과를 얻을 수 있는 현저한 효과가 있으므로, 진보성이 있다.

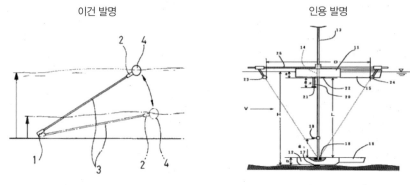

이건 발명   인용 발명

그림 2.10 수심측정장치

▶ 대법원 1996. 10. 11. 선고 96후559 판결(등록무효)

진보성 판단

이건 특허발명은 생약제 중 우황, 사향 및 용뇌는 미세분말화하고 이들을 제외한 나머지 생약제들은 물 또는 알코올로 침출하거나 미세분말화하는 전처리공정 및 이들 전처리한 생약재를 혼합하고 물을 가하여 균질화시키는 후처리공정 등을 통해 액상 우황청심원을 제조하는 방법에 관한 것으로서, 이건특허발명은 종래의 우황청심환제를 액제로 조제함으로써 구급환자나 유아, 소아가 간편하게 복용할 수 있고 또한 약효가 신속하게 나타나도록 하려고 함에 그 목적이 있고, 위 기술적 구성요소들 각각은 그 출원 전에 공지된 것이기는 하나 위 각 구성요소들을 결합하여 우황청심액제를 제조하는 구성 자체는 공지된 것이라고 볼 자료가 없으며, 복용의 간편함과 효과의 신속성 등의 작용효과는 우황청심제 자체가 가지는 작용효과와는 다른 것이라고 할 것이고, 더욱이 액체로 된 이건 발명이 환제에 대하여 상업적으로 성공을 거두고 있는 것으로 인정된다. 그렇다면 이건발명은 공지된 선행기술로부터 예측되는 효과 이상의 현저하게 향상·진보된 새로운 작용효과가 있는 것으로 인정되어 그 발명이 속하는 기술분야에서 통상의 지식을 가진 자가 용이하게 발명할 수 없는 것으로서 진보성이 인정된다.

6. 선원(특허법 제36조)

특허는 독점권을 부여하는 것이므로 동일한 발명에 대하여는 하나의 특허만 부여되어야 한다. 따라서 동일한 발명에 대하여 둘 이상의 특허출원이 있는 경우에는 선출원주의(先出願主義)[70]의 원칙에 따라 먼저 특허출원한 자만이 그 발명에 대하여 특허를 받을 수 있다(특허법 제36조 제1항). 후출원의 출원 시에 선출원이 공개가 되었다면 신규성 위반에 해당하므로, 선원(先願)이라는 거절이유는 후출원의 출원 시에 선출원이 공개되지 않은 경우에 적용된다.

출원의 선후 판단은 시(時)가 아니라 일(日)을 기준으로 한다.[71] 동일한 발명에 대하여 같은 날에 둘 이상의 특허출원이 있는 경우에는 특허출원인 간에 협의하여 정한 하나의 특허출원인만이 그 발명에 대하여 특허를 받을 수 있다.[72] 이 때 동일인에 의한 둘 이상의 특허출원인 경우도 마찬가지로 취급한다.

선원 위반 여부는 선출원과 후출원의 청구범위를 대비하여 동일한 청구항이 있는지의 여부로 판단하며, 동일성(同一性)의 판단기준은 신규성을 판단할 때의 동일성 판단기준과 같다. 아래의 예에서 선출원이 3개의 청구항, 후출원이 2개의 청구항으로 이루어져 있을 때, 후출원과 선출원의 특허청구범위를 대비하여 후출원의 청구항 1 또는 2가 선출원의 청구항 1 내지 3의 어느 청구항과 동일하면 선원 규정에 위배된다.

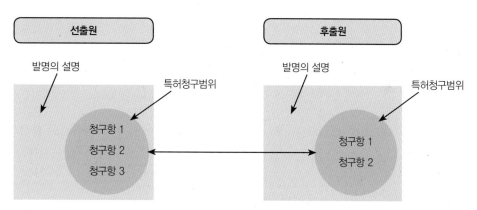

그림 2.11 선·후출원 예시도

---

[70] 먼저 출원한 사람에게 특허를 부여하는 주의를 말한다. 이에 대응하는 용어로 먼저 발명한 사람에게 특허를 부여하는 주의가 선발명주의이다. 선발명주의에서는 특허출원이 늦은 후출원자가 발명을 먼저 착상(conception)하여 중단 없이 열심히 발명의 완성을 위해 노력해 온 것(reasonable diligence)이 입증되면 선출원자를 제치고 특허를 받을 수 있다. 2013년 미국이 선발명주의에서 선출원주의로 전환하여 현재는 세계 모든 국가가 선출원주의를 채택하고 있다.

[71] 신규성이나 진보성 판단은 시(時)를 기준으로 한다. 예를 들어 오후에 특허출원을 했는데 같은 날 오전에 동일한 발명이 공개되었다면 그 특허출원은 신규성이 없다.

[72] 특허청 심사관이 출원인들에게 협의하도록 통지서를 보내며, 협의가 성립하지 아니하면 해당 특허출원 모두 등록 받을 수 없다.

7. 확대된 선원(특허법 제29조 제3항 및 제4항)

후출원의 청구항에 기재된 발명이 공개된 선출원의 출원서에 최초로 첨부된 명세서 또는 도면에 기재된 발명[73]과 동일한 경우[74]에는 특허를 받을 수 없다는 거절이유이다.

확대된 선원의 취지는, 특허가 발명의 공개를 대가로 출원인에게 일정기간의 독점권을 부여하는 것이므로, 선원의 명세서에 기재되어 있는 발명 이외에 하등의 새로운 발명을 개시하지 않은 사람에게 독점권을 부여하는 것은 특허의 목적에 맞지 않는다는 것이다.

확대된 선원은 통상 후출원의 청구항과 공개된 선출원의 출원서에 최초로 첨부된 명세서의 '발명의 설명'을 대비한다.[75] 아래의 예에서 후출원의 청구항 1 또는 청구항 2 발명과 동일한 발명이 공개된 선출원의 출원서에 최초로 첨부된 명세서의 '발명의 설명'에 기재되어 있다면 확대된 선원의 위배로 특허 받을 수 없다.

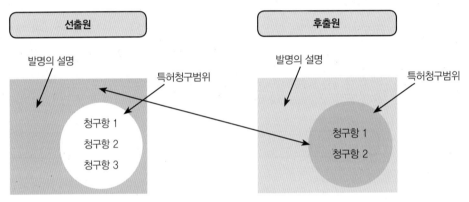

그림 2.12 확대된 선원 예시도

확대된 선원은 선원과 달리 선·후출원의 발명자 또는 출원인이 동일한 경우에는 적용하지 않는다는 점에 유의하여야 한다.

8. 특허를 받을 수 없는 발명(특허법 제32조)

공공의 질서 또는 선량한 풍속에 어긋나거나(즉, 公序良俗 위반), 공중의 위생을 해칠 우려가 있는 발명은 특허를 받을 수 없다(특허법 제32조). 예를 들어 위조지폐 제조기, 아편 흡입도구, 절도용 기구, 인체에 유해한 완구, 금지물질이 포함된 약품 등은 특허를 받을 수 없다.

---

[73] 출원서에 최초로 첨부된 명세서에 기재되었다가 보정에 의해 삭제된 내용은 확대된 선원의 지위를 가진다. 반면에 출원서에 최초로 첨부된 명세서에는 기재되지 않았으나 보정에 의해 추가된 내용에는 확대된 선원의 지위가 없다.

[74] 신규성 판단시의 '동일성' 판단기준이 마찬가지로 적용된다.

[75] 특허심사 과정에서 심사관이 후출원의 청구항과 동일한 발명이 선출원의 발명의 설명에 기재되어 있는 것을 발견하였으나 선출원이 아직 공개되기 전이라면, 후출원에 대한 심사보류를 하고 선출원이 공개될 때까지 기다려야 한다.

공중의 위생을 해칠 우려가 있는 발명이라도, 그 해(害)를 제거하는 수단이 존재한다면, 공중의 위생을 해칠 우려가 있는 것으로 보지 않으며, 그 해(害)를 제거하는 수단이 없더라도, 그 효과의 유익성과 위해성을 비교 형량하여 그 실시로 인한 부작용이 유익성에 비하여 허용될 수 있는 수준이라면 공중의 위생을 해칠 우려가 있는 것으로 보지 않는다.[76]

특허법은 제품의 안전성·품질 등을 확보하기 위한 법률이 아니라 발명을 장려하기 위한 법률이므로, 공중의 위생을 해칠 우려가 있는 발명에 대하여 너무 엄격할 필요는 없으며, 특히 장래에 기술발전 등을 통해 그 해(害)가 제거될 가능성이 있다면 적용대상이 아닌 것으로 해석해야 할 것이다.[77]

4. 특허출원 절차

특허출원 절차는 특허출원서 제출부터 특허등록에 이르는 과정에서 거치는 모든 절차를 말한다고 할 수 있다. 특허출원서, 명세서 및 요약서 등 특허출원서류는 반드시 제출되어야 하는 것인 반면에, 우선권주장, 명세서 보정, 분할출원·변경출원, 정보제공 등은 출원인 및 제3자가 필요에 따라 선택할 수 있는 출원절차이다.

편의상 이 절에서는 일반적인 특허출원 절차만을 다루며, 특허심사와 관련된 절차(심사절차)는 이 장의 5절에서, 명세서·전자출원 및 해외출원에 관한 내용은 6장에서 기술한다.

1. 특허출원

발명을 완성함과 동시에 발명자는 특허를 받을 권리를 취득하지만, 특허권을 부여받기 위해서는 특허청에 특허출원서를 제출하여야 한다. 특허출원서에는 ㉠ 특허출원인의 성명 및 주소(법인인 경우에는 그 명칭 및 영업소의 소재지), ㉡ 특허출원인의 대리인이 있는 경우에는 그 대리인의 성명 및 주소나 영업소의 소재지[78], ㉢ 발명의 명칭, ㉣ 발명자의 성명 및 주소 등이 기재되어야 하며,[79] 출원인의 필요에 따라 우선권 주장 및 심사청구·공지예외주장·조기공개신청 등의 여부가 기재된다.

---

[76] 특허청, 특허·실용신안심사기준(2018.1. 추록), 3603면.

[77] 박희섭·김원오, 앞의 글, 208면 참조.

[78] 대리인이 특허법인인 경우에는 그 명칭, 사무소의 소재지 및 지정된 변리사의 성명을 기재한다.

[79] 특허법 제42조 제1항.

출원발명의 내용을 기재하는 명세서·도면 및 요약서는 특허출원서의 첨부서류이다. 명세서에는 발명의 내용을 구체적으로 기재한 '발명의 설명'과 보호받고자 하는 사항만을 명확하고 간결하게 기재한 '특허청구범위'가 기재된다.

특허출원을 할 때에 특허출원서에 첨부되는 명세서를 ① 국어가 아닌 영어로 제출할 수 있고(외국어 특허출원제도), ② 명세서 내용 중 발명의 상세한 설명만 기재하고 특허청구범위는 제출하지 아니할 수 있다(청구범위제출 유예제도). 그러나 특허출원일부터 1년 2개월 이내에 ①의 경우에는 국어로 작성된 명세서를, ②의 경우에는 특허청구범위를 기재한 명세서를 보정서로 제출하여야 한다.

예를 들어 영어로 된 논문을 명세서로서 특허출원서에 첨부하여 제출할 수 있으며, 1년 2개월 이내에 국어로 발명의 상세한 설명 및 특허청구범위가 기재된 명세서를 보정서로 제출하면 된다. 1년 2개월 이내에 보정서가 제출되지 아니하면 그 출원은 취하된 것으로 간주된다.

특허출원서 및 명세서 등 출원서류의 작성은 초심자에게 결코 쉽지 않으며, 특허출원을 하더라도 그 이후에 특허청으로부터 출원서류에 대한 보정통지와 거절이유통지 등을 받는 경우 이에 적절히 대처하는 것도 어렵다. 따라서 가능하다면 유능한 변리사를 선정하여 출원대리를 맡기는 것이 좋은 방법이며,[80] 개인적으로 출원하는 경우라도 전문가의 도움을 받을 필요가 있다.

특허수수료 납부

특허출원할 때에는 출원료, 심사청구료(출원과 동시에 심사청구하는 경우)를 납부하여야 하고, 등록결정서를 받고 특허권을 설정등록할 때 최초 3년분 등록료를 납부한다. 대학생에 해당하는 만 19세 이상 만 30세 미만의 개인과 만 65세 이상의 개인은 출원료, 심사청구료 및 3년분 등록료의 85%를 감면받으며, 일반 개인 및 중소기업은 70%를 감면받는다.[81]

2. 조약우선권 제도(특허법 제54조)

조약우선권이란 공업소유권 보호에 관한 파리조약[82]에 의한 우선권(right of priority)을 말한다. 조약우선권 제도에 의해 어느 한 국가(제1국)의 정식출원에 기초하여 우선

---

[80] 변리사에게 출원 업무를 맡기더라도, 발명을 가장 잘 아는 사람은 출원인이므로, 발명에 대한 설명서를 충실히 작성하여 제공하는 등 변리사와 적극 협력하여야 하고, 변리사가 특허명세서 초안을 보내오면 명세서에 자신의 발명이 명확하고 상세하게 기재되었는지, 특허청구범위가 자신의 발명이 제대로 보호받을 수 있도록 작성되었는지를 검토하여 필요한 부분은 수정하도록 알려줄 필요가 있다.

[81] 기초생활보장법 수급자, 국가유공자 및 가족, 장애인, 초중고생 등은 출원료, 심사청구료 및 최초 3년분 등록료 전액(100%)이 면제된다.

[82] 정식 명칭은 'Paris Convention for the Protection of Industrial Property'로서, 1883년에 조인된 후 수차례 개정을 거쳤다. 파리조약에 관한 구체적인 설명은 6장을 참고할 것.

권을 주장하면서 다른 국가(제2국)에 1년 이내에 출원하면, 제2국에서 해당 출원의 신규성·진보성·선원 등 특허요건을 심사할 때의 기준일을 제1국의 출원일로 소급하여 심사한다.

조약우선권 제도에 의해, 발명자(또는 승계인)는 제1국에 출원한 이후 동일한 기술이 외국에서 공개되거나 출원되는 것에 대한 걱정 없이 1년 이내에 해외출원을 하면 된다.[83]

파리조약에 따른 우선권 주장의 성립요건은 ㉠ 제1국 출원이 동맹국에서 정규의 최초 출원이어야 하고,[84] ㉡ 제2국 출원의 출원인이 제1국 출원의 출원인 또는 그 승계인이어야 하며, ㉢ 제2국 출원의 출원내용이 제1국 출원과 동일하여야 하고,[85] ㉣ 제2국 출원이 제1국 출원일로부터 1년 이내여야 한다.

파리조약에 의한 우선권 주장은, 소위 부분우선과 복합우선이 허용된다. 부분우선이란 제1국 출원의 출원내용에는 없었던 새로운 사항을 추가하여 제2국 출원을 하면서 우선권 주장을 하는 것을 말하고, 복합우선이란 여러 건의 제1국 출원들[86]의 출원내용을 묶어서 한 건의 제2국 출원을 하면서 그 여러 건에 대한 우선권 주장을 하는 것을 말한다.

부분우선의 경우 제1국 출원의 출원내용에 대해서만 출원일 소급의 효과가 인정되며, 제2국 출원에서 추가된 내용에 대해서는 출원일 소급 효과가 없고 제2국 출원일에 출원한 것으로 된다. 복합우선의 경우는 제1국의 각 출원 별 출원일로 출원일 소급의 효과가 인정된다.

우선권을 주장하고자 하는 자는 특허출원서에 그 취지, 출원한 국명 및 출원 연월일을 기재하여 우선권 주장을 하여야 하며, 최초 출원일[87]부터 1년 4개월 이내에 우선권증명서[88]를 특허청에 제출하여야 한다. 또한 최초 출원일부터 1년 4개월 이내에 우선권 주장을 보정하거나 추가할 수 있다.[89]

---

83) 해외출원에는 번역·상이한 절차 등의 사유로 인해 여러 달의 준비기간이 필요한 반면, 교통·통신의 발달로 인해 국내출원의 기술내용은 쉽게 해외에 공개될 수 있다. 따라서 조약우선권 제도가 없다면 해외출원은 신규성이나 선원 위반으로 거절될 가능성이 크다.

84) 제1국 출원이 정규의 최초출원이기만 하면, 제2국 출원시 제1국 출원이 출원 계속중일 필요는 없다. 출원 후 무효·취하·포기 또는 거절되어도 이를 기초로 제2국 출원에서 우선권을 주장하는데 지장이 없다. 이 점에서 국내우선권 주장과 차이가 있다.

85) 제1국 출원과 제2국 출원의 명세서 내용이 완전히 동일하여야 함을 의미하는 것은 아니다. 뒤에 설명하는 부분우선 및 복합우선의 경우도 우선권주장은 성립한다. 다만 출원일 소급은 제1국 출원내용에 대해서만 인정된다.

86) 복합우선의 경우 제1국 출원들이 모두 동일 국가의 출원일 필요는 없다. 서로 다른 국가의 출원들을 묶어서 복합우선을 주장할 수 있다.

87) 복합우선의 경우 가장 앞선 출원의 출원일을 말한다. 최선(最先)일이라고도 한다.

88) 최초로 출원한 국가의 정부가 인증하는 서류로서 특허출원의 연월일을 적은 서면, 발명의 명세서 및 도면의 등본을 말한다. 한편 우리나라와 우선권증명서류를 전자적 매체에 의해 교환할 수 있는 체제가 구축된 국가(일본, 미국, EPC 체약국, 중국, 대만 등; 특허청 고시 제2015-12호)의 경우에는 우선권증명서 대신에 최초로 출원한 국가의 특허출원의 출원번호 및 접근코드(WIPO의 전자적 접근 서비스(DAS, Digital Access Service)를 이용하는 경우에 적어야 하는 정보로서 해당 전자적 접근 서비스에 접근하도록 하기 위하여 최초로 출원한 국가에서 부여하는 고유번호)를 특허출원서에 기재하면 된다.

89) 특허법 제54조 제7항.

3. 국내우선권 제도(특허법 제55조)

국내우선권(internal priority right) 제도는 선출원인 기본발명에, 이를 보완·추가한 개량발명을 함께 묶어 후출원으로 출원하도록 허용하여 출원인의 편익을 도모하고자 하는 제도로서, 조약우선권 제도의 국내판이라고 할 수 있다. 이 때 특허요건의 판단은 후출원에서 선출원에 기재되었던 사항은 선출원의 출원일에, 후출원에 새로이 추가된 사항은 후출원의 출원일에 출원된 것으로 본다.

일반적으로 발명은 최초의 기본발명을 바탕으로 하여 개량발명이 이루어지는 경우가 많다. 그런데 기본발명을 출원한 선출원에 개량발명의 내용을 추가하여 보정하려고 하면 '신규사항(new matter)'이라고 하여 보정이 허용되지 않고, 개량발명을 별도로 후출원을 하고자 하면 기본발명을 출원한 선출원에 의하여 '선원'에 위배된다고 거절될 수가 있다. 국내우선권 제도는 출원인의 이와 같은 불편함을 해소할 수 있도록 도입된 제도라고 할 수 있다.

국내우선권 제도를 이용하려면 특허출원서에 국내우선권을 주장한다는 취지와 선출원의 표시(출원번호, 출원일자 등)를 하고 선출원의 출원서에 최초로 첨부된 명세서 또는 도면에 기재된 발명을 기초로 한 개량발명을 선출원의 출원일로부터 1년 이내에 출원하면 된다.[90] 이 때 선후 출원의 출원인은 동일해야 한다.[91]

조약우선권과 달리 그 특허출원을 할 때에 선출원이 출원 계속 중이어야 하므로, 선출원이 포기·무효·취하되거나, 등록 또는 거절이 확정된 경우에는 국내우선권주장 출원을 할 수 없다(특허법 제55조 제1항). 선출원은 후출원의 출원일부터 1년 3개월 후 취하된 것으로 보며 공개도 되지 않는다(특허법 제56조).

국내우선권은 기본적으로 그 성격이 부분우선이며, 국내우선권에도 1년 이내에 출원된 여러 건의 선출원을 묶어 우선권을 주장하는 복합우선이 가능하다. 국내우선권에서 복합우선에 대한 효과는 파리조약 우선권에서의 복합우선과 같다.

이미 특허출원을 하고 난 후 그 출원 내용에 미비한 점이 있음을 발견했을 때 특허출원을 취하하고 다시 출원할 수도 있지만, 그 출원 내용을 보완하고 개량하여 국내우선권을 주장하며 새로운 출원을 하는 것도 좋은 전략이다.

4. 하나의 특허출원의 범위(특허법 제45조)

특허법은 하나의 출원에 포함할 수 있는 발명의 범위를 제한하고 있는데 이를 '1특허

---

[90] 특허법 제55조 제1항 및 제2항.
[91] 공동출원의 경우에도 선후출원의 출원인은 완전히 일치해야 한다. 특허청, 특허·실용신안 심사기준(2015.1. 추록), 6404면.

출원의 범위'라고 하며,[92] EPC(유럽특허조약) 및 PCT(특허협력조약)에서는 이를 발명의 단일성(unity of invention)이라 칭한다.

이와 같이 1특허출원의 범위를 제한하고 있는 이유는 주로 심사와 검색에서의 효율성을 들 수 있다.[93] 1특허출원 범위는, 통상 하나의 출원에 기재된 둘 이상의 청구항들 간에 1특허출원 범위를 만족하는지의 여부가 문제가 된다.

1특허출원범위에 관하여 특허법시행령(제6조)은, ㉠ 청구된 발명 간에 기술적 상호관련성이 있고, ㉡ 청구된 발명들이 동일하거나 상응하는 기술적 특징을 가지고 있으면 만족되는 것으로 규정하고 있다.

따라서 1특허출원범위는 청구항들 간에 기술적 특징을 공유하고 있는가에 의해 결정되므로, 많은 청구항을 기재하더라도 1특허출원범위가 만족될 수 있는 반면에 두 개의 청구항만을 기재하였더라도 1특허출원범위에 위반되는 경우가 있을 수 있다.

1특허출원 범위 위반의 거절이유는 자주 통지되지는 않는다. 심사관으로부터 1특허출원 범위 위반으로 거절이유통지를 받더라도 일부 청구항을 삭제하거나 분할출원을 하여 거절이유를 해소할 수 있다.

또한 1특허출원범위는 심사단계에서는 거절사유이지만, 발명의 실체에 대한 하자의 문제는 아니기 때문에 일단 등록되고 나면 무효사유는 되지 않는다.

5. 특허출원의 보정(특허법 제47조)

선출원제도 하에서는 먼저 출원한 사람에게 특허가 부여되므로, 발명을 완성하였다면 빨리 출원할 필요가 있다. 이렇게 서둘러 출원하다 보니 발생할 수 있는 명세서의 오기나 불명료한 표현 등에 대하여 명세서를 보정할 기회를 주는 것이 보정제도이다.

보정의 범위는 특허출원서에 최초로 첨부된 명세서 또는 도면에 기재된 사항의 범위 내이다.[94] 여기서 '기재된 사항의 범위 내'란 기재되어 있거나 출원시의 기술상식에 비추어 기재되어 있는 것으로 볼 수 있는 사항을 말한다. 즉, 통상의 기술자가 인정할만한 오기·불명료한 사항의 보정이나 당해 분야에서 잘 알려진 기술내용의 추가 정도이며, 신규 사항(new matter)은 추가할 수 없다.[95]

---

[92] 특허법 제45조(하나의 특허출원의 범위) ① 특허출원은 하나의 발명마다 하나의 특허출원으로 한다. 다만, 하나의 총괄적 발명의 개념을 형성하는 일 군(群)의 발명에 대하여 하나의 특허출원으로 할 수 있다. ② 제1항 단서에 따라 일 군의 발명에 대하여 하나의 특허출원으로 할 수 있는 요건은 대통령령으로 정한다.

[93] 하나의 출원에 여러 기술분야의 발명이 기재되어 있으면, 하나의 출원을 여러 명의 심사관이 심사해야 하는 문제가 생기며, 특허문헌 검색의 효율성도 떨어지게 된다.

[94] 특허법 제47조 제2항.

[95] 이와 같이 신규사항(new matter)을 추가한 보정을 허용하지 않는 것은 행정절차의 간소화를 기하기 위한 면도 있으나, 선출원의 지위를 확보하기 위하여 발명이 완성되지 않은 상태에서 출원한 후에 보정에 의하여 신규사항을 추가하여 발명을 완성하도록 허용하는 것은 선출원주의의 취지에 반하기 때문이다. 즉 동일한 발명을 완성하여 출원하기 위하여 출원일이 늦어진 후출원인이 불이익을 받을 수 있다.

따라서 출원할 때 명세서에 발명의 실체적인 내용을 통상의 기술자가 쉽게 이해할 수 있도록 빠짐없이 기재하고, 오기나 불명료한 기재도 최소화할 필요가 있다.

보정을 할 수 있는 시기는 ㉠ 심사관이 최초 심사통지로 특허결정서[96]를 송달하기 전까지, 또는 출원인이 최초 심사통지로 송달된 거절이유통지서를 송달받기 전까지, ㉡ 거절이유통지를 받은 후에는 의견서 제출기간 이내, ㉢ 거절결정 이후 재심사[97]를 청구할 때이다.

6. 분할출원·변경출원(특허법 제52조·제53조)

분할출원은 하나의 특허출원(원출원)중 일부 내용을 분할하여 별개의 새로운 출원을 하는 것을 말하며, 변경출원은 실용신안등록출원(원출원)을 특허출원으로 또는 특허출원을 실용신안등록출원으로 변경하는 것이다.

분할출원과 변경출원 모두가 갖추어야 할 요건은, ㉠ 원출원이 특허청에 적법하게 계속 중이어야 하고,[98] ㉡ 원출원과 분할출원·변경출원의 출원인이 동일해야 하며, ㉢ 분할출원·변경출원된 발명이 원출원의 출원서에 최초로 첨부된 명세서 또는 도면에 기재된 범위 내여야 한다.

다만 분할출원이 가능한 시기는 명세서 보정기간, 특허거절결정등본을 송달받은 날부터 30일 이내, 특허결정의 등본을 송달받은 날부터 3개월의 기간에 한정되는데 비하여, 변경출원은 원출원에 대한 특허결정이 있기 전 또는 원출원에 대한 거절결정등본을 송달받은 날부터 30일 이내의 기간까지 언제라도 가능한 점에서 차이가 있다.

분할출원이나 변경출원은 특허법시행규칙 제14호서식(특허출원서)에 분할출원 또는 변경출원을 체크하여 신규출원을 하는 것이지만, 그 출원일은 원출원의 출원일로 소급된다. 다만 물리적으로 원출원일로 소급될 수 없는 사안들, 즉 공지예외 주장 관련 규정, 조약에 의한 우선권주장의 절차규정, 국내우선권주장의 절차규정, 심사청구에 관한 규정 등을 적용하는 경우에는 소급하지 않는다.

분할출원은 원출원과 별개의 출원으로 존재하는 것이나,[99] 변경출원의 경우에는 적법한 변경출원이 출원되면 원출원은 취하된 것으로 본다.

---

[96] 거절이유통지 없이 바로 특허결정을 한 경우를 말한다.

[97] 거절결정서를 받은 후 보정서를 제출하면서 심사관에게 다시 한 번 심사를 받는 것을 말한다. 거절결정서를 받은 후 다툴 수 있는 다른 방법은 특허심판원에 거절결정불복심판을 청구하는 것이다.

[98] 원출원이 취하, 포기, 무효 또는 특허결정이나 거절결정이 확정된 이후에는 분할출원이나 변경출원을 할 수 없다.

[99] 원출원과 분할출원은 동일하지 않아야 하므로, 분할출원을 하면 통상 원출원의 특허청구범위에서 분할출원의 특허청구범위에 기재된 사항을 삭제하는 보정을 한다.

7. 특허출원에 대한 정보제공(특허법 제63조의2)

누구든지 다른 사람의 출원에 대하여 그 특허출원이 거절이유가 있어서 특허 받을 수 없다는 취지의 정보를 증거와 함께 특허청에 제출할 수 있다. 해당 출원을 심사하는 심사관은 정보제공된 증거를 참고하여 심사하고, 최종 심사처리 후에 정보제공자에게 그 정보의 활용여부에 대한 결과를 통보해 준다.

5. 특허심사 절차

1. 심사청구제도(특허법 제59조)

특허출원은 심사청구가 있어야만 심사 대상이 되며, 특허출원에 대한 심사는 출원일과 관계없이 심사청구일이 빠른 순으로 심사된다. 심사청구는 출원과 동시에 할 수 있고 늦어도 출원일부터 3년[100] 이내에 심사청구를 하여야 한다. 이 기간 내에 심사청구가 없으면 그 출원은 취하된 것으로 간주된다(특허법 제59조).

기업의 입장에서는 기술개발의 결과물을 연속적으로 특허출원한 후, 시장이나 연구개발 진행상황을 보아 가며 전략적으로 심사청구 여부를 결정할 수 있으며,[101] 특허청의 입장에서는 심사청구를 하지 않는 출원건수 만큼 심사부담을 덜 수 있다.

특허출원에 대한 심사청구는 출원인뿐만 아니라 제3자도 할 수 있으며,[102] 일단 청구하고 나면 취하할 수 없다.[103]

아래는 2012년 특허출원된 188,915건에 대한 5년간의 연도별 심사청구 건수에 대한 표이다. 2012년 특허출원건에 대한 5년간의 심사청구율은 76.2%로서, 188,915건의 특허출원중 약 1/4에 가까운 44,896건(23.8%)에 대해서는 심사청구가 이루어지지 않았음을 알 수 있다.[104]

---

[100] 종래 심사청구기간은 출원 후 '5년 이내'였으나, 2016년 2월 법개정(법률 제14035호, 2017년 3월 1일 시행)에 의해 출원 후 3년 이내로 단축되었다.

[101] 출원료에 비하여 심사청구료가 몇 배 더 비싸다.

[102] 특허법 제59조 제2항.

[103] 특허법 제59조 제4항.

[104] 출처: 특허청 홈페이지 온라인 통계서비스(IPSS 지식재산통계)/출원연도별 심사청구건수.

표 2.1 2012년 특허출원에 대한 5년간 심사청구 건수

연도	구분	출원 또는 심사청구 건수	%
2012년	출원건수	188,915	
2012~2013년	청구건수	118,817	62.9%
2013~2014년	청구건수	4,689	2.5%
2014~2015년	청구건수	3,047	1.6%
2015~2016년	청구건수	10,319	5.5%
2016~2017년	청구건수	7,147	3.8%
심사청구건 합계		144,019	76.2%

2. 우선심사 청구(특허법 제61조)

특허출원에 대한 심사는 심사청구일 순으로 진행되게 되지만, 조속히 심사를 받아야 할 특별한 사유가 있는 출원에 대해서는, 신청에 의하여 다른 출원에 우선하여 심사를 하는 제도이다. 우선심사의 신청은 심사청구와 마찬가지로 출원인뿐만 아니라 누구든지 할 수 있다.[105]

우선심사의 대상이 되는 출원은 크게 ① 출원이 공개된 후 제3자가 업으로서 그 출원발명을 실시하고 있는 출원,[106] ② 대통령령이 정한 긴급처리가 필요하다고 인정되는 출원의 2가지로 나뉘어진다(특허법 제61조).

특허법시행령 제9조의 규정에 따라 긴급처리가 필요하다고 인정되는 출원은, 방위산업분야의 출원, 녹색기술 관련출원, 수출촉진 관련출원, 국가 또는 지방자치단체의 직무에 관한 출원, 벤처기업의 출원, 기술개발 또는 품질인증사업에 관한 출원, 조약에 의한 우선권 주장을 한 출원,[107] 출원인이 실시하고 있거나 실시 준비 중인 출원, 전자상거래 관련 출원, 공해방지 관련 출원, 국가신기술개발사업의 결과물 관련출원, 65세 이상 고령자 및 건강에 중대한 이상이 있는 사람의 출원, 특허심사하이웨이(PPH),[108] 전문조사기관에서 선행기술조사를 받은 출원 등으로 다양하다.

우선심사 신청을 위해서는 우선심사신청설명서를 첨부하여 우선심사신청서를 제출

---

[105] 다만 '국가 또는 지방자치단체의 직무에 관한 출원'에 대한 우선심사 신청은 국가 또는 당해 지방자치단체만이 할 수 있다, 특허·실용신안 우선심사의 신청에 관한 고시(특허청고시 제2017-33호) 제3조.

[106] 이 경우의 우선심사청구는 해당 출원이 공개된 이후에만 가능하다. 특허출원이 특허청에 의해 자동공개되는 1년 6개월 이전에 이러한 사유로 우선심사청구를 하려면 조기공개신청(특허법시행규칙 제44조)을 하여 공개가 된 후 우선심사청구를 해야 한다.

[107] 해당 출원을 기초로 파리조약에 의한 우선권을 주장하여 외국에 출원이 되어 있는 경우를 말한다.

[108] Patent Prosecution Highway. 우리나라와 PPH 협정국에 함께 출원된 패밀리 출원에 대하여, 한 나라에서 먼저 특허가 허여되면 상대국은 출원인의 신청에 의해 그 나라의 해당 특허출원을 우선심사 해주는 것을 말한다. 특허·실용신안 우선심사의 신청에 관한 고시(특허청고시 제2017-33호) 제4조 3. 우리나라가 PPH 협정을 맺은 국가는 일본, 미국, EPO, 중국, 캐나다, 덴마크, 영국 등 21개국이다. 특허청 홈페이지(www.kipo.go.kr)/특허·실용신안 제도/우선심사제도.

하고[109] 소정의 우선심사신청료를 내야 한다. 2015년 기준으로 28,574건이 우선심사 신청되었다.

심사관은 우선심사 신청서류에 흠결이 있는 경우 보완지시를 하거나 각하처리한다. 심사관이 우선심사를 하기로 결정한 경우에는 즉시 우선심사신청인·출원인에게 그 사실을 통보하고, 심사청구 순에 관계없이 해당 출원에 대하여 조속히 심사에 착수한다.

심사절차는 통상의 심사절차에 의하며, 우선심사결정서 발송일부터 통상 2개월 이내에 심사에 착수함을 원칙으로 한다.

3. 출원공개제도(특허법 제64조)

특허제도의 목적은 신기술을 조기에 공개하여 중복연구 및 중복투자를 방지하고, 개량발명을 촉진하여 산업발전을 도모하고자 하는 것이므로, 심사처리가 종료되기 전에 특허출원된 발명을 조기에 공개할 필요가 있다.

이러한 필요에 따라 원칙적으로 모든 특허출원은 출원일 또는 우선일[110]부터 1년 6개월이 경과된 때 공개된다.[111], [112] 다만 공개 전에 해당 특허출원이 취하·포기·무효되거나, 심사가 완료되어 거절결정이 확정되거나, 이미 등록공고가 된 특허출원은 공개되지 아니한다.

한편, 출원인이 조기공개를 신청하는 경우는 조기에 공개된다. 조기공개신청은 특허출원과 동시에 할 수도 있으며, 출원공개가 되기 전까지 가능하다.

출원공개는 특허공보에 게재하는 방식으로 하며, 출원서의 주요 서지사항(출원인·발명자·대리인 관련사항, 출원번호, 출원연월일, 분류기호, 공지예외주장·우선권주장·심사청구 여부, 공개번호 및 공개일자 등)과 명세서, 도면 및 요약서의 내용 전부가 공개된다. 공개공보는 서면으로 인쇄하지 않고 인터넷 공보로만 공개되고 있다.

출원인은 출원이 공개되고 나면 자신의 특허출원을 업으로서 실시하고 있는 자에게 경고할 수 있으며, 경고를 받거나 출원공개된 발명임을 알면서 그 특허출원된 발명을 업으로 실시한 자에게, 그 경고를 받거나 출원공개된 발명임을 알았을 때부터 특허권의

---

[109] 특허법시행규칙 제39조.

[110] 파리조약에 의한 우선권주장이 있는 특허출원은 최초 출원국의 출원일(우선일)부터 1년 6개월 되는 때 공개된다.

[111] 예외적으로 특허법 제41조에 따라 국방상 필요에 따라 비밀취급이 필요한 발명에 대해서는 비밀취급이 해제될 때까지 공개하지 않는다(특허법 제64조 제3항). 또한 공개특허공보가 발행되더라도 명세서 내용 중 공공의 질서 또는 선량한 풍속을 문란하게 하거나 공중의 위생을 해할 염려가 있다고 인정되는 사항은 게재하지 아니한다(특허법시행령 제19조).

[112] 공개시점을 출원일부터 1년 6개월로 하는 이유는, 파리조약에 의한 우선권을 수반하는 외국으로부터의 동일한 출원이 우리나라에 출원되면서 선출원이 될 수 있는 기간 1년에, 우선권서류 제출기간 및 준비기간 등을 고려한 것이다. 吉藤幸朔, 特許法槪說 (YOU ME 특허법률사무소 역), 앞의 글, 459면 참조.

설정등록이 될 때까지의 기간에 대하여, 그 특허발명의 실시에 대해 통상적으로 받을 수 있는 금액(실시료 상당액)에 상당하는 보상금의 지급을 청구할 수 있다. 이를 '보상금청구권'[113]이라 한다.

보상금청구권은 출원공개에 의해 발생하지만, 그 행사는 해당 특허출원이 설정등록이 되어 특허권이 발생한 이후에 할 수 있으며, 특허권 설정등록일부터 3년 또는 타인이 실시한 날로부터 10년을 경과하면 소멸한다.[114]

4. 방식심사

방식심사는 특허출원인 등이 특허에 관하여 제출하는 특허출원서, 우선심사청구서 등 각종 서류가 특허법령에서 정한 소정의 요건에 적합한지를 심사하는 것을 말한다. 이는 신규성·진보성 등 출원발명의 실체적 요건을 심사하는 실체심사와는 구별되는 절차이다.

출원인이 특허와 관련하여 제출한 서류에 대하여 방식심사결과 흠결이 있는 경우 그 흠결이 ㉠ 특허법 시행규칙 제11조 제1항의 반려사유에 해당되는 경우에는 기간(통상 1개월)을 지정하여 소명기회를 부여한 후 그 서류를 반려하고,[115] ㉡ 그 외에 특허법령이 정한 방식에 위반한 경우에는 기간을 정하여 보정을 명한 후 기간 내 흠결을 해소하지 못한 경우에는 그 절차를 무효처분한다.[116]

방식심사는 통상 그 서류를 최초로 접수하는 특허청의 부서(출원과, 등록과 등)에서 이루어지며, 특허청의 해당 부서에서 누락한 사항과 특허법령에서 특별히 심사관이 행하도록 정한 사항에 대해서는 심사관이 방식심사를 행한다.

5. 실체심사

실체심사는 특허청 심사관이 특허출원에 대하여 실체적 특허요건을 갖추고 있는지를 심사하는 것을 의미하며, 구체적으로 심사관에 의한 거절이유통지, 거절결정 및 특허결정이란 절차로 이루어진다.

특허출원이 특허법 제62조에서 규정한 거절이유 중 어느 하나라도 해당되는 경우, 심사관은 특허법 제63조의 규정에 따른 거절이유통지를 하고, 이에 대하여 출원인은 의

---

[113] 보상금청구권의 법적 성격에 대해서는 이를 불법행위에 기한 손해배상청구권으로 보는 견해와, 아직 등록되기 전의 발명의 내용을 제3자가 실시하는 행위는 위법하지 않음을 전제로 특허법이 출원인 보호를 위해 특별히 인정한 법정채권이라는 견해가 있는 바, 후자가 통설이다. 조영선, 앞의 글, 342면.

[114] 특허법 제65조 제3항 및 제5항.

[115] 특허법 시행규칙 제11조 제1항의 반려사유는, 서류의 종류가 불명확한 경우, 국어로 적지 아니한 경우, 특허출원서에 명세서가 첨부되지 아니한 경우, 법령이 정한 기간을 경과하여 제출된 경우 등 그 흠결이 보정으로 치유하기 어려운 중대한 하자인 경우이다.

[116] 특허법 제46조(절차의 보정) 및 제16조(절차의 무효). 무효처분되면 통상 그 절차는 처음부터 없었던 것이 된다.

견서 및 보정서를 제출할 수 있다. 출원인의 의견서 및 보정서에 의해서도 거절이유가 해소되지 않았다고 판단되는 경우, 심사관은 거절결정을 하게 된다.

한편 특허출원에 처음부터 거절이유가 없거나, 보정서 제출에 의하여 거절이유가 해소되었다고 판단되는 경우, 심사관은 특허결정을 한다.

심사청구부터 심사 착수까지는 기술분야별로 차이가 있으나, 통상 1년 이상 걸리고, 완결까지는 수개월의 기간이 더 걸린다. 이렇게 심사착수에 오랜 기간이 걸리는 이유는 1년의 우선권주장 기간 동안은 기다릴 필요가 있고(1년 동안은 동일한 내용의 외국 출원이 우선권을 주장하면서 우리나라에 출원되어 선출원이 될 수 있음), 또 출원량에 비해 심사관의 수가 부족하기 때문이다.

1) 거절이유통지

심사관이 특허출원을 심사한 결과 특허법 제62조에서 규정한 거절이유를 발견한 때에는 그 이유를 기재하여 출원인에게 통지하고 기간을 지정하여(통상 통지일부터 2개월) 의견서를 제출할 기회를 주어야 한다.

거절이유통지는 청구항 별로 심사하여 거절이유가 있는 청구항과 거절이유가 없는 청구항을 구분하고, 신규성·진보성·선원 등 각 거절이유별로 그 이유와 해당 법 조항을 명시하여 작성된다.

심사관의 거절이유통지에는 최초 거절이유통지와 최후 거절이유통지가 있다. 최초 거절이유통지란 원칙적으로 출원인에게 최초로 통지하는 거절이유통지를 말하는데,[117] 이 때 원칙적으로 발견된 모든 거절이유를 일괄하여 통지한다. 최후 거절이유통지는 최초 거절이유통지에 대한 출원인의 보정에 의해 새로이 발생한 거절이유에 대한 통지를 말한다.[118]

심사관의 거절이유통지에 대하여 출원인은 의견서를 제출할 수 있고, 거절이유에 따라 명세서를 보정할 필요가 있을 때에는 보정서를 제출할 수 있다.

거절이유통지 사유 중 가장 빈번한 것은 명세서 기재불비(특허법 제42조 제3항 및 제4항) 및 진보성 위반(특허법 제29조 제2항)이다. 통상 심사가 개시된 특허출원 중 열의 아홉(90%) 가까이는 적어도 1회의 거절이유통지서가 발송되는데 비해, 출원발명이 등록되는 비율(등록결정율)은 60%를 넘기 때문에 출원 후 거절이유통지서를 받았다고 실망할 필요는 없다.

---

[117] 2회차 이후의 거절이유통지라도 최초 거절이유통지에 대한 보정에 의해 발생한 거절이유가 아니라, 보정을 하지 않는 명세서에 원래 있었던 거절이유를 빠트리고 통지하지 않았다가 뒤늦게 거절이유를 통지하는 경우는 최초 거절이유통지가 된다.

[118] 최후 거절이유통지는 말 그대로 最後의 거절이유통지란 의미이며, 최후 거절이유통지에 대한 보정에 의하여 새로운 거절이유가 발생하더라도 다시 거절이유통지를 하지 않는다. 이와 같이 최후 거절이유통지 제도와 그에 대한 보정의 범위를 매우 제한적으로 운영하는 이유는, 거절이유통지에 대한 명세서 보정에 의해 계속 새로운 거절이유가 발생할 수 있으므로 최후 거절이유통지 제도가 없다면 이론적으로 심사절차가 무한히 계속될 수 있기 때문이다.

2) 의견서/보정서 제출

심사관이 통지하는 거절이유통지서에는 특허출원이 어떠한 이유에 의해 특허 받을 수 없는 지에 대한 구체적인 내용이 기재되어 있다. 거절이유통지서에는 의견서 제출기간이 기재되어 있는데, 통상 통지일부터 2개월이다. 출원인은 수수료를 납부하고 의견서 제출기간을 1개월 단위로 연장할 수 있다.

출원인은 심사관의 거절이유 중 타당한 부분은 인정하고, 부당한 부분은 논리적으로 반박하는 의견서를 제출하고, 필요하다면 의견서의 내용을 반영한 보정서를 작성하여 제출하여야 한다.[119] 명세서에 대한 보정은 기재불비를 해소하는 경우 뿐 아니라, 진보성의 거절이유를 해소하기 위하여 특허청구범위를 축소하려는 경우에도 많이 이루어진다.

한편 최후 거절이유통지에 따른 보정중 청구범위에 대한 보정의 범위는 매우 제한되어, ㉠ 청구항을 한정 또는 삭제하거나 청구항에 부가하여 청구범위를 감축하는 경우, ㉡ 잘못 기재된 사항을 정정하는 경우, ㉢ 분명하지 아니하게 기재된 사항을 명확하게 하는 경우 및 ㉣ 특허출원서에 최초로 첨부한 명세서 또는 도면에 기재된 사항의 범위를 벗어난 보정에 대하여 보정 전 상태의 청구범위로 되돌아가는 경우로 한정된다.[120]

심사관의 최후 거절이유통지에 대한 출원인의 보정이 위의 보정 범위를 벗어나거나 그 보정에 따라 새로운 거절이유가 발생한 경우, 심사관은 결정으로 그 보정을 각하한다.

심사관의 보정각하결정에 대하여 출원인이 택할 수 있는 별도의 불복 수단은 없으며, 해당 출원에 대한 거절결정불복심판을 청구할 때 보정각하결정의 적법 여부도 함께 다툴 수 있다.[121]

한편 특허를 받은 이후에 명세서 또는 도면을 보정할 필요가 있을 때에는 특허심판원에 정정(訂正)심판을 청구하거나, 무효심판 절차에서 답변서 제출기간에 정정청구에 의해 보정할 수 있다. 그러나 보정의 범위는 매우 제한되어 ㉠ 청구범위를 감축하는 경우, ㉡ 잘못 기재된 사항을 정정하는 경우, ㉢ 분명하지 아니하게 기재된 사항을 명확하게 하는 경우에 한한다.[122]

출원인은 심사관의 거절이유를 명확하게 파악하고, 출원인의 의견을 충분히 설명하기 위하여 심사관 면담을 신청하여 면담할 수 있다.

---

[119] 물론 심사관의 거절이유통지서를 받은 후 도저히 특허를 받기가 어렵다고 보이는 경우 등 더 이상 특허출원을 진행시킬 필요가 없다고 판단되는 때에는 의견서를 제출하지 않을 수 있다.

[120] 특허법 제47조 제3항.

[121] 특허법 제51조.

[122] 특허법 제136조 및 제133조의2.

3) 특허결정/거절결정

심사관은 특허출원에 대한 심사의 결과 거절이유를 발견하지 못하였을 때에는 특허결정을 하며, 출원인이 특허결정서를 송달받은 날부터 3개월 이내에 1~3년 차의 등록료를 내고 등록하면 그 특허권에 대한 설정등록이 이루어진다. 이후 등록특허공보가 발행되며, 특허증이 교부된다.

심사관은 거절이유통지 후 출원인이 제출한 의견서 및 보정서 등을 통해서도 거절이유가 해소되지 않았다고 판단되는 경우에는 거절결정을 한다. 거절결정서에는 출원인이 제출한 의견서 및 보정서 등을 참고하여 재검토한 바에 의해서도 거절이유가 해소되지 않았다는 내용이 간단히 기재된다.

4) 재심사청구

출원인은 거절결정서를 받은 날로부터 30일 이내에 ㉠ 해당 특허출원의 명세서 또는 도면을 보정하는 보정서를 제출하며 재심사청구를 하거나(특허법 제67조의2), ㉡ 특허심판원에 거절결정불복심판을 청구할 수 있다.

재심사청구가 있는 경우 그 전에 했던 거절결정은 취소된 것으로 보며, 심사관은 보정서에 기재된 보정사항을 반영하여 통상의 심사절차를 다시 밟게 된다. 재심사에서도 거절결정된 경우에는 다시 재심사청구를 할 수는 없으며, 특허심판원에 거절결정불복심판을 할 수 있다.

6. 특허심판 절차

1. 특허심판 개요

특허심판은 특허의 발생·변경·소멸 및 그 효력범위에 관한 다툼을 해결하기 위한 쟁송절차로서, 특허심판원에서 이루어지는 특별행정심판[123]이다.[124] 특허심판을 거친 후에야 고등법원격 전문법원인 특허법원에 소송을 제기할 수 있으므로[125] 특허심판은 사실상 제1심 법원의 역할을 한다고 볼 수 있다.

---

[123] 특별행정심판이란 행정심판법에 따르는 일반행정심판과 달리 개별법에서 정하는 절차에 따라 심리·재결을 하는 행정심판을 말한다. 특별행정심판에는 조세심판, 특허심판과 공무원징계처분에 대한 불복심판 등이 있다. 정형근, 행정법입문(제2판), 피앤씨미디어, 2017, 300면.

[124] 특허 외에 실용신안, 디자인 및 상표에 관한 심판도 특허심판원에서 담당한다.

[125] 특허법 제186조 제6항 및 제224조의2 제1항.

특허심판은 무형의 기술적 사상을 대상으로 하여 해당 기술분야에 대한 전문적인 지식과 실무경험을 갖춘 심판합의체에 의하여 이루어지는 행정상의 쟁송절차로서, 민사소송에 준하는 엄격한 절차를 거치는 준(準) 사법적 행정행위이다.[126]

특허심판은 심판장을 포함한 3인(특별한 경우 5인)의 심판합의체에 의하여 이루어지며, 심판장은 사건에 대한 방식심사, 보정명령 및 구두심리 등을 진행하고, 주심 심판관은 사건을 파악하여 합의과정에서 심판장과 타심판관에 설명하고 합의 후에는 심결문을 작성하게 된다.

특허심판은 심판번호, 심결주문 및 심결이유 등을 기재한 심결문이 당사자에게 송달됨으로써 종결되며, 심결이 확정되면 동일사실 및 동일증거로 다시 심판을 청구할 수 없는 일사부재리의 원칙이 적용된다.

심판절차의 심리는 구술 또는 서면으로 진행되고(특허법 제154조 제1항), 당사자가 절차를 밟지 아니하거나 출석하지 아니하더라도 심판을 진행할 수 있는 직권진행주의[127]와 당사자가 신청하지 아니한 이유에 대해서도 심리할 수 있는 직권심리주의가 적용된다.[128] 또한 당사자·참가인[129] 또는 이해관계인의 신청에 의하여 또는 직권으로 증거조사[130]를 할 수 있고 증거조사에는 민사소송법의 규정이 준용된다(특허법 제157조).

특허심판은 청구일 순으로 심리하는 것이 원칙이지만, 특허심판원은 일정 사건에 대하여 우선하여 심판하는 우선심판제도[131]와 신속하게 심판하는 신속심판제도[132]를 운영하고 있다.

출원인은 심판청구가 기각되면 특허심판원으로부터 기각 심결문 등본을 송달받은 날부터 30일 이내에 특허법원에 소송을 제기할 수 있고, 특허법원에서 기각 판결을 받은 경우 기각 판결문의 등본을 송달받은 날부터 14일 이내에 대법원에 상고할 수 있다.[133]

특허심판은 결정계 심판과 당사자계 심판으로 구분되는데, 결정계 심판은 청구인만 존재하는 심판이고, 당사자계 심판은 이미 설정된 권리에 관한 분쟁이 발생하여 당사

---

[126] 특허법은 심판관의 특수한 자격요건과 직무상 독립성(특허법 제143조), 심판관의 제척·기피 등에 관한 규정(특허법 제148조 내지 제152조)을 두고 있고, 심판절차는 민사소송법의 재판절차를 대부분 준용하고 있다.

[127] 특허법 제158조. 민사소송에서의 변론기일 불출석으로 인한 자백간주, 소취하간주 등은 심판절차에는 적용되지 않는다.

[128] 당사자나 참가인이 신청하지 아니한 이유에 대해서 직권으로 심리하는 경우 의견진술의 기회가 부여되어야 하며(특허법 제159조 제1항), 직권심리가 가능한 것은 청구취지를 뒷받침하는 '이유'에 한하고, 청구인이 신청하지 아니한 청구의 취지에 대하여는 심리할 수 없다(특허법 제159조 제2항).

[129] 무효심판·권리범위확인심판 등 당사자계 심판에서는 심판청구인이 아닌 제3자가 심판절차의 계속 중에 자기의 법률상 이익을 위하여 보조참가하거나 당사자로 참가하는 것이 가능하다.

[130] 증거조사에는 서증, (현장)검증, 증인신문, 감정 및 당사자 신문 등이 있다.

[131] 우선심판의 대상은 우선심사한 출원에 대한 거절결정불복심판, 침해분쟁과 관련된 권리범위확인심판·무효심판, 심결취소소송에서 취소된 사건 등이다.

[132] 신속심판의 대상은 법원이 통보한 침해소송사건과 관련된 권리범위확인심판·무효심판, 무역위원회 불공정무역행위조사사건 관련 권리범위확인심판·무효심판 및 당사자 일방이 상대방의 동의를 얻어 신속심판을 신청한 사건 등이다.

[133] 상고장은 원심법원인 특허법원에 제출한다. 특허법원은 상고장이 제출되면 소송기록을 대법원으로 보내고, 그에 따라 대법원에 사건이 접수되고 사건번호가 부여되게 된다.

자가 대립된 구조를 취하는 심판이다.

그리고 심판절차 이외의 절차로서 특허(실용신안등록 포함)취소신청이 있는데, 특허취소신청은 결정계 심판 및 당사자계 심판과는 달리 누구나 등록공고일 후 6개월이 되는 날까지 특허취소이유를 제시하고 신청하면 심판합의체에서 취소여부를 결정하는 제도이다.

2. 특허심판의 종류

1) 결정계 심판

결정계 심판이란 심판당사자로서 청구인과 피청구인이 대립구조를 취하지 않고 청구인만 존재하는 심판을 말한다. 결정계 심판에는 참가제도가 인정되지 않으며, 심판비용은 청구인이 부담한다.

결정계 특허심판에는 심사관의 처분에 대하여 불복하여 제기하는 거절결정불복심판, 특허권존속기간 연장등록거절결정불복심판과 등록된 특허 명세서의 정정을 청구하는 정정심판 등이 있다.[134]

(1) 거절결정불복심판

거절결정불복심판은 심사관의 거절이유가 부당하다고 하여 출원인이 특허심판원에 재심을 요청하는 것이다. 거절결정불복심판은 거절결정등본을 송달받은 날로부터 30일 이내에 청구하여야 한다.

특허심판원에서 해당 심판사건을 담당하는 심판합의체는 심사관의 거절결정을 지지할 때는 기각 결정을, 출원인의 주장이 맞다고 판단될 때에는 심사국으로 취소환송 결정을 한다. 심판합의체의 심리 결과 특허거절결정의 이유와 다른 거절이유를 발견한 경우에는 새로운 거절이유를 통지하고 의견서를 제출할 수 있는 기회를 부여한 후 기각결정을 할 수도 있다(특허법 제170조).

특허출원이 취소환송되면 심사관은 그 취소환송 이유에 기속(羈束)되므로 통상 특허결정되는 경우가 많지만, 심사관이 새로운 거절이유를 찾아 다시 거절이유통지를 한 후 거절결정을 할 수도 있다.

(2) 정정심판

정정심판은 특허발명의 명세서 또는 도면에 기재된 내용을 정정하기 위하여 특허권자가 청구하는 심판을 말하며, 청구인은 심판청구서와 함께 '정정한 명세서 또는 도면'을 첨부하여야 한다.

---

[134] 특허외 산업재산권에 대한 결정계 심판으로는, 거절결정불복심판(실용신안·디자인·상표), 요지변경된 보정서에 대한 보정각하결정불복심판(디자인·상표), 디자인일부심사등록 이의결정에 대한 취소결정불복심판(디자인)이 있다.

특허권이 설정등록된 후에는 명세서가 등록원부의 일부를 이루는 권리서의 역할을 하기 때문에 정정심판을 청구할 수 있는 명세서의 정정은 매우 제한되어 ㉠ 특허청구범위를 감축하는 경우, ㉡ 잘못 기재된 사항을 정정하는 경우 및 ㉢ 분명하지 아니하게 기재된 사항을 명확하게 하는 경우로 한정된다(특허법 제136조 제1항).

또한 명세서 또는 도면의 정정은 특허발명의 명세서 또는 도면에 기재된 사항의 범위 이내에서 할 수 있고, 특허청구범위를 실질적으로 확장하거나 변경하는 정정청구는 인정되지 아니한다(특허법 제136조 제3항 및 제4항). 심판관은 청구인의 정정청구가 특허법 제136조의 규정[135]에 위배되는 경우에는 청구인에게 그 이유를 통지하고, 기간을 정하여 의견서를 제출할 수 있는 기회를 주어야 한다.[136]

정정심판은 ㉠ 특허무효심판 또는 정정의 무효심판이 특허심판원에 계속 중인 기간 및 ㉡ 특허취소신청이 특허심판원에 계속 중인 때부터 그 결정이 확정될 때까지의 기간에는 청구할 수 없다.[137]

정정심판의 청구는 특허권자만이 할 수 있고, 특허권이 공유인 경우에는 공유자 전원이 청구하여야 하며,[138] 청구의 이익이 있는 한 특허권이 소멸된 이후에도 정정심판의 청구는 가능하다. 실무상 특허발명의 정정심판은 명세서의 잘못된 기재 또는 선행기술에 비하여 넓은 특허청구범위로 인한 특허무효 사유를 피하기 위한 목적으로 이용되고 있다.

2) 당사자계 심판

심판의 당사자로 청구인과 피청구인의 대립구조를 갖는 특허심판으로서, 등록무효심판, 정정무효심판, 존속기간연장등록의 무효심판, 권리범위확인심판, 통상실시권허여심판 등이 당사자계 심판에 속한다.[139]

(1) 특허무효심판

특허무효심판은 적법한 절차를 거쳐 등록된 특허권에 대하여 특허가 되어서는 안 되는 하자가 있다는 이유로 그 특허를 무효로 하여 달라고 청구하는 심판을 말한다. 특허무효심판은 이해관계인[140] 또는 심사관만이 청구할 수 있으며, 피청구인은 특허권

---

[135] 특허법 제136조 제1항, 제3항 내지 제5항의 규정을 말한다.

[136] 청구인은 심판장에 의한 심리의 종결통지가 있기 전까지 심판청구서에 첨부된 정정명세서 또는 도면에 대하여 보정할 수 있다. 보정에 의하여 불인정 사유가 해소되면 정정청구는 인정된다.

[137] 다만, 특허무효심판의 심결 또는 정정의 무효심판의 심결에 대한 소가 특허법원에 계속 중인 경우에는 특허법원에서 변론이 종결(변론 없이 한 판결의 경우에는 판결의 선고를 말한다)된 날까지 정정심판을 청구할 수 있다. 특허법 제136조 제2항.

[138] 특허권에 전용실시권, 통상실시권 및 질권이 설정되어 있는 경우에는 해당 실시권자 및 질권자의 동의를 얻지 않고서는 정정심판을 청구할 수 없다. 특허법 제136조 제8항.

[139] 특허 외 산업재산권에 대한 당사자계 심판으로는, 무효심판(실용신안·디자인·상표), 권리범위확인심판(실용신안·디자인·상표), 정정무효심판(실용신안), 통상실시권허여심판(실용신안·디자인), 상표등록의 취소심판, 상표권의 존속기간갱신등록의 무효심판, 상품분류전환등록의 무효심판, 상표사용권등록의 취소심판 등이 있다.

[140] 이해관계인이라 함은 특허권자로부터 그 권리의 대항을 받을 염려가 있어서 현재 손해를 받거나 장래에 손해를 받을 염려가 있는 자를 말하며, 예를 들어 동종업자, 특허권자로부터 특허권 침해의 경고를 받은 자, 특허발명을 실시하고 있거나 실시준비를 하고 있는 자 등이 해당된다.

자이다.

무효심판의 특허무효사유는 명세서의 기재불비 및 신규성·진보성·선원 등 특허요건의 위배를 포함하여 대부분의 거절이유가 해당된다. 무효심판이 특허심판원에 계속되어 있는 동안에는 특허권자가 별도의 정정심판청구를 할 수 없고, 그 무효심판절차에서 특허발명의 명세서 또는 도면의 정정을 청구할 수 있다. 무효심판절차에서 정정청구를 할 수 있는 시기는 무효심판청구에 대한 답변서를 제출할 수 있는 기간 등으로 한정되고, 정정청구의 범위는 정정심판청구에서의 정정범위와 같다(특허법 제133조의2).

특허무효심판은 특허권이 소멸된 이후에도 청구할 수 있으며, 특허청구범위의 청구항이 2항 이상인 경우에는 청구항마다 청구할 수 있다. 특허권의 무효는 특허무효심판에 의해서만 가능하며, 무효심결이 확정되면 그 특허권은 처음부터 없었던 것으로 본다(특허법 제133조 제3 항).[141]

(2) 권리범위확인심판

권리범위확인심판은 등록된 특허발명에 대하여 어떤 대상물(확인대상발명)이 그 특허발명의 권리범위에 속하는지(침해하는지)를 확인하는 심판을 말한다. 판례는 권리범위확인심판의 성격을 "실용신안권의 권리범위 확인심판은 단순히 실용신안 자체의 고안의 범위라고 하는 사실구성의 상태를 확정하는 것이 아니라, 그 권리의 효력이 미치는 범위를 대상물과의 관계에서 구체적으로 확정하는 것이다"라고 규정하고 있다.[142]

권리범위확인심판에는 확인대상발명이 자신의 특허발명의 권리범위에 속한다는 확인을 구하기 위하여 특허권자나 전용실시권자가 청구하는 적극적 권리범위확인심판과, 이해관계인[143]이 자신이 실시하고 있거나 실시하려고 하는 확인대상발명이 특정 특허발명의 권리범위에 속하지 아니한다는 확인을 구하는 소극적 권리범위확인심판이 있다.

권리범위확인심판에서 특허발명의 권리범위에 속하는지 여부의 판단기준과 침해소송에서 특허발명을 침해하는지 여부의 판단기준은 기본적으로 동일하며, 침해판단의 원칙인 구성요소완비의 원칙, 문언침해 및 균등론에 의한 침해의 판단기준이 동일하게 적용된다.

또한 특허발명이 신규성이 없는 경우(공지인 경우)와 확인대상발명이 신규성 또는 진보성이 없는 경우에 확인대상발명은 특허발명의 권리범위에 속하지 않으며 마찬가지로 특허침해도 성립하지 않는다. 다만 특허발명이 진보성이 없는 경우 법원의 침해소

---

[141] 따라서 무효심결이 확정되면 심리중인 침해소송이나 권리범위확인심판에서 청구가 각하되며, 이미 확정된 침해소송이나 특허침해죄도 재심사유가 된다.

[142] 대법원 1991.3.27 선고 90후373 판결.

[143] 소극적 권리범위확인심판에서의 이해관계인은 특허권자 또는 전용실시권자로부터 권리의 대항을 받거나 받을 염려가 있는 자로서 당해 특허발명을 실시하거나 실시를 준비 중인 자가 해당된다.

송에서는 '권리남용'의 논리를 적용하여 침해성립을 부정하고 있는데 반하여, 권리범위확인심판에서는 특허발명이 진보성이 없으므로 권리범위에 속하지 아니한다는 판단은 할 수 없는 점에서 차이가 있다.[144]

실무상으로는 특허침해로 인한 손해배상 등의 소송 과정에서 선결문제인 특허침해 여부를 먼저 판단받기 위하여 권리범위확인심판청구를 제기하는 경우가 많다. 법률적으로 침해소송과 권리범위확인심판 및 그에 대한 불복소송은 별개·독립된 절차이며 한쪽의 결론이 다른 쪽에 기속력을 가지지 아니한다. 다만 법원에서도 특허심판원에서 권리범위확인심판이 진행 중이라면 많은 경우 심결이나 그 취소소송에 대한 판결을 기다려 특별한 사정이 없는 한 같은 결론을 내고 있다.[145]

권리범위확인심판의 청구기간에 대한 특별한 규정은 없으나, 판례에 의하면 특허권이 적법하게 존속하고 있는 기간에만 청구할 수 있다. 따라서 특허권 소멸 후에는 청구할 수 없으며, 특허권의 존속기간 중에 청구된 경우라도 심판의 계속 중에 존속기간이 만료되거나 특허권의 무효가 확정되면 그 청구는 심결로서 각하된다.

권리범위확인심판은 저렴한 비용으로 신속한 침해여부 판단이 가능하므로 당사자 간 특허분쟁을 조기 해결하거나 소제기 여부를 결정하는 판단자료로 활용된다. 또한 동일한 사안을 전제로 하는 특허침해 소송에 기술적 판단기준을 제공하므로, 현실적으로 산업재산권 분쟁 해결에 큰 역할을 수행하고 있다.

(3) 통상실시권허여심판

특허법 제98조의 규정에 따라 특허권자, 전용실시권자 또는 통상실시권자(이하 '특허권자등'이라 한다)가 실시하고 있는 후출원 특허발명이 선출원된 타인의 특허발명·등록실용신안 또는 등록디자인(이하 '선출원 특허권 등'이라 한다)과 이용·저촉관계에 있는 경우, 특허권자등은 선출원특허권자 등의 동의를 얻지 아니하면 자신의 특허발명을 실시할 수 없다.

이와 같은 경우에 실시의 허락을 구하는 후출원 특허권자등의 요청을 선출원 특허권자 등이 정당한 이유 없이 허락하지 아니하는 경우,[146] 후출원 특허권자등은 자신의 특허발명의 실시에 필요한 범위 안에서 통상실시권의 허락을 구하는 심판을 청구할 수 있는데 이를 통상실시권허여심판이라고 한다. 이 경우 후출원 특허발명은 선출원 특허발명이나 실용신안에 비하여 상당한 경제적 가치가 있는 중요한 기술적 진보를 가져오

---

144) 권리범위확인심판에서는 특허발명의 진보성이 없음이 명백하더라도 특허의 무효를 전제로 권리범위에 속하지 아니한다는 판단은 할 수 없다. 대법원 2014.3.20. 선고 2012후4162 전원합의체 판결.

145) 조영선, 앞의 글, 615-616면.

146) 통상실시권의 허락을 받고자 하는 자는 통상실시권허락심판의 청구 전에 먼저 선원의 특허권자 등과 협의를 하여야 하고, 당사자 간에 협의가 성립되지 않는 경우에 한하여 심판을 청구할 수 있으며, 협의절차를 거치지 않은 심판청구는 부적법 각하된다. 특허심판원, 심판편람(제12판), 2017, 652면.

는 것이어야 한다(특허법 제138조 제2항).[147]

통상실시권을 허락하는 심결에는 통상실시권의 실시범위, 실시기간, 실시대가 및 지불방법·지불시기 등이 구체적으로 명시되며, 통상실시권을 허락하는 심결이 확정되면 강제적 통상실시권이 발생한다. 그러므로 통상실시권자는 심결에 의하여 정해진 범위 및 기간 내에서 자기의 특허발명을 업으로서 실시할 수 있다.

실시대가 액수, 지급시기 및 지급방법은 심결에서 정한 바에 따라야 하며 이때 대가에 대하여 불복이 있을 때에는 심결문 등본을 송달받은 날로부터 30일내에 관할 법원에 소를 제기할 수 있다.[148]

3) 특허취소신청

특허취소신청이란 누구든지 특허권의 설정등록일로부터 등록공고일 후 6개월이 되는 날까지 그 특허가 취소가 되어야 하는 증거를 제시하며 특허심판원장에게 그 취소를 신청하는 제도로서(특허법 제132조의2),[149] 하자가 있는 상태로 등록된 특허를 조기에 취소시킴으로써 권리의 안정성을 도모하고자 하는 것이 제도의 목적이다. 기존의 결정계 심판과는 달리 참가제도가 인정되며,[150] 양 당사자가 서로 대립하는 구조를 취하는 당사자계 심판과도 다르다.

특허무효심판과 대비하면, 무효심판이 특허권의 존속기간 뿐 아니라 존속기간이 만료된 이후에도 청구할 수 있는데 대하여 특허취소신청은 설정등록 후 6개월 이내로 제한되고, 무효심판의 청구이유는 거의 모든 거절이유가 해당되는데 대하여, 특허취소신청의 이유는 특허법 제132조의2에 규정된 이유에 한정되어 신규성·진보성·선원 및 확대된 선원 규정의 위반 등으로 제한되는 점에서 차이가 있다.[151]

특허취소신청은 심판과 마찬가지로 3인(특별한 경우 5인)의 심판관으로 구성된 심판합의체에서 심리하여 결정한다. 동일 특허에 대한 무효심판, 정정심판이 있을 때에는 원칙적으로 무효심판, 정정심판과 동일한 심판관을 지정한다.[152]

심판합의체가 심리하여 특허취소신청이 이유가 있다고 판단하였을 때에는 특허권자 및 참가인에게 취소이유를 통지하고 기간을 정하여 의견서 제출 및 정정의 기회를 준

---

[147] 특허법 제138조 제2항에서 규정한 '상당한 경제적 가치가 있는 중요한 기술적 진보'의 의미에 대하여 "후특허발명이 단순히 특허로서 인정될 수 있는 정도를 넘어 그 발명을 실시하지 않는 것이 해당 산업발전을 저해한다고 인정할 수 있는 정도에 이르러야 한다"고 하면서, 해당 후특허발명이 선특허발명과 대비하여 이러한 정도의 기술상의 진보를 가져 오는 발명이 아니라는 이유로 통상실시권허여 심판청구를 기각한 심결례가 있다. 특허심판원 2006.11.30. 선고 2003당610 심결.

[148] 특허법 제190조.

[149] 실용신안에 대해서도 취소신청 제도가 있다. 실용신안법 제30조의2.

[150] 특허에 대한 권리를 가지는 자(전용실시권자 및 통상실시권자) 또는 특허권에 대하여 이해관계를 가지는 자는 특허권자를 보조하기 위하여 참가할 수 있다. 특허법 제132조의9. 특허취소신청인 측의 참가는 허용되지 않는다.

[151] 신규성·진보성 위반의 증거로 사용되는 선행기술은 서면 또는 전기통신회선을 통하여 공개된 자료에 한정되며, 공지·공연 발명은 제외된다. 또한 심사과정에서 이미 거절이유로 사용된 선행기술에만 기초하여 특허취소신청을 하여서는 안 된다. 특허법 제132조의2 제2항.

[152] 특허심판원, 심판편람(제12판), 2017, 726면.

다(특허법 제132조의13). 특허취소신청이 이유가 없다고 판단되는 때에는 바로 기각결정을 한다.

심판합의체로부터 취소이유가 통지되었을 때, 특허권자는 지정기간 내에 의견서를 제출하고 명세서 또는 도면에 대한 정정을 청구할 수 있다(특허법 제132조의3 제1항).[153] 심판합의체는 정정청구가 정정요건에 적합하지 않을 때에는 정정불인정이유를 통지하며, 이에 대하여 특허권자는 정정사항의 삭제, 경미한 하자의 보정 등 정정청구서의 요지를 변경하지 않는 범위 내에서 정정명세서 또는 도면에 대한 보정을 할 수 있다.

특허취소신청의 대상은 2017년 3월 1일 이후 설정등록된 특허이며, 청구항이 2이상인 때에는 청구항마다 취소신청을 할 수 있다. 심판합의부가 취소신청된 청구항에 대하여 정정의 인정여부(정정청구가 있는 경우)에 대한 판단 및 특허의 취소 또는 기각결정을 함으로써 절차가 종료된다. 특허취소결정이 확정된 때에는 그 특허권은 처음부터 없었던 것으로 본다.[154]

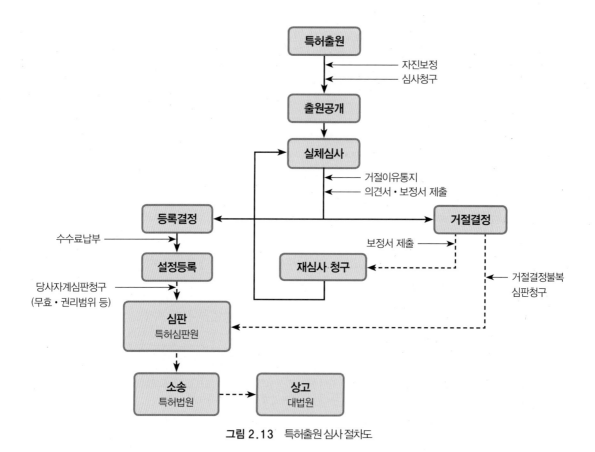

그림 2.13　특허출원 심사 절차도

---

153) 이 때 정정청구의 범위는 정정심판청구에서의 정정범위와 같다(특허법 제133조의2). 또한 정정청구시에는 전용실시권자, 통상실시권자 및 질권자의 동의를 받아야 한다(특허법 제132조의3 제3항).

154) 특허법 제132조의13 제3항.

다음 보기를 읽고 1~3번 물음에 답하시오.

> 甲은 2015.4.1일 A발명이 포함된 논문을 관련 학회에 공개하였다. 甲은 2016.4.1일 발명의 설명에는 A발명과 B발명을 모두 기재하고, 특허청구범위에는 A발명만을 기재한 특허출원(甲의 출원)을 하였고, 甲의 출원은 2017.10.1일 공개되었다. 한편 乙은 2017.5.1일 발명의 설명에는 A발명과 B발명을 모두 기재하고 특허청구범위에는 B발명만이 기재된 특허출원(乙의 출원)을 하였다.

01 甲의 출원이 특허받을 수 있는지와 특허를 받을 수 있다면 갑이 어떠한 조치를 해야 하는지를 기술하라.

02 乙의 출원이 특허받을 수 있는지와 그 이유를 기술하라.

03 甲이 우리나라에 출원한 후 일본, 미국, 유럽 및 중국에 해외출원을 하는 경우 각 국가별로 특허받을 수 있는 가능성, 언제까지 출원하여야 하는지, 그리고 기타 공지예외를 적용받기 위하여 필요한 조치를 기술하라.

04 甲이 자신이 개발한 기계장치에 대하여 특허출원을 하고 제품을 생산·판매하기 시작한 지 수개월 후 동종 업계에 종사하는 乙이 동일한 기계장치를 제작하여 판매하고 있는 것을 발견하였다. 甲이 乙의 기계장치 판매를 막기 위하여 취해야 하는 조치들에 대하여 모두 기술하라.

05 다음 중 특허제도의 특징에 관한 설명 중 옳지 않은 것은?
❶ 특허는 특정 제품이 아니라 '기술적 사상'을 보호한다는 점에서 디자인과 차이가 있다.
❷ 특허권의 존속기간은 설정등록한 날부터 출원일 후 20년이 되는 날까지이지만, 대부분의 특허권은 이보다 훨씬 빨리 소멸한다.
❸ 특허법은 특허권자가 업으로서 특허발명을 실시할 권리를 독점한다고 규정하고 있지만, 특허를 받았다고 하여 자유로운 실시가 보장되는 것은 아니다.
❹ 특허와 관련된 법규와 심사기준 등은 고정된 것이 아니라 시대의 변화에 따라 변경될 수 있다.
❺ 특허를 받을 수 있는 발명은 '자연물이 아닌 인간이 만든 물건'(man-made object)이어야 하므로, 발견에 대하여 특허가 부여되는 경우는 없다.

06 다음은 출원전략에 관한 설명이다. 옳지 않은 것은?
❶ 발명은 반드시 특허제도로만 보호받아야 하는 것은 아니다. 코카콜라의 제조 기술과 같이 특허권으로 보호받을 수 있는 이익보다 발명의 내용을 공개시키지 않음으로써 얻을 수 있는 이익이 크다면 이를 영업비밀로 보호받는 방법도 고려해야 한다.
❷ 특허출원 이전에 개발자금을 유치하기 위하여 타인에게 발명을 공개하는 경우, 공식적인 비밀유지계약(non-disclosure agreement)을 체결하는 것이 좋다.
❸ 선출원주의 제도 하에서는 발명이 일부 완성되지 않았더라도 우선 출원을 진행하는 것이 좋다.

❹ 유럽이나 중국을 포함하여 해외출원을 할 계획을 가지고 있다면, 출원 전에 해당 발명을 공개한 후 공지예외 제도를 활용하겠다는 생각은 하지 않는 것이 좋다.

❺ 특허출원 국가를 결정하기 위해서는 주요 시장, 경쟁사의 주요시장, 생산기지, 경쟁사의 생산기지, 주요 무역루트 등을 고려할 수 있다.

07 다음 '특허를 받을 수 있는 권리'에 관한 설명 중 옳지 않은 것은?

❶ 특허를 받을 수 있는 사람은 해당 발명의 발명자 또는 승계인에 한정되며, 관리자·보조자 및 후원자 등은 발명자가 될 수 없다.

❷ 발명자가 여러 명인 공동발명의 경우 공유자 전원이 공동으로 특허출원을 하여야 하며, 일부 발명자를 빼놓고 출원하게 되면 나중에 특허출원이 거절되거나 무효가 될 수 있다.

❸ 오늘날 대부분의 출원은 기업에 고용된 종업원이 발명한 직무발명이며, 직무발명의 성과는 기본적으로 기업이 갖는 것이 원칙이다.

❹ 직무발명에 있어서 종업원은 직무발명을 완성한 때에 그 사실을 사용자에게 문서로 통지하여야 하고, 사용자가 직무발명을 출원할 때까지 그 발명에 관한 비밀을 유지하여야 할 의무가 있다.

❺ 대학에서의 직무발명과 관련하여서, 교수가 연구과제의 특정이나 연구비의 지원을 받지 않았더라도 대학의 연구시설이나 인력을 이용하여 발명이 이루어진 경우라면, 연구계약·학칙·직무발명규정에 의하여 직무발명에 해당된다고 볼 수 있다.

08 다음 중 특허를 받을 수 있는 것은 몇 개인가?

> 악기연주방법, 야구공으로 슬라이더를 던지는 방법, 컴퓨터프로그램 자체, 삼각함수 수학공식, 컴퓨터프로그램 야구 게임, 보험영업방법 자체, 신규한 인간의 수술방법, 온라인을 통한 새로운 판매방법, 간암에 잘 걸리는 형질전환 생쥐, 식물에서 추출한 새로운 말라리아 치료제, 성공률이 5% 정도인 양식진주 제조방법, 스마트폰에 장착된 신규 애플리케이션, 음악이 저장된 CD

❶ 4개	❷ 5개	❸ 6개
❹ 7개	❺ 8개	

09 다음 중 특허요건인 산업상 이용가능성에 대한 설명으로 잘못된 것은?

❶ 산업상 이용가능성에서 산업은 생산업 뿐 아니라 서비스업 등을 포함하는 최광의로 해석한다.

❷ 인간을 수술하거나, 진단하거나 치료하는 방법은 산업상 이용가능성이 없다.

❸ 개인적으로만 이용할 수 있거나, 현실적으로 명백히 실시가 불가능한 발명은 산업상 이용가능성이 없다.

❹ 인체로부터 분리되어 채취한 것(예: 혈액, 오줌)을 이용하는 처리방법 등은 산업상 이용가능성이 인정될 수 있다.

❺ 특허출원 당시에 산업상 이용이 가능해야 산업상 이용가능성이 있다고 인정된다.

10 다음 중 특허요건인 신규성에 관한 설명으로 가장 부적절한 것은?

❶ 발명의 내용을 자신이 사용하고 있는 페이스북에 올리는 경우, 불특정인이 아닌 팔로어에게만 공개되는 것이므로 신규성이 상실되지 않는다.

❷ 신제품에 관한 시장의 반응을 알기 위하여 세미나에서 발명에 관한 팸플릿을 나누어 주는 행사에 의해서도 신규성이 상실될 수 있다.

❸ 인터넷 게시물은 그 특성상 게재 후에 그 게재일 및 내용이 변조될 가능성이 있다는 점에서 전통적인 간행물과 동일하게 취급할 수는 없으며, 인터넷 아카이브(www.archive.org)를 이용하여 게재일 및 내용을 확인하는 것도 좋은 방법이다.

❹ 견학 온 학생들에게 발명 제품을 보여주는 것에 의해서도 신규성이 상실될 수 있다.

❺ 발명에 관한 상세한 내용을 자신의 블로그에 올려놓았다면, 아무도 방문한 사람이 없었더라도 신규성은 상실된 것이다.

11 甲은 자신의 발명을 2017.3.1. 학회에서 발표하고, 2017.6.1. 박람회에 출품하였다. 이후 甲의 행동 중 가장 옳은 것은?

❶ 2017.12.1. 우리나라에 특허출원을 하고, 2018.3.1. 공지예외와 파리조약에 의한 우선권을 주장하며 일본과 미국에 출원하였다.

❷ 2017.12.1. 우리나라에 특허출원을 하면서 학회발표와 박람회 출품 사실을 출원서에 기재하고 증명서류를 제출하였으며, 2018.3.1. 파리조약에 의한 우선권을 주장하며 미국에 출원하였다.

❸ 2018.5.1. 우리나라에 특허출원을 하면서 학회 발표와 박람회 출품에 대하여 공지예외를 주장하였고, 2018.5.30. 그에 대한 증명서류를 모두 제출하였다.

❹ 2018.5.1. 우리나라에 특허출원을 하면서 가장 앞선 2017.3.1. 학회 공개에 대해서만 공지예외를 주장하고 그에 대한 증명서류를 제출하였다.

❺ 2017.12.1. 우리나라에 특허출원을 하면서 학회발표 사실과 박람회 출품사실에 대하여 공지예외를 주장하고, 2018.3.1. 공지예외와 파리조약에 의한 우선권을 주장하며 중국에 출원하였다.

12 진보성에 관한 다음 설명 중 옳지 않은 것은?

❶ 진보성 판단은 특허출원일(日)이 아닌 특허출원시(時)를 기준으로 판단한다.

❷ 신규성은 출원발명과 선행기술을 구성 위주로 대비하는 데 비하여, 진보성은 양 발명의 목적, 구성 및 효과를 함께 대비하여 출원발명이 선행기술에 비하여 진보한 발명인지를 판단한다.

❸ 진보성은 출원발명의 청구항 별로 판단하며, 독립항의 진보성이 인정되면 그 독립항을 인용하는 종속항의 진보성은 당연히 인정된다.

❹ 진보성은 특허요건 중에서 가장 중요한 요건이므로, 신규성 보다 진보성을 먼저 판단한다.

❺ 출원발명이 외국에서 특허등록을 받았다던가, 이미 제품화되어 상업적으로 성공을 거두었다는 사실은, 진보성 판단에 있어서 참고사항일 뿐 진보성을 인정하는 주요 근거가 될 수 없다.

13 출원공개제도에 관한 다음 설명 중 옳지 않은 것은?

❶ 특허, 실용신안 및 디자인은 출원공개제도를 가지고 있으나, 상표에는 출원공개제도가 없다.

❷ 특허출원인은 출원공개 후 설정등록시까지 업으로 출원발명을 실시한 자에 대하여 보상금을 청구할 수 있으며, 보상금 청구는 설정등록 전이라도 가능하다.

❸ 출원공개는 통상 특허출원일 또는 우선일로부터 1년 6개월이 경과된 때 이루어진다.

❹ 출원공개가 이루어지지 않거나 출원발명의 일부 내용이 제외되고 공개되는 경우가 있다.

❺ 특허출원인은 자신의 출원발명을 신속히 공개하여 달라는 조기공개 신청을 할 수 있다.

14 발명자 甲은 발명 X, Y를 발명의 상세한 설명에 기재하고, X를 특허청구범위에 기재하여 2016.6.1일 특허출원을 하였다. 甲의 특허출원은 2017.12.1일 공개되었으며, 2018.3.1일에 특허를 받았다. 甲은 Y를 발명의 상세한 설명 및 특허청구범위에 기재하여 2017.11.1일에 또 다른 특허출원을 하였다. 甲의 발명 Y에 대한 설명 중 옳은 것은?

❶ 甲의 발명 Y는 특허를 받을 수 있다.

❷ 甲의 발명 X, Y가 출원공개되었으므로 甲의 발명은 신규성 상실로 특허를 받을 수 없다.

❸ 甲의 발명 X, Y가 출원공개되었으므로 확대된 선출원의 규정(특허법 제29조 제3항)에 위반되어 甲의 발명 Y는 특허를 받을 수 없다.

❹ 甲의 발명 X, Y의 출원공개 여부에 관계없이 甲의 발명 Y는 선출원의 규정(특허법 제36조)에 의해 특허를 받을 수 없다.

❺ 甲의 발명 X, Y가 출원공개되었기 때문에 甲의 발명 Y는 선출원의 규정(특허법 제36조)에 의해 특허를 받을 수 없다.

15 甲은 본인이 실시하고 있는 기술에 대하여 乙이 특허출원하였다는 것을 알게 되었다. 甲이 취해야 할 행동 중 가장 바람직한 것은? (단, 乙은 정당출원인이다)

❶ 정보제공제도를 활용하여 정보를 제공한다.

❷ 특허취소신청제도를 활용하여 취소신청을 한다.

❸ 甲이 먼저 발명하였다는 것을 주장하며 특허출원을 한다.

❹ 특허무효심판을 청구한다.

❺ 乙의 출원에 대한 심사청구와 조기공개신청을 한다.

16 다음 중 권리범위확인심판에 관한 설명으로 옳은 것은?

❶ 적극적 권리범위확인심판은 특허권자만이 청구할 수 있다.

❷ 소극적 권리범위확인심판은 누구나 청구할 수 있다.

❸ 권리범위확인심판은 특허권이 무효로 확정된 이후에도 청구할 수 있다.

❹ 권리범위확인심판에서 확인대상발명이 특허발명의 권리범위에 속하는지의 판단기준과, 침해소송에서 확인대상발명이 특허발명을 침해하는지의 판단기준은 기본적으로 동일하다.

❺ 권리범위확인심판은 미국과 일본 등 다수의 나라에서 시행되고 있다.

17 다음 중 무효심판에 대한 설명으로 옳지 않은 것은?

❶ 특허권의 존속기간이 만료되어 소멸된 이후에도 무효심판을 청구할 수 있다.

❷ 무효심판은 이해관계인과 심사관이 청구할 수 있다.

❸ 무효심판은 특허권이 설정등록된 이후 언제든지 청구할 수 있다.

❹ 대상특허가 신규성·진보성이 없거나 명세서가 기재불비인 경우에 무효심판을 청구할 수 있다.

❺ 대상특허가 '1특허출원범위'에 위배되는 경우에 무효심판을 청구할 수 있다.

03 발명의 창출

1. 창의성이란 무엇인가

창의성(creativity)이란 무엇일까. 백과사전을 보면 "어떤 문제에 대한 새로운 해결안, 새로운 방법이나 고안, 새로운 예술적 대상이나 형태 등(다음 백과사전)", "새로운 물건을 만들거나, 새로운 아이디어를 생각해 내는 능력(Merriam-Webster 사전)"[1), "무언가를 창조하기 위하여 상상력이나 독창성을 활용하는 것(옥스퍼드 영어사전)"[2), "새롭고, 독창적이며, 유용한 것을 만들어 내는 능력(교육 심리학 용어사전)"이라고 정의하고 있다.

심리학자 스턴버그와 루바트는 창의성을 "새롭고 유용한 산출물을 생산해낼 수 있는 능력"[3)으로 정의하였고, 런코와 가레트에 따르면, 창의성(creativity)은 독창성(originality) 또는 참신성(novelty)과 함께 유효성(effectiveness)을 요구하며, 유효성은 유용성(usefulness) 또는 가치(value)를 의미한다.[4)

결국 창의성(creativity)이란 "새롭고 유용한 것을 창작해낼 수 있는 능력"을 의미한다고 할 수 있다.

창의성은 인간만이 가질 수 있는 고유한 능력으로서 인간은 석기시대 이래로 창의성을 발휘하여 생존해 왔다. 인공지능(AI; Artificial Intelligence) 시대를 맞이하여, 공부를 잘하여 지식이 많은 사람보다는 창의적인 사람이 성공할 가능성이 높아질 것이다.

창의성은 하나의 정답을 찾아가는 방식이 아니라, 여러 가능성을 고려하는 확산적 사

[1) The ability to make new things or think of new ideas.

[2) The use of imagination or original ideas to create something; inventiveness.

[3) Creativity is the ability to produce work that is both novel(i.e., original, unexpected) and appropriate(i.e., useful, adaptive concerning task constraints). Robert J. Sternberg & Todd I. Lubart, "The Concept of Creativity: Prospects and Paradigms", Handbook of Creativity, Cambridge University Press(1999), p.3.

[4) Mark A. Runco & Garrett J. Jaeger, The Standard Definition of Creativity, Creativity Research Journal, 24(1), 92-96, 2012.

고로부터 시작된다. 창의적이었던 사람들이 창의성에 대하여 어떻게 생각하였는지 살펴보자.

알베르트 아인슈타인(Albert Einstein)

창의성은 다른 사람들과 같은 것을 보고서 다른 사람들이 생각하지 못했던 것을 생각해 내는 것이다. 창의성의 비밀은 그 원천을 숨기는 방법을 아는데 있다(Creativity is seeing what others see and thinking what no one else has ever thought. The secret to creativity is knowing how to hide your sources).

오귀스트 로댕(Auguste Rodin)

내가 발명(창작)한 것이란 없다. 나는 재발견했을 뿐이다(I invent nothing, I rediscover).

스티브 잡스(Steve Jobs)

창의적인 사람들에게 어떻게 그렇게 엄청난 일을 했느냐고 묻는다면, 그들은 약간 양심의 가책을 느낄 것이다. 왜냐하면 그들이 실제 그 일을 했다기보다는 그저 사물을 보고 얼마 후 명백한 것을 알아냈을 뿐이다(When you ask creative people how they did something, they feel a little guilty because they didn't really do it, they just saw something. It seemed obvious to them after a while).

트리즈(TRIZ)에서 특허 수십만 건을 조사해 본 결과, 새롭게 느껴지는 발명은 2%에 불과하고, 나머지 98%는 개량발명이었다고 한다. 결국 창의성이란 무에서 유를 창출하는 것이 아니라, 남들이 무심코 지나친 것을 새롭게 해석하여 새로운 의미나 가치를 부여하는 것이라고 할 수 있다.

창의성에는 수직적 사고(vertical thinking)와 달리 어떤 전제조건에도 지배받지 않고 수평 방향으로 시점을 확대하는 수평적 사고(lateral thinking)가 필요하다. 수평적 사고의 핵심요소는 고정관념 파괴하기와 문제의 본질을 파악하는 것이다.

예제 3-1

머리 회전을 점검하기 위한 간단한 문제들을 풀어보자.

- 다음 그림들은 수학자이면서 다양한 퍼즐을 만들어 내기로 유명했던 미국의 마틴 가드너(Martin Gardner)의 퍼즐이다. 첫 번째 퍼즐의 100이라는 숫자에서 막대 2개만 옮겨 CAT으로 만들어 보라.

그림 3.1 막대 퍼즐

- 다음 퍼즐은 성냥개비 2개를 움직여 사과를 성냥개비 밖으로 빼내는 문제이다. 단, 사과를 빼내고 나서도 성냥개비들은 동일한 형상을 유지해야 한다.

그림 3.2 성냥개비 퍼즐

- 아래 그림은 저명한 심리학자 길포드(J. P. Gilford)가 1970년대 초 최초로 소개한 이후 널리 알려진 'Nine-dot puzzle'이다. 9개의 점을 한 번에 모두 지나가도록 선을 긋는다면 몇 개의 선이 필요한가. 가능한 적은 선으로 연결하는 방법을 찾아보라.

그림 3.3 Nine-dot puzzle

창의성은 선천적으로 갖고 태어날 수 있지만 교육에 의하여 후천적으로 (아이디어 발상법을 통해) 개발될 수 있다.

2. 아이디어 발상법

1. 브레인스토밍

브레인스토밍은 1940년대 미국의 알렉스 오스번(Alex Osborn)에 의해 처음 활용되기 시작하여 가장 널리 알려진 아이디어 창출기법이다.

브레인스토밍은 자유로운 분위기에서 여러 명이 모여 가능한 한 많은 아이디어를 도출한 다음, 그 가운데 좋은 아이디어를 찾아내는 것이 목적이다. 스캠퍼, 강제연결법 등 다른 창의적 발상도구를 함께 사용하면서 브레인스토밍을 하는 것도 좋은 방법이다.

브레인스토밍은 아래와 같은 몇 가지 원칙을 갖고 있다.

① 질보다 양 우선 원칙: 아이디어는 많을수록 좋다.

② 비판 금지의 원칙: 타인의 아이디어에 대한 비판을 금지한다.

③ 자유분방의 원칙: 어떠한 아이디어든지 자유롭게 말한다.

④ 결합과 개선의 원칙: 다른 사람의 아이디어를 토대로 새로운 아이디어를 도출한다.

브레인스토밍은 다양한 경험과 지식을 가진 사람들의 아이디어가 합쳐지고 융합되면서 효과적인 아이디어를 창출할 수 있다는 점에서, 다양한 분야의 사람들이 참여하는 것이 중요하다.

브레인스토밍은 가장 많이 활용되고 있는 아이디어 창출기법이기는 하나, 해결하고자 하는 문제에 대한 분석이 없고 문제해결을 위한 구체적 방법론이 없다는 비판도 받고 있다.

예제 3-2

볼펜의 용도를 20가지 생각해 보자.

또한 사물인터넷 시대를 맞이하여 스마트폰과 연동하여 사용되는 시계, 목걸이, 안경, 반지, 신발 등의 웨어러블 기기는 이미 대중화 단계에 있다. 아직 개발되지 않았지만 앞으로 각광받을 수 있는 새로운 웨어러블 기기는 어떤 것이 있을까 생각해 보라.

---

2. 스캠퍼(SCAMPER)

해결하고자 하는 과제(물건)의 속성을 열거하고 그 속성에 대한 체크리스트를 활용하여 이를 변형·발전시키는 기법이다. 스캠퍼(SCAMPER)라는 용어는 질문을 내포하는 각 영어 단어의 첫 글자를 조합하여 만든 것이다.

체크리스트법과 유사하지만 체크리스트를 아래의 7가지로 한정한 점에 특징이 있다. 예를 들어, 커피를 담는 "텀블러"를 개량하는 과제라면 텀블러의 속성인 원통형이다, '커피를 담는다, 손에 들고 다닌다' 등의 각 속성에 대하여, 대체하고, 결합하고, 변형해 보는 것이다. 반드시 순서대로 모두 사용할 필요는 없다.

① Substitute: 다른 것으로 대체하기

② Combine: 다른 것과 결합하기

③ Adapt: 다른 분야의 물건이나 아이디어 적용하기

④ Modify: 다른 것으로 변형하기

⑤ Put to other use: 다른 용도로 바꿔보기

⑥ Eliminate: 구성 일부를 제거하기

⑦ Rearrange: 재배열하기, 반대로 조립해 보기

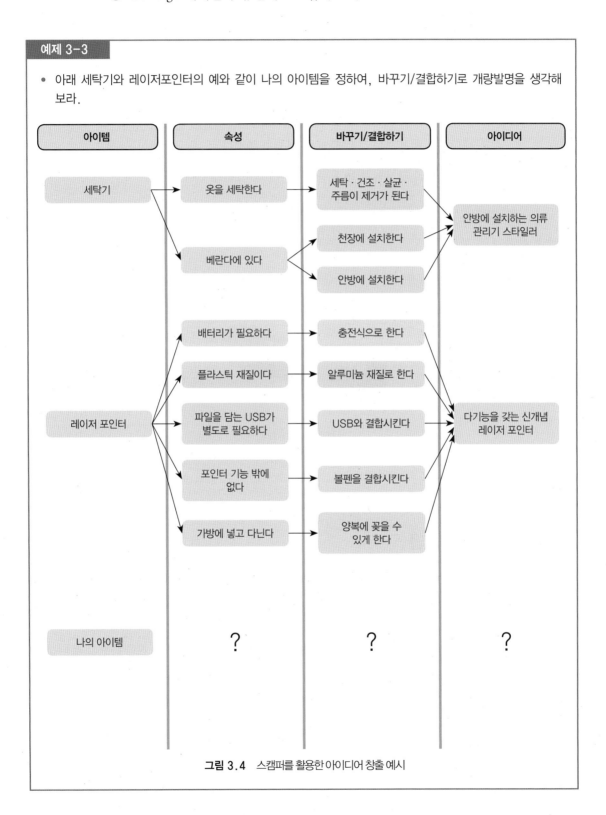

예제 3-3

- 아래 세탁기와 레이저포인터의 예와 같이 나의 아이템을 정하여, 바꾸기/결합하기로 개량발명을 생각해 보라.

그림 3.4 스캠퍼를 활용한 아이디어 창출 예시

3.   희망점 열거법

해결하고자 하는 과제(물건)가 어떻게 바뀌었으면 좋겠다는 희망사항을 열거하고 이를 체크리스트로 활용하는 기법이다. 예를 들어, 시판되는 커피포트에서 아래와 같이 원하는 희망사항을 열거하고, 이를 체크리스트로 활용할 수 있다.

☑ 휴대할 수 있으면 좋겠다.

☑ 가습기로도 활용할 수 있으면 좋겠다.

☑ 태양열을 이용하여 물을 끓일 수 있으면 좋겠다.

☑ 커피잔이나 찻잔의 기능도 함께 가지고 있으면 좋겠다.

예제 3-4

- 아래 손전등에 대하여 어떻게 바뀌었으면 좋겠다는 희망점을 열거하고 이를 체크리스트로 활용한 개량발명을 생각해 보라.

그림 3.5   손전등 [5]

---

4.   강제 결합법

많은 아이디어가 두 개 또는 그 이상의 사물이나 아이디어들이 합쳐져서 만들어진다. 강제 결합법은 겉으로 보기에는 관계가 없어 보이는 두 가지 이상의 아이디어나 사물을 억지로 관련시켜 새로운 아이디어 창출을 하는 기법이다. 생각이 막혀서 아이디어가 떠오르지 않거나, 다양한 시각에서 전혀 새로운 아이디어를 창출하고자 하는 경우에 유용하다.

예를 들면 의자와 관련이 없는 바퀴를 강제로 연결하여 '바퀴가 달린 의자'가 탄생하였다.

---

[5] 사진 출처: https://pixabay.com.

그림 3.6 강제연결법에 의해 탄생한 바퀴달린 의자[6]

강제결합법에는 목록 작성하기, 카탈로그 기법, 임의 강제결합법 등 3가지 접근방법이 있다. 강제결합법은 아래와 같은 순서로 실행할 수 있다.

- 해결하고자 하는 문제를 분명하게 기술한다.
- 문제와 관련이 없는 사물이나 아이디어를 여러 개 선택한다.
- 강제결합법을 활용하여 새로운 사물이나 아이디어를 창출한다.

예제 3-5

선풍기, 손난로를 우리 주변에 있는 여러 물품(지갑, 가방, 안경, 볼펜, 휴대폰, 포인터, 모자, 신발, 재킷, 손수건, 장갑, 텀블러, 자전거, 자동차 등)과 임의 결합하여 개량발명을 생각해 보라.

---

3. 트리즈(TRIZ)

1. 트리즈의 기본 개념

러시아의 겐리히 알츠슐러(Genrich Altshuller)는 1946년부터 수십만 건의 특허문헌을 분석하여 창의적이라고 인정되는 특허들은 어떤 공통의 원칙과 패턴이 있음을 발견하였는데 이것이 트리즈(TRIZ)이다. 알츠슐러는 평범한 사람도 이러한 공통의 원칙을 활용하여 대부분의 기술적 문제를 해결할 수 있다고 믿었다.

알츠슐러는 자신의 연구를 "창의적으로 문제를 해결하는 방법론"이라고 명명하였다. 창의적 문제해결론(Theory of Inventive Problem Solving)의 영문 약자는 TIPS이지만, 이 이론이 러시아에서 개발되었기 때문에 러시아어의 머리글자를 따서 TRIZ라 한다.

---

[6] 사진 출처: https://www.shutterstock.com.

트리즈는 모순, 이상해결책, 자원의 세 가지를 기본 개념으로 한다.

① 모순(Contradiction): 창의적 특허들은 '모순'을 극복하고 있다는 공통점을 갖는다. 모순은 문제를 일으키는 근본원인이고, 이를 해결하여야 문제가 해결되었다고 할 수 있다.

② 이상해결책(IFR; Ideal Final Result): 타협하여 문제를 해결하는 것이 아니라 문제를 근본적으로 해결할 수 있는 이상적 해결책을 찾는다.

③ 자원(Resources): 모순 해결 및 이상해결책 달성을 위해 적절한 자원을 활용하는 것을 말한다.

결국 트리즈는 주어진 문제의 근본적인 모순을 찾고 그 모순을 극복할 수 있는 이상해결책을 달성하기 위하여 적절한 자원을 탐색하여 활용하는 방법론이라고 할 수 있다. 트리즈는 모순 자체를 제거함으로써 모순에 대한 근본적인 해결책(Ideal Final Result; IFR)을 추구한다.

아래의 사례를 보면, 예전의 냉장고 홈바(그림 왼쪽)에는 접이식 이음새가 달려 있었는데 여기에 아이들 손가락이 자주 끼는 문제점이 있었다. 트리즈 전문가는 이 문제를 이음쇠를 아예 없애면서 홈바의 문이 안쪽으로 말려 들어가게 하는 방법(그림 3.7의 오른쪽)으로 해결하였다.

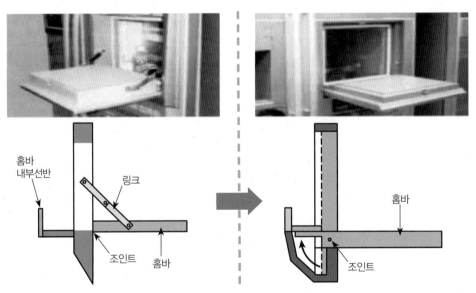

그림 3.7 냉장고 홈바 트리즈 사례

트리즈에서 자원(resources)이란 물건, 물질, 에너지, 시간, 공간 등 문제 해결(problem solving)에 쓸 수 있는 모든 것을 말한다. 예를 들면 최근에 출시되는 자동차에는 안테나가 없고, 자동차 뒷면 유리에 장착되는 열선이 안테나의 기능을 겸한다. 여기서 '열선'이 문제 해결을 위한 '자원'에 해당한다.

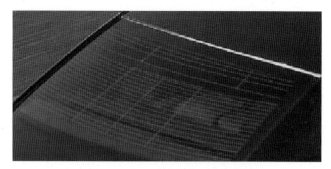

그림 3.8 안테나 기능을 겸하는 자동차 열선

주어진 문제를 해결하기 위해 트리즈를 적용하는 것은 아래와 같이 3단계로 이루어진다. 첫째, 이상적인 모습이 무엇인지 정의하고 둘째, 모순을 분석하여 찾아내며 셋째, 주어진 자원으로 해결하는 방법을 찾는 것이다.[7]

그림 3.9 트리즈를 통한 문제해결 단계

2.   모순의 개념

알츠슐러는 누가 보아도 인정할 수 있는 창의적 특허들을 분석해 본 결과 '모순(contradiction)'을 극복하고 있다는 공통점을 발견하였다. 모순은 트리즈의 가장 중요한 개념이며, 기술적 모순과 물리적 모순으로 구분된다.

1) 기술적 모순(Technical Contradiction)
시스템의 어느 하나의 특성을 개선하고자 하면 다른 특성이 악화되는 상황을 말하는데, 다음과 같은 예를 들 수 있다.

① 자동차에서 엔진의 배기량을 늘리면 출력은 높아지지만 연비가 저하되고, 엔진의 배기량을 줄이면 연비는 좋아지지만 출력이 저하된다.

② 상품을 튼튼하게 포장하면 안전도는 높아지지만, 무게가 증가하고 비용이 더 든다.

③ 고수익을 얻을 수 있는 금융상품은 위험도가 높고, 위험도가 낮은 금융상품은 수익률이 낮다.

2) 물리적 모순(Physical Contradiction)
물리적 모순은 시스템의 어느 하나의 특성이 상반되는 특징을 가져야 하는 것을 말한

---

[7] 김대수, 창의공학설계, 생능출판사, 2017, 259면 참조.

다. 즉 '이래야 되면서 또 저래야 된다'고 한다면 물리적 모순이 존재하는 것인데, 아래와 같은 예를 들 수 있다.

① 비행기의 바퀴는 이착륙을 위해서는 있어야 하지만, 비행 중에는 공기 저항을 줄이기 위해 없어야 한다.

② 수염을 잘 깎기 위해서는 면도날이 날카로운 것이 좋으나, 사용 중에 상처를 입지 않으려면 너무 날카롭지 않은 것이 좋다.

알츠슐러는 트리즈 개발 초기에 누가 보아도 창의적이라고 인정되는 특허 4만 건을 집중적으로 분석하면서 모순을 극복하는 공통적인 원리를 발견하였다. 기술적 모순을 극복하는 원리로 '40가지 발명원리'를, 물리적 모순을 해결하는 원리로는 '분리의 원리'를 도출하였다.

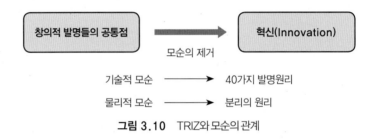

그림 3.10 TRIZ와 모순의 관계

3.   분리의 원리

트리즈에서 물리적인 모순을 해결하기 위한 원리가 분리의 원리이다. 분리의 원리에는 시간에 의한 분리, 공간에 의한 분리, 부분과 전체에 의한 분리, 조건에 의한 분리가 있다.

시간에 의한 분리의 사례로 아래의 예를 보자. 겨울에 기초공사를 위해 얼어 있는 땅 속에 말뚝을 박기 위해서는 말뚝의 끝이 뾰족해야 한다. 그러나 말뚝이 일정한 깊이로 박힌 후에는 더 이상 밑으로 내려가지 않아야 기둥의 역할을 할 수 있다. 즉 말뚝이 "들어갈 때는 뾰족하고 들어가고 나서는 뾰족하지 않아야 한다"는 물리적 모순이 존재한다.

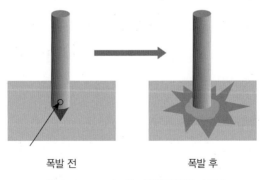

폭발 전   폭발 후

그림 3.11 트리즈를 이용한 말뚝 박기 사례

이러한 모순은 시간에 의한 분리의 원리를 적용하여 해결할 수 있다. 그림 3.11과 같이 말뚝의 끝에 소량의 폭약을 설치하고 말뚝을 박은 후, 말뚝이 일정한 깊이에 도달하면 폭약을 폭파시켜 말뚝의 끝을 뭉툭하게 만들면 된다.

시간에 의한 분리의 다른 예로는 일정 시간 간격으로 파란불과 빨간불이 바뀌는 교통시스템의 신호등, 온라인 게임의 시간별 차등 요금제(예를 들면 처음 2시간은 무료, 그 후부터는 유료), 승용차 요일제 등이 있다.

공간적 분리의 사례로 아래의 예를 보자. 100층 이상의 고층 건물에서 승객을 원활히 실어 나르기 위해서는 엘리베이터 수가 많아야 한다. 그러나 효율적인 공간 활용을 위해서는 엘리베이터 수가 적어야 한다.

이러한 모순은 공간을 분리하여 여러 대의 엘리베이터를 설치함으로써 해결할 수 있다.

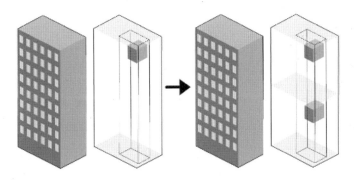

그림 3.12   TRIZ를 활용한 고층엘리베이터 설치 사례

다른 공간적 분리의 사례로 고가도로와 지하도, 짬짜면 그릇, 냉장고의 냉동실과 냉장실 등을 들 수 있다.

조건에 의한 분리는 조건에 따라 시스템의 구성요소를 변경시켜 서로 다른 물리적 특성을 갖도록 만드는 것이다. 첫 번째 방법은 시스템에 반대 기능을 수행하는 안티시스템을 결합시키는 것이다. 예를 들면 가속장치와 브레이크 장치를 갖는 자동차, 찬물과 뜨거운 물이 나오는 정수기, 전류를 흐르게도 하고 단절시키기도 하는 스위치 등이다.

두 번째 방법은 물리적, 화학적, 기하학적 효과를 활용하여 시스템이 다른 특성을 나타내도록 만드는 것이다. 예를 들면 염화은 물질을 안경렌즈 안에 넣어 자외선이 강할 때 검게 변하는 안경, 두 가지 종류의 금속을 붙여 놓은 바이메탈을 이용하여 온도가 높아지면 자동으로 전원이 차단되는 가전제품 등을 들 수 있다.[8]

전체와 부분의 분리의 대표적인 예로는 자전거 체인이 있다. 자전거 체인은 강하면서 유연하기도 해야 하는 모순된 특성이 요구된다. 이러한 상반된 특성을 만족시키기 위

---

8) 송용원·김경모·김성환, 창의적 문제해결이론 TRIZ, 한국표준협회미디어, 2017, 134-135면.

해서 부분적으로는 매우 단단한 금속부품이지만 그것들을 전체적으로 연결한 체인은 상당히 유연한 특성을 가지고 있다.

예제 3-6

수분이 많은 채소나 치즈 등을 자르면, 잘린 조각이 칼에 달라붙어서 불편하다. 분리원리를 활용하여 이 문제의 구체적인 해결책을 찾아보라.[9]

---

4. 40가지 발명원리

알츠슐러가 누가 보아도 창의적이라고 인정할만한 특허 4만 건 중에서 물리적 모순을 해결한 특허 2만 건 정도를 분석하여 공통된 해결책으로 제시한 것이 앞서 설명한 분리의 원리이다. 기술적 모순을 해결한 특허 2만 건을 따로 분석하여 해결책의 공통점으로 뽑아낸 것이 '40가지 발명원리'이다.[10]

40가지 발명원리를 이해하기 위한 몇 가지 예를 든다면 다음과 같다. 대형마트에서 사용하는 카트는 많은 물건을 담기 위해서는 커야 하지만, 건물의 공간 활용의 효율성을 위해서는 작아야 한다. 이러한 기술적 모순은 7번째 발명원리인 포개기(Nestling)를 활용하여 카트를 포개어 보관할 수 있도록 제작하여 해결할 수 있다.

겨울에 씨감자를 잘 보관하기 위해 표면에 붙어 있는 박테리아를 제거할 때 불로 태우면 박테리아는 제거할 수 있지만 감자가 익어서 씨감자 역할을 못할 수 있다. 이 때 21번째 발명원리인 '고속처리 방법'을 적용하여 불꽃의 세기를 강하게 하고 감자를 빠르게 통과시키면 표면에 있는 박테리아는 죽지만 감자에는 큰 영향을 주지 않아 씨감자를 안전하게 보관할 수 있다.[11]

피자의 테두리 부분은 맛이 없어서 대부분의 사람들이 싫어하는 부분이었는데, 여기에 달콤한 고구마나 치즈를 넣어서 맛있는 부분으로 만든 피자가 출시되었다. '유해한 것을 좋은 것으로 바꾸라'는 22번째 발명원리가 적용되었다고 할 수 있다.

트리즈는 모순을 해결하기 위한 몇 가지 도구를 제시했는데 모순행렬, 물질-장 모델링을 통한 76가지 표준해결책, ARIZ[12] 등이다.

---

[9] 김은경, 창의적 공학설계, 한빛아카데미, 2017, 306면 참조.

[10] 김효준, 창의성의 또 다른 이름 트리즈, INFINITYBOOKS, 2009, 125면 참조.

[11] 앞의 글, 196-197 참조.

[12] ARIZ는 TRIZ의 40가지 발명원리, 모순, 표준해결책, 물질장 등의 다양한 툴들을 프로세스화한 것으로서, TRIZ와 별개의 것이 아니라 TRIZ의 툴 중 하나이다. TRIZ에서 가장 어려운 난이도의 툴이 ARIZ라 할 수 있다. 앞의 글, 285면.

표 3.1 40가지 발명원리

1. **분할**(Segmentation)	21. **고속처리**(Rushing through)
2. **추출**(Extraction)	22. **유해한 것을 좋은 것으로**(Convert harm into benefit)
3. **국부적 성질**(Local quality)	23. **피드백**(Feedback)
4. **비대칭**(Asymmetry)	24. **중간 매개물**(Intermediary)
5. **통합**(Combining)	25. **셀프 서비스**(Self-service)
6. **범용성**(Universality)	26. **복제**(Copying)
7. **포개기**(Nestling)	27. **일회용품**(Disposable product)
8. **평형추**(Counterweight)	28. **기계시스템 대체**(Replacement of mechanical system)
9. **사전 반대 조치**(Preliminary counteraction)	29. **공기압과 수압**(Pneumatics and hydraulics)
10. **사전 조치**(Preliminary action)	30. **유연한 막/얇은 필름**(Flexible membrane or thin film)
11. **사전 보호조치**(Cushion in advance)	31. **다공성 재료**(Porous material)
12. **높이 맞추기**(Equipotentiality)	32. **색상 변화**(Color change)
13. **반대로 하기**(Reverse)	33. **동질성**(Homogeneity)
14. **타원체 형상**(Spheroidality)	34. **폐기 및 재생**(Rejection and regeneration)
15. **역동성**(Dynamicity)	35. **속성 변화**(Parameter change)
16. **과부족 조치**(Partial or Excessive action)	36. **상전이**(Phase transition)
17. **차원 바꾸기**(Dimension change)	37. **열팽창**(Thermal expansion)
18. **기계적 진동**(Mechanical vibration)	38. **산화제**(Oxidizer)
19. **주기적 작동**(Periodic action)	39. **불활성 환경**(Inert environment)
20. **유용한 작용의 지속**(Continuity of useful action)	40. **복합 재료**(Composite material)

4. ASIT

트리즈는 창의적 문제해결을 위한 강력한 도구이기는 하지만, 배우기 어렵고 실제로 사용할 수 있을 정도로 익히려면 상당한 시간이 소요된다. 이러한 트리즈의 문제점을 개선하기 위하여 이스라엘 출신의 로니 호로위쯔(Roni Horowitz) 박사가 개발한 기법이 ASIT(Advanced Systematic Inventive Thinking)이다.

ASIT는 트리즈의 모순행렬표, 40가지 문제해결 원리, 그리고 이상적인 해결책을 2개의 조건(닫힌 세계의 조건, 질적 변화의 조건)과 아래의 5가지 문제해결기법으로 단순화하였다.[13]

① 용도통합(unification)

② 복제(multiplication)

③ 분할(division)

④ 대칭파괴(breaking Symmetry)

⑤ 제거(removal)

---

13) 로니 호로위쯔, 누구나 창의적인 사람이 될 수 있다, 김준식 역, FKI미디어, 2003, 43면.

1. ASIT의 2가지 조건

1) 닫힌 세계의 조건

닫힌 세계의 조건(Closed World; CW)이란 문제의 세계에 없었던 새로운 요소를 해결의 세계에 추가하지 말라는 것이다. 즉 외부자원을 활용하지 말고 기존의 가용자원으로 문제를 해결하라는 것이다.

아래의 사례를 보자.

적지 한가운데에서 적의 정보를 수집하여 아군에게 전송하는 안테나를 제작하고자 하였다. 이 안테나는 아군 한 명이 적지로 운반하기 쉽도록 가벼워야 한다. 그런데 이 지역은 춥고 눈이 많이 내리는 곳이기 때문에 추운 겨울에는 안테나에 쌓인 눈이 얼어붙어 얼음의 무게로 안테나가 부러지는 일이 자주 발생하였다. 이 문제를 어떻게 해결할 수 있을까?

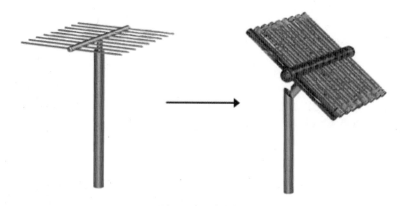

그림 3.13 안테나 문제

이 문제에 대하여 떠올릴 수 있는 일반적인 해결책은 다음과 같다.

① 얼음을 녹이는 가열장치를 추가한다.
② 기둥을 지탱하기 위한 지지대를 추가한다.
③ 안테나 기둥의 지름을 늘려 기둥을 강화시킨다.
④ 안테나 기둥의 재료를 튼튼한 합금으로 바꾼다.
⑤ 안테나 덮개를 부착한다.

ASIT를 활용한 창의적인 해결책은 안테나의 기둥에 많은 흠집을 냄으로써 눈이 안테나는 물론 기둥 위에도 쌓이게 하는 것이다. 이렇게 함으로써 기둥에 얼어붙은 얼음이 기둥을 강화시켜, 얼음으로 덮인 안테나의 무게를 지탱하도록 한다.

여기에 외부자원이 추가된 것은 없다. 닫힌 세계의 조건이 충족되는 해결책이다.

그림 3.14 안테나 문제의 해결책

창의적인 해결책을 찾기 위해서 아래와 같은 4가지 접근법을 활용할 수 있다.[14]

① 유사성: 가장 일반적인 해결책과 유사한 접근법을 참고한다.[15]

② 독특한 상황: 그 문제만의 독특한 상황을 고려한다.

③ 이상적인 해결책을 추구한다.

④ 문제점이 곧 해결책이 될 수 있다.

2) 질적 변화의 조건

질적 변화의 조건(Qualitative Change; QC)은 원하지 않는 결과(undesired effect)와 악화요인(worsening factor) 사이의 관계가 창의적 해결책에 의해 본질적으로 변해야 한다는 것이다.

통상 악화요인이 많아지면 원하지 않는 결과도 증가한다. 앞의 안테나 문제에서 악화요인인 안테나에 쌓인 얼음의 양이 증가하면, 원하지 않는 결과인 안테나가 부러질 가능성은 높아진다.

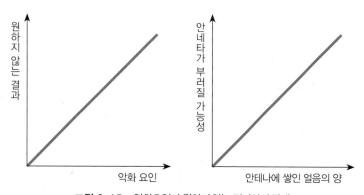

그림 3.15 악화요인과 원하지 않는 결과와의 관계

---

[14] 앞의 글, 53면.

[15] 위 안테나 문제에서 얼음으로 기둥의 두께를 늘리는 것은 결국 가장 일반적인 해결책인 기둥의 지름을 늘리는 것과 유사성을 갖는다.

그러나 안테나의 해결책에서 보면, 악화요인인 얼음이 기둥을 강화시키는 역할을 하므로 얼음의 양이 많아지더라도 원하지 않는 결과인 안테나가 부러질 가능성은 증가하지(변하지) 않는다. 따라서 이 해결책은 질적 변화의 조건을 충족시킨다. 아래 오른쪽 그림과 같이 악화요인이 증가할수록 원하지 않는 결과가 감소한다면 더욱 이상적이다.

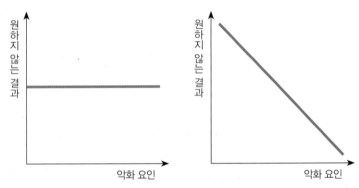

그림 3.16 변화된 악화요인과 원하지 않는 결과와의 관계

예제 3-7

아래 그림에서 쇠구슬이 파이프를 통과하는 부분에서 파이프와 충돌하며 구부러진 부분의 마모가 일어난다. 이 부분을 여러 가지로 코팅해 보았으나 효과가 크지 않았다. ASIT의 2가지 조건을 고려하여 이 부분의 마모를 방지할 아이디어를 생각해 보라.

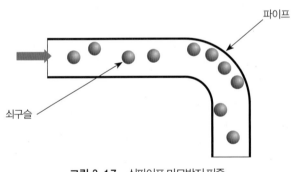

그림 3.17 쇠파이프 마모방지 퍼즐

2.   ASIT의 5가지 문제해결 기법

1) 용도통합

용도통합(unification)은 기존의 구성요소에 새로운 용도를 부여함으로써 문제의 해결책을 찾는 기법이다. 즉 문제에 존재하는 구성요소들의 새로운 사용방법을 발견하여 문제를 해결하는 것이다.

대학생들이 참여하는 대표적인 아이디어 창출 경연대회로서 특허청에서 주최하는 대학창의발명대회[16]와 디자인에 관한 D2B디자인 페어가 있다.

대학창의발명대회 홈페이지에서 다양한 수상작을 찾아 볼 수 있는데, 아래 작품은 2013년 수상한 "자전거 바퀴의 공간활용 다용도 가방"이다. 자전거 앞바퀴의 안쪽 공간에 수납함이라는 새로운 용도를 부여한 아이디어 제품이다.

그림 3.18 자전거 바퀴의 공간활용 다용도 가방 [17]

D2B디자인 페어(http://www.d2bfair.or.kr)에서 2016년 수상한 '워터백'은 어깨에 메는 가방을 물통으로 활용하여 이동과 운송이 편리하게 되는 물통용 가방에 관한 디자인이다. 특히 아프리카와 같이 물통에 물을 담아 먼 거리를 이동해야 하는 경우 파손의 위험성이 적고 운반이 용이하므로 매우 유용하다.

그림 3.19 워터백 [18]

아래 발명은 다기능 빨래 건조대(일명 캥거루 건조대)로서, 건조대의 가운데에 바구니를 놓을 수 있는 거치대를 만든 점에 특징이 있다. 발명할 당시 대학생이던 창업자는 어

---

16) 대학창의발명대회(http://kipa.org/inventkorea)는 대학(원)생들의 발명활동을 촉진하고 지식재산권에 대한 인식을 강화하기 위하여 매년 봄에 개최되며, 우수 발명에 대한 시상 외에 서류심사를 통과한 발명에 대한 특허출원 비용을 지원해 준다. 2018년의 예를 들면, 3월9일 대회공고, 3.9~4.16. 온라인 신청접수, 4.17~5.18. 기초 및 1~2차 서류심사, 7.25~8.2. 최종 결과물 제출, 9.18 ~9.21. 최종심사, 11월 시상식의 절차를 거친다.

17) 사진 출처: 대학창의발명대회 홈페이지(http://kipa.org/inventkorea).

18) 사진 출처: D2B 디자인페어 홈페이지(http://www.d2bfair.or.kr)

머니가 건조대에 빨래를 널 때마다 허리를 계속 굽혔다 펴기를 반복하는 것을 보고, 허리를 굽히지 않아도 되는 건조대에 관한 아이디어를 생각하다가 본 발명을 하게 되었다고 한다. 본 발명은 특허 제1151649호로 등록되어 있다.

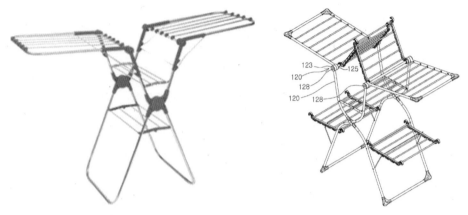

그림 3.20 바구니 거치대를 설치한 건조대

2) 복제

복제(multiplication)는 현재 존재하는 구성요소와 같거나 유사한 유형의 구성요소를 복제하여 추가함으로써 문제를 해결하는 것이다.

바다에서 잡은 물고기를 도시의 활어횟집까지 운송하다 보면 소요되는 시간으로 인하여 물고기의 신선도가 떨어진다. ASIT의 2가지 조건을 고려하여 수조 안에 있는 물고기들의 신선도를 유지하려면 어떤 방법이 있을까?

해결책은 수조 안에 물고기들의 천적인 자그마한 새끼 상어 한 마리를 넣어두는 것이다. 이렇게 하면 물고기들은 이 새끼 상어로부터 피하기 위해 열심히 수조 안을 돌아다니게 되어 물고기들의 신선도가 유지된다.[19]

복제를 이용한 대표적인 발명품은 질레트(Gillette)의 안전면도기(safety razor)이다. 미국인 질레트는 이발소에서 이발사가 가위를 빗에 눌러대고 머리카락을 자르는 것을 보고, 빗에 얇은 칼날을 붙이는 아이디어를 생각해내어 안전면도기를 발명하였다고 하며,[20] 1904년 특허를 받았다(US 775134).

요즘 나오는 안전면도기를 보면 복제의 개념을 적용하여 2개 내지 5개의 날이 들어 있으며, 날의 수가 많아질수록 피부를 베일 염려는 줄어든다.

19) 로니 호로위쯔, 누구나 창의적인 사람이 될 수 있다, 김준식 역, 앞의 글, 105면.
20) 왕연중, 엉뚱한 발상 하나로 세계적 특허를 거머쥔 사람들 5, 지식산업사, 2000, 82면.

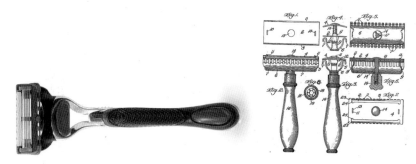

그림 3.21 질레트의 안전면도기[21]

가장 간단한 복제의 예로 십자나사못과 십자드라이버를 들 수 있다. 작은 전파상에서 일하던 미국인 헨리 필립스(Henry Phillips)가 망가진 일자나사못에 홈을 다시 파다가 십자나사못에 관한 아이디어를 떠올려 십자나사못과 십자드라이버를 발명하였다.

필립스는 1934년에 십자나사못에 대한 특허(US 2046343)를 받았는데, 1940년에는 미국 나사못 제조사의 85%가 십자나사못을 생산하기 위해 이 특허권에 대한 실시권(license)을 받았다고 한다.[22]

그림 3.22 십자못과 십자드라이버[23]

전자제품 매장에 가면 볼 수 있는 트윈세탁기도 복제의 개념이 적용된 것이다. 트윈세탁기는 세탁량이 많지 않은 경우에도 전체 세탁기를 돌려야 하는 불편함을 해소하였다. 상부의 메인 세탁기 밑에 소형의 세탁기를 하나 더 설치하여 빨래의 양이나 종류에 따라 상하 세탁기 중에서 선택하여 세탁을 할 수 있다.

그림 3.23 LG전자 트윈세탁기[24]

---

21) 사진 출처: https://www.shutterstock.com; 도면 출처: http://patft. uspto. gov.

22) US National Inventors Hall of Fame homepage(http://www.invent.org/honor /inductees).

23) 사진 출처: https://www.shutterstock.com.

24) 사진 출처: www.flickr.com.

3) 분할

분할(division)은 선택한 하나의 구성요소를 여러 개의 부분으로 나눈 후, 그 나누어진 부분을 시간적 또는 공간적으로 새롭게 구성하거나 재배치하여 문제를 해결하는 기법이다.

가장 간단한 일례가 커터칼이다. 커터칼은 전사지 회사에서 근무하던 일본인 오모가 많은 종이를 자르면서 칼이 쉽게 무뎌지는 것을 고민하던 중에, 우체국에서 우표가 수많은 작은 구멍으로 나뉘어 쉽게 잘라지는 것을 보고 커터칼에 대한 아이디어를 얻었다고 한다.[25]

커터칼 이전에는 칼이 무뎌지면 칼 전체를 버려야 하므로 불편함이 있었으나, 커터칼의 사용으로 칼끝만 부러뜨려 잘라내고 계속 사용할 수 있어 편리하다.

그림 3.24 커터칼[26]

다른 예로는 조립식 가구와 접는 자전거를 들 수 있다.

그림 3.25 조립식 가구[27]

그림 3.26 접는 자전거[28]

우연히 어떤 커피숍에서 발견한 아래의 일회용 커피컵은 통상의 커피컵과는 다르게 뚜껑의 한쪽 면이 완전히 접히면서 뚜껑의 반대편 외주홈에 고정될 수 있는 구조로 되어 있다.

---

25) 왕연중, 앞의 글, 131-133면 참조. 이에 대하여 커터칼을 일본의 요시오 오카다(Yoshio Okada)가 판모양 초콜릿의 칸 구분과 유리의 잘라진 면을 보고 영감을 얻어 먼저 발명하였다는 설도 있다(https://www.olfa.co.jp/en).

26) 사진 출처: https://www.shutterstock.com.

27) 상동.

28) 상동.

따라서 뚜껑을 완전히 개폐하지 않더라도 접히는 한쪽 면을 열고 닫음에 의해 편리하게 커피를 마실 수 있다. 이 고안은 공개실용신안 제2017-2113호로 공개되어 있다.

그림 3.27 뚜껑의 한쪽 면이 개폐되는 일회용 커피컵 [29]

4) 대칭파괴

대칭파괴(breaking symmetry)는 대칭이 주는 안정감 때문에 대칭을 깨뜨리지 않으려고 하는 고정관념을 파괴함으로써 문제를 해결하는 기법이다. ASIT의 대칭파괴에는 아래 세 가지가 있다.[30]

(1) 사물대칭

사물 내의 모든 위치에서 동일한 가치가 존재하는 것이 사물대칭이다(예: 한 가지 색상의 자동차). 사물 내의 어느 부분을 변경시키면 사물대칭 파괴가 된다.

(2) 시간대칭

시간이 지나도 그 사물이 갖고 있는 가치가 변하지 않는 것이 시간대칭이다. 비행기가 속도를 내기 위해서는 공기마찰을 줄여야 한다. 비행기의 속도에 따라 날개가 뒤로 더 젖혀지도록 하면 공기마찰을 더 줄일 수 있다. 이 해결책은 속도에 따라 날개의 각도를 달리한 (시간)대칭 파괴기법이다.

(3) 그룹 대칭

같은 형태를 가진 사물들의 그룹이 동일한 특성을 갖는 것을 말한다. 트랙터와 같이 앞뒤 바퀴의 크기가 달라지면 그룹대칭을 파괴한 것이다.

아래 발명은 우리가 흔히 볼 수 있는 주름잡힌 빨대이다. 일자 빨대의 중간에 단순히 주름을 형성하였을 뿐이지만 여러 각도에서 음료를 마실 수 있는 편리함 때문에 그 효과

29) 사진 출처: 필자의 촬영 사진.
30) 로니 호로위쯔, 누구나 창의적인 사람이 될 수 있다, 김준식 역, 앞의 글, 129-132면.

는 뛰어나다. 사물대칭 파괴의 한 예로 볼 수 있다.

미국의 J.B. Friedman이 1937년에 'drinking tube'라는 명칭으로 특허(US 2094268)를 받았다.

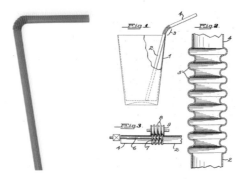

그림 3.28 주름 잡힌 빨대[31]

아래와 같은 발가락 양말도 기존 양말에 대해 갖고 있던 고정관념을 깨뜨린 대칭파괴의 예라 할 수 있다.

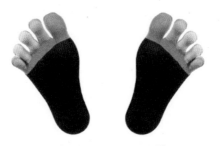

그림 3.29 발가락 양말[32]

자외선의 양에 따라 색상이 변하는 안경렌즈, 온도에 따라 색이 변하는 젖병의 꼭지 등은 시간대칭 파괴의 예이다.

그림 3.30 변색 안경렌즈[33]

그림 3.31 변색 젖병 꼭지[34]

31) 사진 출처: https://www.shutterstock.com; 도면 출처: http://patft.uspto.gov.

32) 사진 출처: https://www.shutterstock.com.

33) 사진 출처: 상동.

34) 사진 출처: 상동.

온라인 게임의 시간별 차등 요금제(예를 들면 처음 2시간은 무료, 그 후부터는 유료), 주차장의 주차요금 누진제 등도 시간 대칭 파괴의 예이다.

5) 제거

제거(removal)기법은 문제요소 가운데 하나 또는 그 이상의 요소를 제거함으로써 해결책을 찾는 기법이다. 이때 가능하면 핵심적인 것을 제거하는 것이 효과가 크다.

제거기법의 대표적인 사례에는 다이슨(Dyson)사의 날개 없는 선풍기와 공기 없는 타이어가 있다.

그림 3.32 날개 없는 선풍기[35]

그림 3.33 공기 없는 타이어[36]

또 무선이어폰, 줄 없는 줄넘기(Jump Snap) 등을 들 수 있다.

6) 결합

SIT의 5가지 사고도구(thinking tool)에는 포함되지 않지만 많이 활용되는 사고 도구가 결합(combination)이다.

가장 쉬운 결합의 예로는 고무 달린 연필이 있다. 고무 달린 연필은 미국의 하이먼 립맨 (Hymen Lipman)이라는 사람이 발명하여 1858년 특허를 받았다(US 19783).

하이먼이 특허를 받은 연필(아래 우측 도면)은 현재 우리가 사용하고 있는 연필과는 차이가 있다. 연필의 내부에 홈을 파고 고무를 넣은 형태였으며, 연필의 양쪽을 깎아서 한쪽은 연필로 한쪽은 지우개로 사용하도록 되어 있었다.

하이만은 이 특허를 Joseph Reckendorfer라는 사업가에게 10만 달러(현재 가치로 2백만불)에 팔아 많은 돈을 벌었다.[37]

---

35) 사진 출처: 상동.

36) 사진 출처: 상동.

37) Pagan Kennedy, "Who made that built-in eraser", The New York Times Magazine, 2013.9.13, available from https://www.nytimes.com/2013/09/15/ magazine/who-made-that-built-in-eraser.html.

그림 3.34 고무 달린 연필 [38]

스위스 아미나이프(Swiss Army Knife)도 훌륭한 결합 사례의 하나이다.

그림 3.35 스위스 아미나이프 [39]

아래 발명은 볼펜 끝에 작은 미니 전구를 장착한 반디펜으로서, 어두운 곳에서도 자체 LED 불빛을 이용하여 필기를 할 수 있다.

발명자는 어느 날 두 명의 경찰관이 손전등과 볼펜을 나눠 들고 필기를 하고 있는 것을 보고, 빛이 나오는 볼펜에 대한 아이디어를 떠올려 발명하게 되었다고 한다. 특히 경찰과 군대에서 많이 사용되고 있고 해외수출도 활발하다.

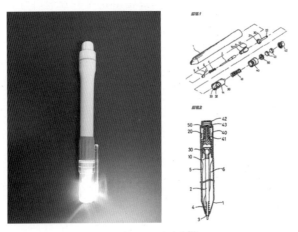

그림 3.36 반디펜 [40]

---

38) 사진 출처: https://www.shutterstock.com; 도면 출처: http://patft.uspto.gov.

39) 사진 출처: 상동.

40) 사진 출처: 필자의 촬영 사진; 도면 출처: 키프리스.

아래 발명은 주방에서 발견한 고리가 붙어 있는 고무장갑이다. 고무장갑에 단순히 고리만 더 부착한 것이지만 통상 싱크대에 얹어 놓던 고무장갑을 걸어 놓을 수 있도록 했다는 점에서 참신성과 유용성이 있다.

키프리스로 검색해 보니 이미 2006년 11월 "고무장갑을 파지하는 결착고리"라는 명칭으로 실용신안등록(432665호)되어 있다.

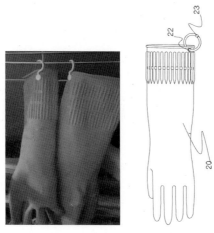

그림 3.37   주방용 고무장갑[41]

5.   사물인터넷의 활용

1.   사물인터넷 개요

4차 산업혁명의 시대를 맞아 주변의 사물들이 유무선 네트워크로 연결되어 정보를 공유하는 사물인터넷(Internet of Things; IoT)이 급속히 확산되고 있다. 사물인터넷의 핵심은 인간을 둘러싼 사물들이 서로 연결되면서 인간에게 새로운 편의 또는 가치를 부여하는 것이다.

사물인터넷에는 센서를 통해 온도, 습도, 열, 가스, 빛의 세기 등 다양한 물리적 정보를 획득하는 것이 중요하다. 또한 센서로부터 얻어진 정보를 바탕으로 와이파이(Wi-Fi), 블루투스(Bluetooth) 또는 RFID(Radio Frequency Identification) 등을 통해 사물간 대화가 이루어진다.

---

41) 사진 출처: 필자의 촬영 사진; 도면 출처: 키프리스.

미국의 시스코시스템즈사가 2012년 발표한 자료에 의하면 인터넷에 연결된 사물의 수는 100억 개에서 150억 개 정도로서, 전 세계에 분포한 각종 사물(things) 중 1%에도 미치지 못하고 있다. 그러나 2020년에는 500억 개까지 증가하고 장기적으로는 우리 주변에 있는 사물의 대부분이 인터넷에 연결되는 만물인터넷(Internet of Everything; IoE) 시대가 도래할 것으로 예측되고 있다.[42]

따라서 앞으로의 아이디어 창출에는 사물인터넷 환경의 이용을 필수적으로 고려해 볼 필요가 있다. 사물인터넷에는 통상 아래와 같이 센서, 프로세서 및 통신수단이 필요하다.

1) 센서

센서는 사물의 특정 상태를 감지하여 그것을 정보로 변환시키는 장치이다. 이러한 센서는 기본적으로 자연 상태에 존재하는 물리적 값(온도, 습도, 압력, 거리, 가속도, 주파수, 생체신호 등)을 전기 값(전압, 전류 등)으로 변환시켜 전기회로에 기반한 컴퓨터 등 장치들이 그 정보를 인식할 수 있도록 해주는 것이다.[43]

센서는 그 감지대상이 어떤 것인지에 따라 온도센서, 습도센서, 광센서, 가속도센서, 자이로스코프센서, GPS, 오실로스코프, 생체신호 인식센서, 동작감지센서 등 다양한 종류로 존재하며, 일반적인 인식과 달리 카메라나 마이크 등도 센서의 일종으로 볼 수 있다.

삼성의 갤럭시 S5에는 기압, 온도·습도, 가속도, 자이로스코프, GPS, 생체신호 등을 감지할 수 있는 센서가 존재한다. 삼성 S5를 사용하는 사람이라면, S헬스 앱을 통해 심박수를 한 번쯤은 측정해 보았을 것이다.

또한 센서는 반드시 사물에 탑재되어야 하는 것은 아니고, 상황에 따라 사물의 외부에서 활용될 수 있다.[44] 또한 RFID를 사용한 시스템의 경우 RFID를 장착한 사물이 어디에 있는지는 판독 기계에서 파악한다. 이는 센서가 존재하지 않는 것이 아니라 사물인터넷 시스템의 다른 요소로 센싱을 하고 있는 것이라고 볼 수 있다.[45]

2) 프로세서(processor)[46]

가전제품이나 사무기기 등과 같은 장치에서는 그 사물에 장착된 프로세서가 가지고 있

---

42) 고바야시 아키히토, IoT 비즈니스 모델 혁명, 김웅수·이두원 역, BookStar, 2016, 23면 참조.

43) 김정윤, 라즈베리파이2로 만들어 보는 사물인터넷, 디지털북스, 2015, 58-59면.

44) 예를 들면 드론에 카메라와 센서를 탑재하여 사물 주위의 환경을 측정할 수 있다.

45) 고바야시 아키히토, IoT 비즈니스 모델 혁명, 김웅수·이두원 역, 앞의 글, 31면.

46) 프로세서는 컴퓨터 운영을 위해 기본적인 명령어들을 처리하고 반응하기 위한 논리회로를 말한다. 프로세서라는 용어는 점차적으로 CPU라는 용어를 대체해왔으며, PC나 소형장치에 장착된 프로세서를 흔히 마이크로프로세서라고 부른다.

는 정보처리능력을 이용할 수 있다. 그러나 정보처리 능력이 없는 소형 제품의 경우에도 최근 소형화·고성능화된 별도의 프로세서 제품이 많이 출시되고 있어서 이를 이용하면 된다.

아두이노와 라즈베리파이도 프로세서로 활용할 수 있으며, WiFi 또는 블루투스 모듈을 장착하면 사물인터넷 디바이스가 된다.

3) 통신기능과 네트워크

사물인터넷에서 데이터를 주고받는 네트워크는 여러 형태가 있을 수 있다. 우선 유선을 이용하거나 이동통신사의 통신회선(4G, LTE 등)을 이용하는 방법이 있다.

통상의 아이디어 창출에서 많이 활용할 수 있는 방법은 WiFi나 블루투스이다. WiFi나 블루투스를 통해서 사물인터넷 디바이스를 부근에 있는 스마트폰이나 PC 등의 통신기능을 가진 기기에 접속할 수 있다.

사물과 연결된 센서를 통해 수집한 정보의 처리는 비주얼화, 해석, 예측의 세 종류로 이루어질 수 있다. 비주얼화는 데이터를 그래프나 테이블 등으로 가공하는 것을 말하고, 해석은 사물로부터 전송된 데이터로부터 의미 있는 현상을 발견하는 것이며, 예측은 데이터에서 일정한 경향을 파악하여 그것을 기반으로 최적의 제어를 실행하는 것을 말한다.[47]

사물인터넷은 가전제품이나 전자기기, 헬스케어, 원격검침, 스마트홈, 스마트카, 웨어러블 디바이스(스마트 안경, 스마트 팔찌, 스마트 시계, 스마트 옷) 등 다양한 분야에서 사물들을 네트워크로 연결하여 정보를 공유할 수 있다.

2. 사물인터넷 제품

우리가 주변에서 접할 수 있는 사물인터넷 제품의 예로 가속도 센서를 이용하여 걸은 거리와 걸음수를 알려주는 스마트폰 앱, 운동화 내부에 센서를 부착하여 달린 시간과 소모된 칼로리 등을 알려주는 나이키 플러스 운동화, 심장박동 센서를 갖춘 삼성전자의 기어핏(Gear Fit) 등을 들 수 있다.

삼성전자의 기어핏은 운동량을 체크하고 맥박과 심장박동 수를 측정하여 실시간으로 운동을 코치하고 관리해 주는 헬스케어 기능을 제공한다. 그 외에도 메시지 및 알람기능, 만보기, 수면관리 및 분석 등의 기능을 제공하는 웨어러블 기기이자 사물인터넷 제품이다.

---

[47] 고바야시 아키히토, IoT 비즈니스 모델 혁명, 김웅수·이두원 역, 앞의 글, 36-37면 참조.

그림 3.38 삼성전자 기어핏[48]

미국 타임지(Time magazine)는 매년 "최고의 발명품 25"를 선정하여 발표하고 있다. "2017년 최고의 발명품 25(2017 25 Best Inventions)"에는 AI 로봇 Jibo, 사물인터넷 컵 Ember mug, 애플 iPhone X, 테슬라 전기자동차 Model 3, VR헤드셋 Oculus Go, 소형드론 DJI Spark, 아기들을 위한 손목밴드 Bempu 등이 선정되었다.

'Ember mug cup'은 스테인레스 재질에 흰색 세라믹이 코팅된 머그컵으로 블루투스로 스마트폰과 연결되며, 앱(app)으로 커피나 차의 온도를 49℃ 내지 63℃의 범위 내에서 정하여 1시간 동안 유지시킬 수 있다(찻잔 모양의 충전접시 위에 얹어 놓으면 무한 시간 그 온도를 유지시킬 수 있다).

전형적인 사물인터넷 기기라 할 수 있으며 머그컵 내에 온도센서, 가열기, 소형 프로세서, 충전장치가 내장되어 있다.

그림 3.39 Ember mug cup[49]

'Bempu'는 태어난 지 얼마 지나지 않은 영아(嬰兒)의 손목에 착용하는 밴드로서, 영아의 체온이 일정 온도 이하로 내려가면 경고음과 함께 오렌지색 불빛을 내는 장치이다. 인도에서 개발되었으며 가격도 $28로 비교적 저렴하다.

다음 작품은 2015년 대학창의발명대회 수상작인 '음성인식 다용도 수납함'이다. 멀티

---

48) 사진 출처: https://www.shutterstock.com.
49) 사진 출처: 필자의 촬영 사진.

박스 수납함에 통신선로를 설치하여, 스마트폰에 원하는 물건명을 터치 또는 음성으로 말하면 원하는 물건이 들어 있는 수납함 위치를 바로 찾아낼 수 있다.

그림 3.40　음성인식 다용도 수납함[50]

아래는 2017년 D2B디자인페어 수상작인 'Pet bowl sensor'이다. Pet bowl에 센서를 달아 사료양과 물의 양을 측정하여 스마트폰 앱으로 주인에게 알려준다.

그림 3.41　Pet bowl sensor[51]

미국 라스베가스에서 열린 2018년 CES 전시회에서 프랑스 스타트업 '이 본'은 노인들의 안전을 책임지는 특수 운동화를 선보였다. 내부에 압력과 중력을 측정하는 센서 및 GPS 센서를 장착하여 고령자가 이 신을 신고 걸어가다가 넘어지는 등 이상 징후가 포착되면 가족이나 친구에게 바로 알림이 간다.

미국 캘리포니아에 기반을 두고 있는 '코쿤 캠'이라는 회사가 개발한 코쿤(곤충의 고치

50) 사진 출처: 대학창의발명대회 홈페이지(http://kipa.org/inventkorea).
51) 사진 출처: D2B 디자인페어 홈페이지(http://www.d2bfair.or.kr).

라는 의미)이라는 제품은, 카메라 '코쿤 캠'으로 신생아의 움직임과 호흡을 상시 관찰해서 부모에게 실시간으로 알려준다. 부모는 스마트폰 앱으로 아기의 움직임을 실시간으로 확인할 수 있다.

6. 발명 창출 프로세스

1. 아이디어 창출 과정

아이디어 창출에서 실행까지의 과정은 통상 아래의 단계를 거치게 된다.

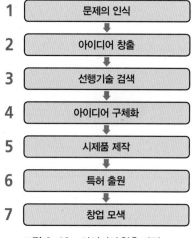

그림 3.42 아이디어 창출 과정

1) 문제의 인식

아이디어 창출 과정에서의 첫 번째 단계는 문제의 인식이다. 이를 위해 주변의 사물과 사건들을 자세하게 들여다보고 관찰하며 사소한 것이라도 기록하는 습관을 갖는 것이 중요하다.

이러한 관찰을 통해 주변의 불편한 점을 찾아내는 문제의 인식이 발명을 위한 첫걸음이다.

예를 들어 아래와 같은 경우가 문제의 인식이라고 할 수 있다.

- 목이 좁은 면티를 옷걸이에 걸려면 면티의 목부분을 잡아당겨 늘여야 하는 불편함이 있다. 이러한 불편함을 해소하기 위하여 목이 좁은 면티를 위한 새로운 옷걸이가 있었으면 좋겠다.

- 많은 시간을 앉아 있는 학생이나 직장인의 경우 허리에 문제가 있는 경우가 많다. 올바른 자세로 앉아 있는지를 시각적으로 알려주는 모형이 있었으면 좋겠다.
- 사용자의 신장이나 사용공간의 광협에 맞추어 착석면의 넓이를 조절할 수 있는 의자가 있으면 편리할 것이다.
- 시각장애인의 경우 시계를 볼 수 없다. 시각장애인들도 시간을 알 수 있는 시계를 만들 수 없을까.

2) 아이디어 창출

발명의 문제에 대한 인식을 하고 나면 이를 해결할 수 있는 아이디어를 생각해 내어야 한다. 약간 엉뚱하더라도 참신하고 개척적인 아이디어를 생각해 볼 필요가 있으며, 대학교에서 배운 공학기술을 활용할 수 있는 아이디어를 내면 더욱 좋다.

아이디어 검색을 해 보면 동일·유사한 아이디어가 존재하는 경우가 많기 때문에 아이디어를 가능한 여러 형태로 생각해 두고 그림으로 그려본다. 이 때 앞서 기재한 아이디어 발상법을 활용하면 좋다.

앞에서 언급한 문제인식과 관련하여 아래와 같이 개략도를 그려 볼 수 있다.

❶ 목이 좁은 면티를 위한 옷걸이

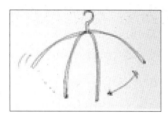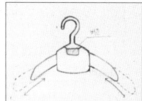

그림 3.43 목이 좁은 면티를 위한 옷걸이 개략도

❷ 착석면의 넓이 조절이 가능한 의자

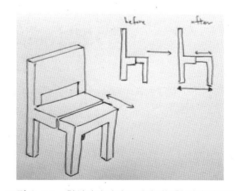

그림 3.44 착석면의 넓이 조절이 가능한 의자 개략도

❸ 자세모사 모형

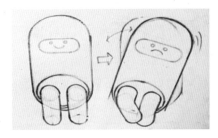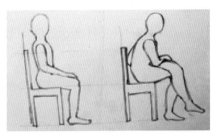

그림 3.45 자세모사 모형 개략도

3) **특허정보 검색**(선행기술검색)

창출한 아이디어에 대하여 이미 공개된 선행기술이 있는지를 찾는 것을 말한다. 선행기술 검색은 한국특허정보원의 무료 검색사이트인 키프리스(www.kipris.co.kr)를 통해 실시한다.

경험상 키프리스 검색을 해보면, 어렵게 생각해낸 아이디어의 70~80%는 이미 키프리스에 동일·유사한 아이디어로 공지되어 있음을 확인할 수 있다.

선행기술 검색을 하는 목적은 동일한 발명이 있는지를 검색하는 목적도 있지만, 동일분야의 선행기술 검색을 통하여 나의 아이디어를 개량하고 구체화하는 데 도움을 받을 수 있다.

따라서 이미 유사한 아이디어가 존재한다고 하여 포기해야만 하는 것은 아니다. 유사한 선행기술들을 검토하여 회피설계를 통해 새롭고 유용한 개량발명을 창출할 수 있는지 연구해 볼 필요가 있다.[52]

아래는 '착석면의 넓이 조절이 가능한 의자'와 관련된 선행기술을 키프리스에서 검색한 결과이다.

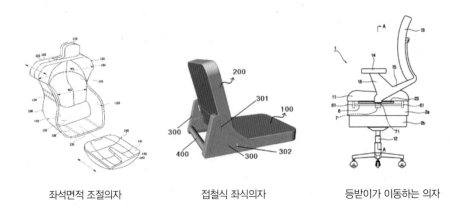

좌석면적 조절의자   접철식 좌식의자   등받이가 이동하는 의자

그림 3.46 넓이 조절이 가능한 의자 선행기술 도면(출처: 키프리스)

---

[52] 선행기술 검색에 대한 구체적인 내용은 4장을 참고할 것.

그림 3.46의 선행기술 중 '접철식 좌식의자'로부터 본 발명(착석면의 넓이 조절이 가능한 의자)에서 운반과 보관에 편리하도록 등받이와 의자를 접철식으로 하는 구성을 추가하는 개량발명 아이디어를 도출해 낼 수 있다.

4) 아이디어 구체화

아이디어를 선택하고 나면 이를 문서 및 도면으로 구체화하는 것이 필요하다. 먼저 아래와 같이 각 구성요소들과 한정사항을 특정하여 표를 만들어 본다.

아래는 '착석면의 넓이 조절이 가능한 다단 의자'에 대한 구성요소, 한정사항 및 선행기술과의 대비결과를 정리한 표이다.

표 3.2 다단 의자 구성요소 및 선행기술 대비표

주 구성요소		부구성요소	한정사항
A	시트	a1: 전면시트부 a2: 중간시트부 a3: 후면시트부 a4: 힌지(경첩)	– 다단의 시트부를 겹치거나 빼내어 시트의 길이를 조정 – 힌지는 시트와 등받이의 연결부에 위치하여, 등받이를 시트에 포갤 수 있도록 형성
B	등받이		
C	다리	c1: 앞다리 c2: 뒷다리 c3: 힌지(경첩)	– 힌지는 다리와 시트의 연결부에 형성되어, 다리를 시트에 포갤 수 있도록 형성
선행기술과의 대비 결과			– 시트, 등받이 및 다리(A + B + C)로 구성된 의자는 공지 – 다단의 시트부를 겹치거나 빼내어 시트의 길이를 조절하는 구성은 신규함 – 선행문헌(접철식 좌식의자)을 참작하여 등받이, 다리 및 시트 연결부에 '힌지'를 형성하여 등받이 및 다리를 시트에 접철식으로 접는 개량발명 아이디어 도출(아래 오른쪽 도면) 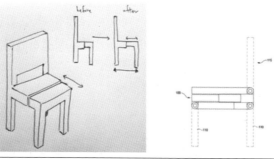

다음으로 발명 아이디어를 구체화하고 향후 시제품 제작을 위하여 발명을 2D 또는 3D 도면으로 작성한다.

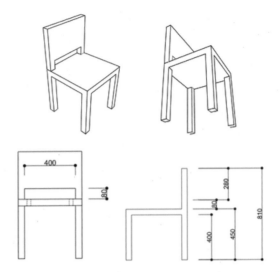

그림 3.47 착석면의 넓이 조절이 가능한 다단 의자 2D · 3D 도면

5) 시제품 제작

아이디어가 확정되고 나면, 시제품을 제작한다. 아이디어의 특성상 실물 제작이 어렵다면 축소판을 제작하거나, 이마저도 어렵다면 3D 모델링을 해 본다. 시제품을 제작해 보면 실제 계획했던 아이디어대로 제품이 만들어지는지를 살펴볼 수 있다.

2. 아이디어 예시

다음은 수업에서 창출한 아이디어의 일부이다.

아래 발명은 사용자의 신장에 맞추거나 또는 공간의 광협에 따라 착석면의 넓이를 조절할 수 있는 '착석면의 넓이 조절이 가능한 다단 접철식 의자'이다.

착석자가 손으로 쉽게 넓이 조절을 할 수 있도록 착석면 안쪽에 손잡이를 두고, 착석면의 후면부에 공기배출용 기공을 형성하였다.

흡입 배출용 기공

그림 3.48 착석면의 넓이조절이 가능한 다단 접철식 의자

다음 발명은 도서관 또는 서점에서 자동으로 책을 받고 반납하는 '무인 도서관 시스템'에 관한 발명이다. 이 발명은 접수대의 컴퓨터에 대출하고자 하는 책에 관한 정보를 입력하면, 자동으로 대출하고자 하는 책이 서가 주변에 설치된 레일을 거쳐 접수대로 이송되도록 하는 것을 특징으로 한다.

파손 방지를 위해 모든 책은 종이나 플라스틱 재질의 얇은 박스에 담겨지고, 책을 밀어 레일 위로 보내는 푸쉬바가 서가에 설치된다.

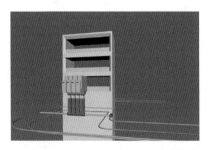

그림 3.49 무인 도서관 시스템의 개념도

아래 발명은 유치원 학생들의 음악교육을 돕기 위한 '스마트 실로폰'에 관한 발명이다.

컴퓨터에서 이미지로 된 악보를 찾아 이를 이미지 프로세싱 소프트웨어를 활용하여 전자신호로 변경한 후, ㉠ 아두이노를 통해 서보모터를 작동시켜 실로폰에서 자동적으로 음악이 연주되게 하거나, ㉡ 라즈베리파이를 통해 실로폰의 각 음계마다 설치된 LED 등이 음악에 따라 점등되게 하고 유치원 학생들이 따라 칠 수 있도록 한 발명이다.

이 발명은 실제 유치원생들에게 시연하여 좋은 반응을 얻었으나, 소형화·제품화 단계까지 이르지는 못하였다.

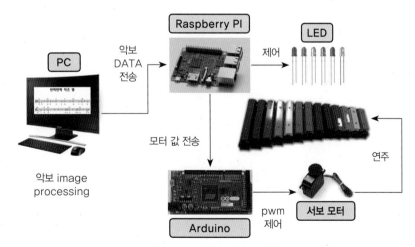

그림 3.50 스마트 실로폰 개념도

다음 발명은 사용자가 앉는 시트 하단에 설치된 센서를 통해 사용자의 앉은 자세를 인식하고, 라즈베리파이를 이용하여 블루투스로 센서값을 받아 자세를 판별한 후, ㉠ 판별된 자세상태를 시각적으로 모형물이 모사하며, ㉡ 스마트폰의 앱화면으로 상세한 자세정보를 사용자에게 제공하는 자세인식 제어 시스템에 관한 발명이다. 이 발명은 현재 실용화가 진행 중이다.

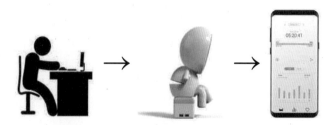

그림 3.51 자세모사 유형물 및 자세인식 제어 시스템

다음 발명은 자동 수평조절 및 원격 촬영 각도 조정이 가능한 삼각대에 관한 것이다.

본 발명은 영상 또는 사진을 촬영함에 있어서, 바닥면이 고르지 못하더라도 카메라를 수평으로 유지하는 자동 수평조절 기능을 갖추고, 리모컨 또는 스마트폰 등 통신기기를 사용하여 원격으로 카메라의 촬영 각도를 조정할 수 있는 자동 수평조절 및 촬영 각도 조정이 가능한 삼각대에 관한 것이다.

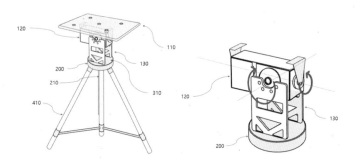

그림 3.52 자동수평조절 및 원격 촬영각도 조정이 가능한 삼각대

3. 특허출원

특허출원을 위해서 실물 모형(시제품)이나 시제품의 제작이 반드시 필요한 것은 아니다. 도면과 아이디어에 대한 구체적 내용만 있으면 특허출원은 가능하다.

특허출원, 명세서 작성 및 전자출원에 대한 구체적인 사항은 6장에서 설명한다.

01 당신이 어떤 큰 홀에 갇혀 있다고 가정하자. 홀에는 100개의 문이 있고, 각 문마다 열릴 확률은 1%이고 닫혀 있을 확률은 99%이다. 당신은 그 홀에서 빨리 벗어나고 싶다. 당신이 갇혀 있는 홀을 벗어날 확률은 얼마인가?

02 요즈음의 현대인들은 잠시도 스마트폰을 손에서 놓지 못하는 스마트폰 중독에 걸린 경우가 많다. 대학생의 경우에도 수업 중에 스마트폰을 수시로 확인하는 경우를 자주 보게 된다. 브레인스토밍을 이용하여 현대인의 스마트폰 중독을 해소할 수 있는 아이디어를 생각해 보라.

03 주물품 가공 공장에는 주조된 부품의 표면을 연마하기 위하여 주물품의 표면에 모래를 고속으로 분사하여 가공하는 샌드블라스트 공정이 있다. 그런데 분사된 연마용 모래가 부품의 틈새에 끼는 문제가 발생하였다. 이 문제를 해결하기 위한 모순관계와 해결책을 찾아보라.

04 어느 회사가 내구성이 강한 금속재료를 개발하여 이 재료가 산(acid)에 얼마나 잘 견디는지를 실험하고자 한다. 아래 그림과 같이 금속으로 만들어진 용기에 산과 금속재료를 넣어 실험을 하였는데, 실험조건인 너무 강한 산성으로 인해 용기 자체가 부식되어 그 용기를 자주 바꾸어 주어야 하는 문제가 발생하였다. 어떻게 하면 이 문제를 해결할 수 있을까?

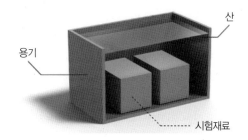

05 사물인터넷 시대를 맞아 주변의 사물들이 유무선 네트워크로 연결되는 사물인터넷(Internet of Things; IoT)이 급속히 확산되고 있다. 예를 들면 'Ember mug cup'은 머그컵 내에 온도센서, 가

열기, 소형 프로세서, 블루투스 모듈 등이 내장되며 스마트폰에 설치된 앱(app)으로 커피나 차의 온도를 맞춰 놓으면 일정 시간 그 온도가 유지된다. 우리 주변에 스마트폰으로 연결하여 활용할 수 있는 사물인터넷 제품은 어떤 것이 있을까 생각해 보라.

06 다음 중 창의력 사고에 대한 설명으로 옳지 않은 것은?

❶ 창의성(creativity)이란 "새롭고 유용한 것을 창작해낼 수 있는 능력"을 의미한다.

❷ 창의성이란 주로 선천적으로 타고나는 것으로서, 후천적으로 개발하기는 매우 어렵다.

❸ 확산적 사고기법(divergent thinking)은 주어진 문제에 대하여 답을 정하지 않고 열린 마음으로 다양한 아이디어를 창출해내는 기법으로서, 브레인스토밍, 브레인라이팅, 스캠퍼(scamper), 체크리스트법, 속성열거법, 강제결합법 등이 있다.

❹ 수렴적 사고법(convergent thinking)은 이미 생성된 아이디어나 정보를 다양한 기법을 통해 분석하여 가장 효과적인 대안을 찾아내는 기법으로서, 역브레인스토밍, 히트기법, 하이라이팅 기법, 평가행렬 기법, 쌍비교분석 기법, PMI(plus, minus, interesting) 기법 등이 있다.

❺ 트리즈(TRIZ)에서 특허 수십만 건을 조사해 본 결과, '진정 새롭다'고 할 만한 발명은 2%에 불과하고, 나머지 98%는 개량발명이었다고 한다. 결국 창의성이란 무에서 유를 창출하는 것이 아니라, 남들이 무심코 지나친 것을 새롭게 해석하여 새로운 의미나 가치를 부여하는 것이라고 할 수 있다.

07 다음 중 트리즈 기법과 관련이 없는 것은?

❶ 난쟁이 이론　　　　　　　　　　　❷ 히트 기법
❸ 물질-장 분석 및 76가지 표준해　　　❹ 모순행렬표
❺ 기술시스템 진화 법칙

08 창의적 문제해결 방법론인 트리즈(TRIZ)에 대한 다음 설명 중에서 옳지 않은 것은?

❶ 트리즈는 모순, 이상해결책, 자원의 세 가지를 기본 개념으로 한다.

❷ 알츠슐러(Altshuller)는 창의적 특허들을 분석해 본 결과 '모순'(contradiction)을 극복하고 있다는 공통점을 발견하였으며, 모순에는 기술적 모순과 물리적 모순이 있다.

❸ 트리즈에서 기술적 모순을 극복하기 위한 원리는 '40가지 발명원리'이며, 물리적 모순을 극복하기 위한 원리가 '분리의 원리'이다.

❹ 트리즈는 모순을 해결하기 위한 도구로 모순행렬, 물질-장 모델링을 통한 76가지 표준해결책, ARIZ 등을 제시하였는데, ARIZ는 트리즈와는 별개의 발명창출기법이다.

❺ 시스템의 최소 단위를 물질과 장으로 구성된다고 정의하고 이를 분석하는 것을 물질-장 분석이라고 한다.

09 다음 ASIT(Advanced Systematic Inventive Thinking)에 관한 설명 중 옳지 않은 것은?

❶ ASIT는 트리즈의 모순행렬표, 40가지 문제해결 원리, 그리고 이상적인 해결책을 2개의 조건(닫힌 세계의 조건, 질적 변화의 조건)과 5가지 문제해결기법으로 단순화하였다.

❷ ASIT의 닫힌 세계의 조건(Closed World; CW)이란 문제의 세계에 없었던 새로운 요소를 해결의 세계에 추가하지 말라는 것이다. 즉 외부자원을 활용하지 말고 기존의 가용자원으로 문제를 해결하라는 것이다.

❸ ASIT의 5가지 문제해결기법은 복제(multiplication), 대칭파괴(breaking symmetry), 분할(division), 제거(removal), 결합(combination)이다.

❹ ASIT의 질적변화의 조건(Qualitative Change ; QC)은 원하지 않는 결과(undesired effect)와 악화요인(worsening factor) 사이의 관계가 창의적 해결책에 의해 본질적으로 변해야 한다는 것이다.

❺ ASIT는 트리즈가 창의적 문제해결을 위한 강력한 도구이기는 하지만, 배우고 익히기에 시간이 많이 소요되는 문제점을 개선하기 위하여 이스라엘 출신의 로니 호로위쯔(Roni Horowitz) 박사가 개발한 기법이다.

10 아이디어 창출과정에 대한 다음 설명 중 맞지 않는 것은?

❶ 아이디어 창출과정을 통해 만들어진 아이디어를 특허출원하기 위해서는 통상 발명의 시제품 또는 모형이 필요하다.

❷ 아이디어 창출과정은 통상 문제의 인식→아이디어 창출→선행기술 검색→아이디어 구체화→시제품 제작→특허출원의 과정을 거친다.

❸ 아이디어 창출은 약간 엉뚱하더라도 참신하고 개척적인 아이디어를 생각해 볼 필요가 있으며, 대학교에서 배운 공학기술을 활용할 수 있는 아이디어를 내면 더욱 좋다.

❹ 창출된 아이디어에 대하여 키프리스로 선행기술 검색을 하여 보면 동일·유사한 선행기술이 이미 있는 경우가 많으므로, 가능한 다양한 형태의 아이디어를 생각해 두는 것이 좋다.

❺ 키프리스로 선행기술 검색을 통하여 발견한 선행기술을 통하여 나의 아이디어를 개량하거나 구체화하는 데 도움을 받을 수 있다.

Creation and Utilization of
INVENTION AND PATENT

04 특허정보검색

1. 특허정보검색 개요

1. 특허정보검색의 의의

특허정보란 전 세계 특허청에서 발행하는 공개공보와 등록공보에 기재되어 있는 정보를 말한다. 전 세계에서 연간 출원되는 특허건수가 3백만 건에 이르고, 특허출원서 및 명세서에 기재된 내용 대부분이 특허공보에 수록되기 때문에 특허정보는 그 자료가 매우 방대하다.[1]

그러나 우리나라를 비롯하여 미국, 일본, 유럽 등의 특허청은 무료 특허정보 검색DB를 온라인으로 제공하고 있으므로, 누구라도 인터넷을 통해 국내외 특허정보를 쉽게 검색할 수 있다.

특허정보검색은 통상 특정 아이디어에 대한 선행기술검색과 동의어로 사용되는 경우가 많다. 그러나 광의의 특허정보검색은 선행기술검색 외에 특정 기술분야 전체의 특허정보를 검색·분석하는 특허정보분석(특허맵)을 함께 이르는 용어이다.[2]

특허정보 검색은 공개된 특허정보만을 대상으로 한다는 점에서 유의하여야 한다. 특허출원 후 1년 6개월이 지나지 않은 특허문헌이나 특허출원되지 않은 기술문헌은 특허정보 검색DB에 수록되지 않는다. 따라서 특허정보 검색은 매우 유용하지만 완벽하지는 않다.

---

[1] 전세계 대부분의 과학기술 정보는 특허정보로 공개되므로, 특허정보 검색만으로 대부분의 최신기술 정보 파악이 가능하다.
[2] 특허정보분석에 관해서는 5장에서 기술한다.

특허정보 검색을 특허정보원, 윕스 등 선행기술조사기관이나 특허사무소에 비용을 들여 의뢰할 수도 있지만, 특허정보 검색DB의 활용방법만 제대로 숙지한다면 개인적으로도 충분히 필요한 수준의 검색이 가능하다.

2. 특허공보의 기재내용

특허공보에는 출원인이 특허출원을 하면서 제출한 출원서, 명세서 및 요약서에 기재된 내용뿐 아니라, 공보국가, 공보종류, 출원일자 및 출원번호, 공개일자 및 공개번호, 특허분류, 발명자, 대리인, 우선권 주장 등 다양한 서지적 정보가 기재되어 있다.

이러한 각 서지사항의 앞에는 아라비아 숫자로 된 번호가 기재되어 있다.[3] 동일한 서지사항에 대해서는 원칙적으로 동일한 번호(코드)가 부여되도록 전 세계적으로 통일되어 있는데, 이를 INID(Internationally Agreed Numbers for the Identification of Data) 코드라 한다. INID 코드에 의해 언어가 다르더라도 서지사항을 쉽게 식별할 수 있다.

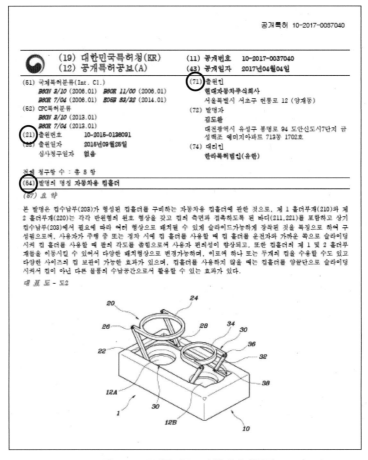

그림 4.1 공개특허공보의 첫 페이지(한국)

---

[3] 예를 들어 출원번호는 21, 발명의 명칭은 54, 출원인은 71이다.

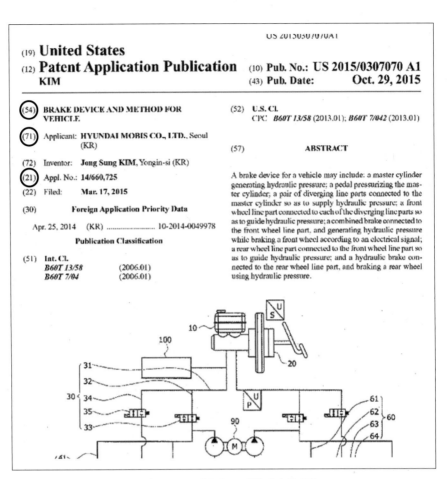

(19) **United States**

(12) **Patent Application Publication** (10) Pub. No.: **US 2015/0307070 A1**
KIM (43) Pub. Date: **Oct. 29, 2015**

US 2015030 7070A1

(54) **BRAKE DEVICE AND METHOD FOR VEHICLE**

(71) Applicant: **HYUNDAI MOBIS CO., LTD.**, Seoul (KR)

(72) Inventor: **Jong Sung KIM**, Yongin-si (KR)

(21) Appl. No.: **14/660,725**

(22) Filed: **Mar. 17, 2015**

(30) **Foreign Application Priority Data**

Apr. 25, 2014 (KR) 10-2014-0049978

Publication Classification

(51) Int. Cl.
B60T 13/58 (2006.01)
B60T 7/04 (2006.01)

(52) **U.S. Cl.**
CPC: *B60T 13/58* (2013.01); *B60T 7/042* (2013.01)

(57) **ABSTRACT**

A brake device for a vehicle may include: a master cylinder generating hydraulic pressure; a pedal pressurizing the master cylinder; a pair of diverging line parts connected to the master cylinder so as to supply hydraulic pressure; a front wheel line part connected to each of the diverging line parts so as to guide hydraulic pressure; a combined brake connected to the front wheel line part, and generating hydraulic pressure while braking a front wheel according to an electrical signal; a rear wheel line part connected to the front wheel line part so as to guide hydraulic pressure; and a hydraulic brake connected to the rear wheel line part, and braking a rear wheel using hydraulic pressure.

그림 4.2 공개특허공보의 첫 페이지(미국)

3.   특허분류

특허분류는 기술을 세분화한 기술분류 도구로서, 선행기술검색, 통계정보 추출 등 여러 용도로 사용된다.[4] 대표적인 것이 IPC로 통칭하는 국제특허분류로서 전 세계에서 공통으로 사용된다.

기타 특허분류로는 CPC, FI, F-term, USPC 등이 있다.

1) 국제특허분류

IPC(IPC; International Patent Classification)는 국제특허 분류에 관한 Strasbourg Agreement(1971)에 의해 제정되어 전 세계 대부분의 국가에서 사용되고 있다. 세계지식재산권기구(WIPO)에 의해 수년마다 개정되어 새로운 버전(version)이 발행된다.

---

[4] 특허와 실용신안은 동일한 분류체계를 사용한다. 디자인 및 상표는 각각 별도의 분류체계를 갖고 있다.

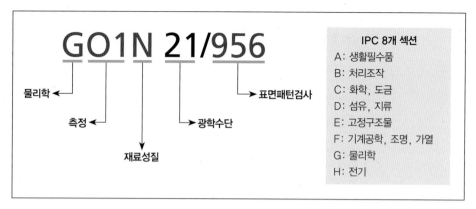

그림 4.3 IPC의 예

IPC는 모든 기술을 7만여 개의 세분류로 나눈 것으로, 모든 특허출원은 IPC 코드가 부여되며 이 코드에 따라 관련 기술분야의 심사관이 결정된다. IPC는 특허검색에도 많이 사용되기 때문에 알아 두어야 한다.

IPC는 기술분야에 따라 8개 섹션으로 나뉘고, 섹션 → 클래스 → 서브클래스 → 메인그룹 → 서브그룹의 계층구조를 갖는다. 그룹 단계에서는 도트의 수에 의해 상하위 그룹 관계를 파악하여 이해해야 한다.

아래 A01B 그룹에서 하위그룹인 A01B 1/18의 제목은 부집게 모양의 도구이지만 그 상위그룹인 A01B 1/16의 제목을 고려하면, 잡초뽑기용 부집게 모양의 도구로 읽어야 한다.

A01B 1/00	수(手) 작업구(잔디 끝부분을 베어내는 기구 A01G 3/06
A01B 1/02	・ 가래; 삽
A01B 1/04	・・ 이(齒)가 있는 것
A01B 1/06	・ 괭이(hoe); 수동경작기(hand cultivator)
A01B 1/08	・・ 한 개의 날이 있는 것
A01B 1/10	・・ 두 개 이상의 날이 있는 것
A01B 1/12	・・ 이(齒)가 있는 날이 있는 것
A01B 1/14	・・ 이(齒)만 있는 것
A01B 1/16	・ 잡초 뽑아내는 기구
A01B 1/18	・・ 부집게 모양의 도구

특허분류는 2가지 원칙에 의하여 분류할 수 있다. 첫째는 같은 기술적 과제를 해결하는 유사한 해결방법을 한 그룹으로 묶을 수 있는데, 이를 기능지향분류라 한다.

둘째는 해당 산업기술에 따라 분류할 수 있는데(예: 섬유기술) 이를 응용지향분류라 한다. IPC는 주로 기능지향분류를 채택하고 있지만, 실질적으로는 두 가지 분류방식을 모두 채용하고 있다.

이러한 이유로 분류하는 사람에 따라 IPC가 달라질 수 있기 때문에 기술적 특징이 기능과 응용 모두에 관련된 것이면, 기능지향분류와 응용지향분류를 모두 확인할 필요가 있다.

2) USPC

미국특허분류코드(USPC; United States Patent Classification)는 IPC코드 제정 이전부터 미국에서 자체적으로 사용해 오던 특허분류로서 IPC와는 전혀 다른 분류체계이다. USPC는 통상 클래스 3자리와 서브클래스 3자리로 구성된다(예: 297 /135).

3) ECLA

유럽특허분류(ECLA; European Patent Classification)는 유럽특허청(EPO)이 IPC의 서브그룹 이하를 더 세분화하여 만든 분류체계로서 IPC에 비하여 2배에 이르는 세분류를 갖고 있다(예: B65D81/20B2A).

4) CPC

CPC(Cooperative Patent Classification)는 유럽특허청과 미국특허청(USPTO)이 협력하여 개발한 새로운 특허분류체계로서 2013년부터 사용되기 시작하였다. 유럽특허분류(ECLA)를 기반으로 개발되었으며 분류개소가 26만 개에 이른다.

우리나라는 2015년부터 CPC가 전면 도입되어 IPC와 함께 사용되고 있다. CPC의 기본 구조는 유럽특허분류(ECLA) 기호의 사선(/) 뒤를 숫자 6자리 이내로 표기한 것이다(예: H01L21/02718).

5) FI

FI(File Index)는 IPC를 기반으로 더 세분화한 일본의 독자적인 분류체계로서, 특정 분류개소에 특허문헌이 집중되는 것을 해소하기 위한 것이다.

FI는 IPC의 기본구조에 전개기호(숫자 3자리)와 분책식별기호(영문자 1자리)를 부여하여 분류한다(예: G06F9/30 349Z).

6) F-term

F-term(File Forming Term)은 FI의 일부분을 다각적 관점(목적, 용도, 구조, 재료, 제법, 처리조작방법, 제어수단 등)에서 분류한 코드이다. 따라서 하나의 특허문헌에 대하여 여러 개의 F-term이 부여될 수 있으며, 집합연산을 통해 검색의 용이성과 정확성을 높일 수 있다.

F-term은 9바이트의 코드로 구성되며, 그중 처음 다섯 자리는 기술 주제인 테마코드를 나타내고 나머지 4자리는 분류관점에 따른 팀코드를 나타낸다(예: 2C001AA06).

표 4.1 F-term 9바이트 코드 예

테마코드(5바이트)	팀코드(4바이트)	
	분류관점(영문 2바이트)	기술적 관점(숫자 2바이트)
2C001	AA	06
전자게임기	게임 내용	사격 게임

4. 검색시스템과 검색연산자

1) 검색시스템

검색시스템(검색 DB)은 특허정보검색을 제공하는 데이터베이스를 말한다. 우리나라를 비롯하여 미국, 일본, 유럽 등 주요 특허청들은 각 특허청마다 무료 특허검색 시스템을 개발하여 공개하고 있다.

표 4.2 주요 특허검색 시스템

구분	DB명(국가)	URL	주요 제공정보
무료	kipris(KR)	www.kipris.or.kr	한국 및 해외특허
	USPTO(US)	patft.uspto.gov	미국특허
	J-PlatPat(JP)	https://www.j-platpat.inpit.go.jp	일본특허
	Espacenet(EP)	https://worldwide.espacenet.com	전세계특허(초록)
	SIPO(CN)	www.sipo.gov.cn	중국특허
	Google patent(US)	www.google.com/advanced_patent_search	미국, 유럽, PCT, 일본, 중국, 한국 등
유료	WIPS(KR)	www.wipson.com	한, 미, 일, 유럽, 중국, PCT 등
	FOCUST(US)	www.wisdomain.com	한, 미, 일, 유럽, 중국, PCT 등

2) 검색연산자

검색연산자란 검색에 사용하는 키워드를 어떻게 연결할 것인지를 표시하는 연산자를 말한다. 검색연산자는 AND, OR, NOT, NEAR, " ", ( ), 절단연산자 등이 있으며, 통상 AND, OR, ( ) 연산자가 가장 많이 사용되고, NOT 연산자는 별로 사용되지 않는다.

AND
A와 B가 동시에 존재하는 문헌 검색

OR
A 또는 B가 존재하는 문헌 검색

NOT
A는 존재하나 B는 없는 문헌 검색

A NEAR B
A와 B가 인접해 있는 문헌 검색

"A B"
(구문검색)
A와 B를 하나의 단어로 하여 문헌 검색

(A OR B) AND C
(우선검색)
A와 B 검색을 C에 우선하여 문헌 검색

연산자의 표시는 검색시스템마다 차이가 있는데, 키프리스에서는 AND 연산자는 *, OR 연산자는 +, NOT 연산자는 !, NEAR(인접) 연산자로는 ^를 쓰며, 구문연산자 " " 및 우선연산자 ( )은 그대로 사용된다. 키프리스에는 절단연산자[5]의 기능이 없다.

DB별 검색연산자는 다음과 같다.

표 4.3 주요 DB별 검색연산자

	AND	OR	NOT	인접 연산자	절단 연산자	구문 검색	디폴트[6] 검색
kipris	*	+	!	^[n]	–	" "	AND
J-Platpat	*	+	–	–	–	" "	–
USPTO	AND	OR	ANDNOT	–	$	" "	–
EPO	AND	OR	NOT	–	*, ?	" "	AND
WIPSON	AND	OR	NOT	ADJ[n] NEAR[n]	*, ?	" "	OR
WISDOMAIN	AND (&)	OR (|)	NOT	N/n, W/n O/n, C/n	*, ?	" "	AND

5. 선행기술 검색 순서

특허정보 검색은 다음과 같은 순서를 밟는다.

---

[5] 절단연산자는 단어의 후방에 사용되며 그 단어의 뒤에 어떤 글자가 있던지 모두 찾아 준다. 예를 들어 커피라는 단어의 후방에 절단연산자를 사용하여 '커피*'와 같이 검색하면, 커피컵, 커피통, 커피머신, 커피추출물 등이 모두 검색된다. 한편 절단연산자 '?'은 정확히 한 단어만을 대신한다. 즉 '커피?'를 검색하면, 커피컵, 커피통 등만 검색된다.

[6] 연산자를 사용하지 않고 단어와 단어 사이를 한 칸 띄었을 때를 말한다.

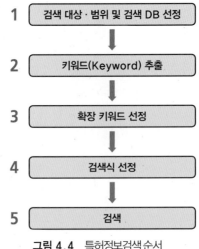

그림 4.4   특허정보검색 순서

1) 검색계획 수립

검색할 기술을 정한 후, 검색DB, 검색국가 등을 선정하는 것을 말한다.

표 4.4   검색대상기술 · 검색DB 및 검색국가

내용	예시
검색대상 기술	크기조절이 가능한 자동차용 컵홀더
검색 DB	키프리스
검색국가	한국, 일본, 미국, 유럽, 중국

2) 키워드 추출

키워드(keyword)는 해당 특허기술을 가장 잘 나타내는 핵심적 기술용어 또는 어구로서, 그 발명을 찾을 때 빼놓을 수 없는 필수 구성요소나 기술적 주제어를 말한다.

● 자동차 컵홀더에 관한 기술을 찾고자 할 때의 키워드는

  - 자동차와 컵홀더

● 포도와 딸기로 만들어진 와인에 관한 기술을 찾을 때 키워드는

  - 포도, 딸기 및 와인

3) 확장 키워드 선정

확장키워드(keyword)는 선정된 각 키워드의 유의어 또는 유사어로서 해당 기술분야에서 그 키워드 대신 사용될 수 있는 용어를 말한다. 예를 들어 자동차의 컵홀더에 관한 기술은 아래와 같이 확장키워드를 선정할 수 있다.

- 자동차에 대한 확장키워드는
  - 자동차, 차, 차량, 카, 오토, car, auto, automobile, 운송수단, 이동수단 등
- 컵홀더에 대한 확장키워드는
  - 컵홀더, 컵받침, 컵보드, 컵고정, cupholder 등이다.

확장키워드 선정에 있어서는 표현상의 차이와 표기상의 차이에 유의하여야 한다.

(1) 키워드 표현상의 차이

키워드가 다양한 용어로 표현될 수 있음을 의미하며, 유사어 또는 유의어를 말한다. 약자, 접두어 및 외래어 표현에도 유의할 필요가 있다.

- 예를 들어 키워드가 '휴대폰'일 때 "휴대전화, 이동전화, 스마트 폰, 핸드폰, 무선전화, 모바일폰, 셀룰러폰, 휴대단말, 이동단말, PCS, PHS" 등이 유사어 또는 유의어에 해당한다.

(2) 키워드 표기상의 차이

동일한 용어가 다양하게 표현될 수 있음을 의미한다. 아래와 같은 경우가 이에 해당한다.

- 키워드가 '모터'일 때, "모타, 모우타, 모우터, 모오타, 모어터"
- 단어의 단수, 복수, 변화형, 하이픈(-)의 유무 등
  - Ion Exchange vs. Ion-exchange
- 미국식 표현과 영국식 표현의 차이
  - Center(미국식) vs. Centre(영국식)
- 의도적인 오류나 띄어쓰기의 차이 등

4) 검색식 작성

검색식 작성은 키워드 및 확장키워드를 연산자로 묶어 검색시스템에 입력할 검색식을 만드는 것을 말한다. 검색식 작성 시 가장 중요한 것은 키워드 사이는 반드시 AND(키프리스에서 *), 확장키워드 끼리는 반드시 OR(키프리스에서는 +)로 연결하고 우선연산자 ( )로 묶어 주어야 한다는 것이다.

예를 들어 자동차의 컵홀더에 관한 기술을 키프리스에서 찾고자 할 때 검색식은 (자동차+차+차량+카+오토+automobile+auto+운송수단+이동수단)*(컵홀더+컵받침+컵+고정+컵보드+cupholder)가 된다.

5) 검색DB로 검색 실시

사용할 검색DB에 맞는 검색식이 만들어지면 검색식을 검색창의 원하는 검색항목에 입

력하여 검색한다. 검색은 키워드 검색, 번호검색 및 기타 서지사항 검색으로 나눌 수 있다.

(1) 키워드 검색

① 키워드 검색은 찾고자 하는 발명의 키워드와 확장키워드 및 연산자의 조합으로 이루어진 검색식을 검색항목에 입력하여 선행기술을 검색하는 것을 말한다.

검색항목은 검색DB에 따라 다소 차이가 있는데, 키프리스는 키워드 검색에 대해서 자유검색(명세서 전문), 발명의 명칭, 초록(요약서), 청구범위의 검색항목을 갖고 있다.

검색항목의 각 명칭이 의미하듯이 자유검색은 명세서를 포함한 문헌 전체에서, 초록은 초록(요약서)에서 검색하는 것이며, 발명의 명칭과 청구범위 검색항목도 이와 같다.

따라서 검색항목에 검색식을 넣어 도출되는 선행문헌의 숫자는 발명의 명칭 << 초록/청구범위 << 전문의 순서로 현저하게 많아진다.

② 통상 전문에서 검색하면 검색결과가 너무 많이 나오기 때문에 초록 또는 청구범위 검색항목에서 검색한다.[7] 유료 검색DB인 윕스온과 위즈도메인은 "발명의 명칭, 초록 및 청구범위"를 묶은 검색항목을 제공하고 있다. 키프리스에서도 발명의 명칭, 초록 및 청구범위 검색항목 각각에 동일한 검색식을 입력한 후 "OR"로 묶어 함께 검색할 수 있다.

초록이나 청구범위 검색항목에서 검색된 문헌의 수가 너무 적은 경우에는 전문에서 검색한다.

③ 한편 검색된 문헌수가 너무 많은 경우에는 ㉠ 키워드를 추가하여 검색하거나, ㉡ 찾고자 하는 기술의 IPC를 찾아 IPC 검색항목에 IPC를 추가하여 검색한다.

IPC는 검색DB나 특허청 사이트에서 IPC검색으로 찾을 수도 있으나, 검색된 문헌 수십 건의 내용을 읽어 보고 찾고자 하는 문헌들의 IPC를 확인하는 것이 편리하다.[8]

통상 검색결과에는 찾고자 하는 선행기술과는 관계가 없는 불필요한 문헌(노이즈라고 한다)이 다수 포함되어 있다. 검색된 문헌 수가 수백 건 정도라면 검색 문헌수를 더 줄이려 하지 말고, 발명의 명칭, 요약서 및 청구범위를 확인하며 찾고자 하는 문헌을 선별한다.

---

[7] 청구범위는 명세서에 기재된 사항 중 보호를 받고자 하는 사항만을 기재하므로 구성을 위주로 작성되는데 대하여, 요약서는 통상 발명의 목적과 작용효과도 기재된다는 점에서 차이가 있다.

[8] IPC를 이용한 검색은 검색결과 도출된 문헌이 너무 많은 경우에만 활용하는 것은 아니고, 키워드·확장키워드가 부정확할 수 있기 때문에 키워드 검색과 병용하여 사용하는 경우도 많다. 다만, IPC도 부여하는 사람에 따라 차이가 있을 수 있고, 새로운 버전이 나올 때 부분적으로 변경될 수 있음에 유의할 필요가 있다.

(2) 번호검색

번호검색은 검색창의 출원번호, 공개번호, 등록번호 등의 검색항목에 해당 출원번호, 공개번호, 등록번호 등을 입력하여 검색하는 것을 말한다.

번호검색을 위해 검색항목에 입력하는 번호는 검색DB에서 정한 일정한 형식에 맞추어 입력하여야 한다. 출원번호·공개번호라면 "특실구분기호+연도4자리+번호7자리"로서 13자리의 숫자를 입력한다. 등록(특허)번호는 연도와 관계가 없으므로 "특실구분기호+번호7자리"로서 9자리의 숫자를 입력한다. 특실구분기호는 특허의 경우 10, 실용신안의 경우 20이다.

(3) 서지사항 검색

출원인, 대리인, 발명자, 특허(등록)권자 등의 인명정보를 비롯한 각종 서지사항을 해당 검색항목에 입력하여 검색할 수 있다. 출원인이나 특허권자는 그 명칭이 변경되었거나 다른 형태로 표현될 수 있다는 점에 유의할 필요가 있다.

또한 출원일자, 공개일자, 등록일자 등 일자를 제한하여 검색할 수 있다. 예를 들어 2001년에 공개된 문헌만 찾고자 하는 경우에는 공개일자 검색항목에 "20010101~20011231"과 같이 입력하여 검색한다.

2. 키프리스 검색

1. 키프리스 검색의 특징

키프리스는 특허청 산하 한국특허정보원에서 제공하고 있는 무료 특허정보DB로서, 인터넷 검색창에서 '키프리스' 또는 'kipris'를 치면 키프리스 홈페이지를 찾을 수 있다.

키프리스에서 국내 특허·실용신안, 디자인, 상표, 해외특허, 해외디자인 및 심판정보까지 검색이 가능하다.

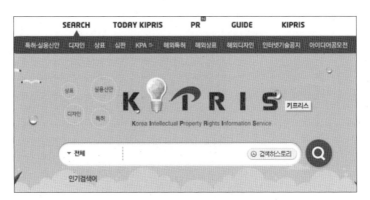

그림 4.5 키프리스 초기 화면

키프리스는 아래와 같은 특징을 갖는다.

(1) 자동절단기능

검색 시 자동절단 기능을 제공한다. 예를 들어, 전화기를 검색하면 유선전화기, 무선전화기, 전화기 제조법 등이 모두 검색된다.

(2) 연산자

연산자로 아래와 같이 특수문자를 사용한다.

- * (AND), + (OR), ! (NOT), ^ (NEAR), " " (구문검색), ( ) (우선검색)

  – A^3B : A와 B가 3개 이내의 단어를 사이에 두고 인접해 있는 문헌이 모두 검색된다.

2. 특허·실용신안 스마트 검색

키프리스 초기화면에서 특허·실용신안 → 스마트검색을 클릭하면 아래와 같은 화면이 뜨게 된다. 각 검색항목에 내용을 입력하여 검색을 하면 된다.

검색창의 맨 위에 있는 권리구분은 특허와 실용, 행정처분은 거절, 공개, 등록 등에서 선택하는 것인데, 통상 권리구분은 특허·실용 모두, 행정처분은 전체를 클릭한다.[9]

그림 4.6 키프리스 스마트검색 초기 화면

---

[9] 거절, 등록, 소멸, 무효 등의 여부에 관계없이 공개된 모든 문헌은 선행기술에 해당된다.

1) 키워드 검색

키워드 검색에서는 검색식을 자유검색(전문), 초록, 청구범위의 검색항목 중에서 선택하고 입력하여 검색한다. 검색된 문헌들을 보면서 필요한 경우 키워드를 추가·변경·삭제하면서 재검색한다.

키워드 검색에서의 성공과 실패는 키워드 및 확장키워드의 선택에 달려 있으므로, 키워드와 확장키워드 선정의 중요성은 아무리 강조해도 지나치지 않다.

예를 들어 "크기 조절이 가능한 자동차용 컵홀더"에 관한 한국의 선행문헌을 찾고자 한다면 아래와 같은 단계를 거쳐 검색을 할 수 있다.

(1) 검색범위 등 검색 계획 수립
① 검색DB: 키프리스
② 검색국가: 한국
③ 검색범위: 공개 및 등록된 특허공보와 실용신안공보 전체

(2) 키워드 선정
① 자동차, 컵홀더, 크기, 조절

(3) 확장키워드 선정
① 자동차: 자동차, 차, 차량, 카, 세단, 오토, 트럭, car, auto, automobile, 운송수단, 이동수단
② 컵홀더: 컵홀더, 컵받침, 컵고정, 컵보드, cupholder
③ 크기: 크기, 모양, 사이즈, 너비, 넓이, 깊이, 길이, size
④ 조절: 조절, 조정, 변경, 변형, 컨트롤, 콘트롤, control

자유검색 (전문) 검색도움말	자동차		and ∨ 검색어확장
□ 변속	□ 엔진	□ CARRIAGE
□ 비이클	□ 전기자동차	□ DIFFERENCE
□ 비클	□ 짐차	□ EQUATION
□ 비행기	□ 차체	□ MOTOR VEHICLE
□ 비히클	□ 탑차	□ ORDER
□ 승용	□ 트럭	□ SEACRAFT
□ 승용차	□ 트레일러	□ SUV

그림 4.7 키프리스 검색어 확장 기능

키프리스에서는 자유검색(전문) 검색항목에 찾고자 하는 단어를 넣고 '검색어확장'을 클릭하면 그림 4.7과 같이 관련 유사어를 제공해 주는 기능이 있다. 키프리스가 제공하는 관련 유사어 중에서 선택하여 확장키워드로 활용할 수 있다.

(4) 검색식 작성

(자동차+차+차량+카+세단+오토+트럭+car+auto+automobile+운송수단+이동수단)*(컵홀더+컵받침+컵고정+컵보드+cupholder)*(크기+모양+사이즈+너비+넓이+깊이+길이+size)*(조절+조정+변경+변형+컨트롤+콘트롤+control)

(5) 검색

① 위 검색식을 아래와 같이 각 검색항목에 입력하고 검색한 결과 아래와 같은 건수의 문헌이 검색되었다.

- 발명의 명칭: 5건
- 초록(요약서): 79건
- 청구범위: 278건
- 발명의 명칭, 초록 및 청구범위: 425건
- 자유검색(전문): 24,265건

위에서 보는 바와 같이 '발명의 명칭'에서 검색하면 너무 적은 건수가 나오기 때문에 '발명의 명칭' 검색항목은 일반적으로 사용하지 않는다. 통상 '초록' 또는 '청구범위'에서 검색하거나, "발명의 명칭, 초록 및 청구범위"의 검색항목 각각에 검색식을 넣고 'OR'로 묶어 검색한다.[10]

② 위의 '자유검색(전문)'의 경우처럼 검색결과(24,265건)가 많이 나오는 경우에 IPC(국제특허분류)를 활용하여 검색 건수를 줄일 수 있다.

위의 검색결과 24,265건 중에서 70~80건 정도의 기술내용을 검토하여 '자동차용 컵홀더'에 관한 문헌들의 IPC를 확인하면, 대부분 관련 문헌의 IPC가 B60N3/10이며, B60N3/00, A47G23/02, B60R7/04, B60R7/06인 문헌이 일부 있음을 확인할 수 있다.

자유검색(전문) 검색항목에 앞서 입력했던 키워드는 그대로 놔두고, IPC 검색항목에 "B60N3/10+B60N3/00+A47G23/02+B60R7/04+B60R7 /06"을 입력하고 검색하면, 검색결과가 '767'건으로 매우 축소되는 것을 확인할 수 있다.

---

[10] 발명의 명칭, 초록 및 청구범위 검색항목 각각에 동일한 검색식을 넣고, 이들 검색항목을 'OR'로 묶어 검색하는 것을 의미한다.

2) 번호검색 및 기타 서지사항 검색

출원번호, 공개번호로 검색할 때에는 특허를 나타내는 식별코드 10,[11] 연도 4자리, 출원(공개)번호 7자리를 맞춰 입력해야 한다.

예를 들어 특허 출원번호 제2001-12345호를 찾고자 하는 경우에는 1020010012345"를, 특허 공개번호 제2010-7862호를 찾고자 하는 경우에는 "1020100007862"를 각 검색항목에 입력한다.

등록번호(특허번호)는 연도에 관계가 없으므로 등록번호로 검색할 때에는 10 다음에 등록번호 7자리를 맞춰 입력한다. 예를 들어, 등록특허 제11853호를 검색한다면 "100011853"를 입력한다.

일자정보로 검색하려면 출원일자, 공개일자 항목에 일자의 범위를 입력한다. 예를 들어 2012년부터 2016년까지 5년간 공개된 특허문헌을 찾는다면 공개일자 항목에 20120101~20161231을 입력한다.

출원인, 대리인, 발명자, 등록권자(특허권자)로 검색하려면 각각 그 항목에 입력하고 검색하면 된다.

예제 4-1

키프리스 검색 문제(1)

1. 출원번호 2014-12345호는 무엇에 관한 특허출원인가.

2. 한국 공개특허 2001-12547호를 조사하여, 출원인이 누구인지와 현 법적상태를 확인하라.

3. 한국 공개특허 2007-39613호를 조사하여, 출원인이 누구인지, 현 법적 상태, 존속기간만료예정일, 심사과정(행정이력)중 특이사항을 확인하라.

4. 등록특허 1860150호를 검색하여, 특허권자가 누구인지와 어떤 기술인지 찾아보라.

5. 특허권자(등록권자)가 '김철수'이고 IPC가 A45C인 특허는 몇 건이고, 어떤 특허인가.

6. 안전덮개가 부착된 가정용 멀티 콘센트에 대하여 최근 3년간 국내에 출원된 특허와 실용신안을 조사하여 그 리스트를 확인하라.

7. 말린 떡과 만두와 어묵이 라면과 함께 들어 있는 일회용 라면을 개발하려고 한다. 키프리스에서 관련된 선행기술을 조사하라.

8. 아이들이 스마트폰, TV와 같은 모니터 화면을 가까이에서 시청하는 것이 시력저하의 원인 중 하나로 지목되고 있다. 이에 대한 해결책의 하나로 사람이 TV와 일정 거리 이내로 가까워지면 자동적으로 신호음이 울리는 시력보호용 장치를 개발하려고 한다. 본 발명의 구성은 크게 TV와 사용자 간의 거리를 측정하는 센서와 피에조 부저로 경고음을 발생시키는 출력부로 나뉘어지며, 신호음이 울리는 거리는 사용자의 선택에 의해 조정이 가능하다.

이와 같은 시력보호용 장치에 관하여 우리나라에서 먼저 출원된 선행 기술이 있는지를 키프리스에서 조사하라.

---

[11] 실용신안은 20, 디자인 30, 상표는 40이다.

3) 키프리스 상세정보

검색된 특허문헌 리스트에서 특정 문헌 하나를 선택하면 아래와 같은 화면이 뜬다. 공개전문·공고전문을 클릭하면 공개전문·공고전문이 화면에 나타나며, 이를 출력하거나 파일로 저장하거나 이메일로 보낼 수 있다. 등록사항에서는 현재의 법적 상태,[12] 통합행정정보에서는 특허청에서의 행정처리 경과, 패밀리정보는 해당 출원의 해외 패밀리[13]에 관한 정보를 알 수 있다.

그림 4.8 키프리스에서 검색된 문헌을 보여주는 초기화면

---

12) 현재도 특허권이 유효한 것인지, 존속기간이 만료되거나 또는 특허연차료 불납으로 특허가 소멸된 것인지 등을 확인할 수 있다.

13) 어느 일국의 동일한 최초출원을 기초로 1년 이내에 우선권을 주장하며 해외 여러 나라에 출원된 특허출원들을 '패밀리 출원'이라 한다.

특허 등록번호	10-1302714-0000

권 리 란	
표시번호	사항
1번	출원 연월일 : 2011년 10월 10일 출 원 번 호 : 10-2011-7023832 우선권주장일자 : 2009년 03월 11일 우선권 주장수 : 1 우선권 주장국 : 프랑스 공고 연월일 : 2013년 08월 30일 공 고 번 호 : 특허결정(심결)연월일 : 2013년 06월 03일 청구범위의 항수 : 12 유 별 : H02J 7/04 발명의 명칭 : 전기 자동차용 고속 충전 장치 존속기간(예정)만료일 : 2030년 03월 11일 2013년 08월 23일 등록

특 허 권 자 란	
순위번호	사항
1번	(등록권리자) 르노 에스.아.에스. 프랑스공화국, 에프-***** 불로뉴-비앙꾸르, 깨 르 갈로 **-** 2013년 08월 23일 등록

등 록 료 란				
제 1 - 3 년분	금 액	513,000 원	2013년 08월 26일	납입
제 4 - 4 년분	금 액	304,000 원	2016년 08월 11일	납입
제 5 - 5 년분	금 액	304,000 원	2017년 08월 11일	납입

그림 4.9 키프리스 "등록 사항" 화면의 예]

국가별 특허문헌코드				그래프 보기
순번	패밀리번호 통합심사정보 ⊕	국가코드	국가명	종류
1	AU2010223261	AU	오스트레일리아	B2
2	AU2010223261	AU	오스트레일리아	A2
3	AU2010223261	AU	오스트레일리아	A1
4	CN101959711 심사정보	CN	중국	A
5	EP02406098 심사정보	EP	유럽특허청(EPO)	A1
6	EP02406098 심사정보	EP	유럽특허청(EPO)	B1
7	FR2943188	FR	프랑스	A1
8	FR2943188	FR	프랑스	B1
9	IL215042	IL	이스라엘	B
10	IL215042	IL	이스라엘	A
11	JP23526775 심사정보	JP	일본	A
12	JP05340379 심사정보	JP	일본	B2

그림 4.10 "패밀리 정보" 화면의 예[14]

14) 공보 종류는 기본적으로 A는 공개공보, B는 등록공보를 말한다. 각 국가별 상세한 공보 종류는 상단 국가별 특허문헌코드로 확인할 수 있다. 패밀리 번호 옆에 붙은 심사정보를 클릭하면 해당 공보와 관련된 심사정보를 볼 수 있다.

번호	서류명	접수/발송일자	처리상태	접수/발송번호
1	[특허출원]특허법 제203조에 따른 서면 ([Patent Application] Document according to the Article 203 of Patent Act)	2011.10.10	수리 (Accepted)	112011079066328
2	보정요구서 (Request for Amendment)	2011.10.25	발송처리완료 (Completion of Transmission)	162011009634610
3	[지정기간연장]기간연장(단축, 결과구제)신청서 ([Designated Period Extension] Application of Period Extension(Reduction, Progress relief))	2011.11.25	수리 (Accepted)	112011093651909
4	[지정기간연장]기간연장(단축, 결과구제)신청서 ([Designated Period Extension] Application of Period Extension(Reduction, Progress relief))	2011.12.26	수리 (Accepted)	112011103166566
5	[지정기간연장] 기간연장(단축, 결과구제)신청서 ([Designated Period Extension] Application of Period Extension(Reduction, Progress relief))	2012.01.25	수리 (Accepted)	112012005912420
6	[출원서등 보정]보정서 원본보기 ([[Amendment to Patent Application, etc.] Amendment)	2012.02.23	수리 (Accepted)	112012014651526
7	의견제출통지서 원본보기 (Notification of reason for refusal)	2012.09.07	발송처리완료 (Completion of Transmission)	962012063139763
8	[거절이유 등 통지에 따른 의견]의견(답변, 소명)서 원본보기 ([[Opinion according to the Notification of Reasons for Refusal] Written Opinion(Written Reply, Written Substantiation))	2012.11.07	수리 (Accepted)	112012091303610
9	[명세서등 보정]보정서 원본보기 ([[Amendment to Description, etc.] Amendment)	2012.11.07	보정승인간주 (Regarded as an acceptance of amendment)	112012091303756
10	거절결정서 원본보기 (Decision to Refuse a Patent)	2013.03.28	발송처리완료 (Completion of Transmission)	962013020967767
11	[명세서등 보정]보정서(재심사) 원본보기 (Amendment to Description, etc(Reexamination))	2013.04.26	보정승리 (Acceptance of amendment)	112013037047637
12	[거절이유 등 통지에 따른 의견]의견(답변, 소명)서 원본보기 ([[Opinion according to the Notification of Reasons for Refusal] Written Opinion(Written Reply, Written Substantiation))	2013.04.26	수리 (Accepted)	112013037047663
13	등록결정서 원본보기 (Decision to Grant Registration)	2013.06.03	발송처리완료 (Completion of Transmission)	962013036386661
14	출원인정보변경(경정)신고서 (Notification of change of applicant's information)	2013.07.05	수리 (Accepted)	412013509411966
15	[설정 특허·등록료]납부서 ([[Patent·Registration Fee] Payment Form)	2013.08.23	수리 (Accepted)	212013044699698

그림 4.11 "행정처리 정보" 화면의 예 [15)

4) 해외특허검색

키프리스 초기화면에서 해외특허 → 스마트검색으로 들어가면 아래의 화면이 뜬다. 가장 먼저 해야 할 일은 상단 국가선택에서 검색할 국가를 선택하는 것이다.

통상의 키워드 검색에서는 미국, 유럽, 일본을 선택하고 상황에 따라 PCT 및 중국을 선택한다.

---

15) 특허청에서의 출원 및 심사경과를 보여주며, 의견제출통지서, 보정서, 거절결정서 등 서류의 오른쪽 원문보기를 클릭하면 해당 문서의 원문을 볼 수 있다.

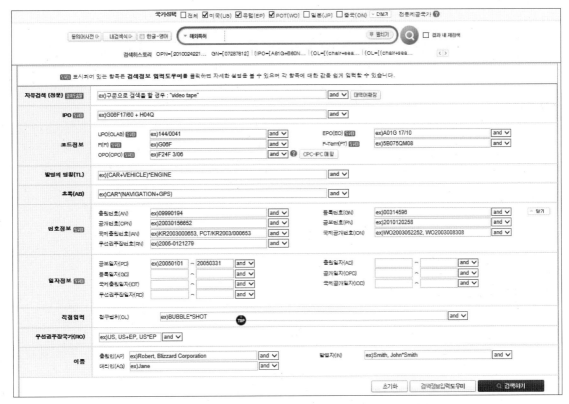

그림 4.12 키프리스 해외특허 스마트검색 화면

유럽을 선택하는 것은 유럽의 개별 국가가 아니라 지역특허청인 유럽특허청(EPO)에 출원된 특허출원의 공개공보 및 등록공보를, PCT는 특허협력조약에 의한 PCT 출원의 공개공보를 검색하는 것이다.[16]

기본적으로 검색항목 선택이나 검색방법은 국내 선행기술을 찾는 특허·실용신안 검색과 같다. 다만 모든 검색식은 영문으로 작성되어야 한다.

예를 들어 크기 조절이 가능한 자동차 컵홀더에 관하여 검색한다면 "(car+automobile+auto+vehicle+sedan+motor)*(cupholder+cupboard+cuphold+cupholding)*(size+shape)*(control+adjust+change+controllable+adjustable+changeable)"과 같이 입력한다.

외국 출원번호, 공개번호, 특허(등록)번호로 찾을 때는 해당 국가에서 요구하는 자릿수를 맞추어야 한다. 예를 들어 특허번호로 미국공보를 찾을 때는 8자리를 맞추어야 한다. 국가별 입력형식에 관해서는 번호정보 도우미 에서 도움을 받을 수 있다.

---

16) 유럽과 PCT에 관한 상세한 사항은 6-5 해외출원을 참고할 것.

표 4.5 주요 국가코드 약어

국가명	코드 약어	국가명	코드 약어
오스트리아	AT	인도	IN
오스트레일리아	AU	이탈리아	IT
브라질	BR	일본	JP
캐나다	CA	대한민국	KR
중국	CN	네덜란드	NL
독일	DE	러시아	RU
스페인	ES	미국	US
프랑스	FR	대만	TW
영국	GB	이스라엘	IL

예제 4-2

키프리스 검색 문제(2)

1. 미국 등록특허 US 7287612호를 찾아, 특허권자가 누구인지와, 패밀리 정보, 예상 권리만료 일자 및 심사경과를 확인하라.

2. 일본 특허공개공보 평9-128762호를 찾아, 출원인과 패밀리 정보를 확인하라.

3. 높이와 각도 조절이 가능한 독서대에 관하여 미국, 유럽, PCT, 일본, 중국 및 한국의 등록특허를 조사하라.

4. Ronald J Barber라는 사람이 미국과 유럽 및 PCT에서 출원한 특허에 대하여 조사하라.

5. 시계를 볼 수 없는 시각장애인을 위하여, 시침이나 분침을 손으로 만질 수 있고, 누르면 음성으로 시간을 알려주는 시계에 관한 아이디어를 생각해 내었다. 이와 관련된 국내외 선행기술을 조사하라.

6. 안전덮개가 부착된 가정용 멀티 콘센트에 대하여 최근 3년간 미국, 유럽, 일본에 출원된 특허와 실용신안을 조사하여 그 리스트를 작성하라.

7. 위 1번 문제에서 US 7287612의 청구항 1을 무효시킬 수 있는 선행기술을 조사하라(검색국가: 한국, 미국, 일본, 유럽).

5) 부가서비스

키프리스에서는 선행기술 검색 외에 아래와 같은 부가서비스를 이용할 수 있다. 온라인 다운로드, 검색식 저장, 마이폴더 저장은 키프리스 회원가입이 필요하다.

① 엑셀저장: 검색된 문헌들의 간략정보를 엑셀파일로 다운로드하여 저장할 수 있다.

② 특허용어사전: 지재권 용어를 검색하고 다운로드 받을 수 있다.

③ 온라인 다운로드: 검색된 문헌에 대하여 초록·청구항·법적상태 등을 포함한 상세한 정보를 엑셀파일로 다운로드할 수 있다.

④ 검색식 저장: 검색식을 저장하여 언제라도 다시 사용할 수 있다.

⑤ 마이폴더 저장 및 보기: 검색결과를 마이폴더에 저장하고 언제나 다시 찾아 볼 수 있다.

그림 4.13 키프리스 "검색식 저장 및 온라인 다운로드" 화면

3. 선행기술조사보고서

선행기술조사보고서는 특정 발명에 대한 선행기술검색을 통해 해당 발명이 신규성·진보성 등 특허요건을 갖추었는지 판단하고 그 결과를 보고서 형식으로 작성한 문서를 말한다. 통상 특허정보검색을 위주로 하고, 분야에 따라 정기간행물에 게재된 논문 등 비특허문헌 검색을 추가하여 실시한다.

1. 선행기술조사보고서

선행기술조사보고서에서는 〈조사범위 및 검색식〉과 〈이건발명(조사대상발명)과 인용문헌의 대비결과〉가 핵심 내용이 된다.

〈조사범위 및 검색식〉에는 아래에 예시된 바와 같이 조사국가, 검색DB, 키워드, 검색식(한·영) 등이 기재된다. 이건발명은 이건 선행기술조사보고서에서의 조사대상발명을 의미한다.

표 4.6 조사범위 및 검색식 예

조사범위	특허분류(IPC)	D06F, F26B
	조사국가	한국, 미국, 일본, EP(유럽), 중국
	검색 DB 종류	키프리스
키워드	의류, 관리, 옷장, 오염, 열풍, 음이온	
검색식(한글)	(의류+옷+의복+양복+clothes)*(관리+처리)*(옷장+캐비넷+캐비닛+cabinet)* (오염+악취+주름+냄새)*(열풍+바람+풍력+강풍+공기)*(음이온+anion)	
검색식(영문)	(laundry+clothes)*(dry+dryer+airer+care)*(cabinet+closet+ward-robe)*(odor+stink+smell+wrinkle+fold+pleat)*(air+wind)*(blow+blower)	

2. 이건발명과 인용문헌

〈이건발명과 인용문헌의 대비결과〉에서 관련도 X, Y, A의 의미는 각각 다음과 같다.

① X: 해당 문헌 하나로 이건발명의 신규성 또는 진보성이 부정된다는 의미이다. X 문헌이 하나라도 있으면 이건발명은 특허를 받을 수 없다고 판단한 것이다.

② Y: 해당 문헌이 하나 또는 그 이상의 다른 문헌과 결합하여 이건 발명의 진보성을 부정한다는 의미이다. 선행문헌에 Y를 표기할 때에는 그 문헌과 짝을 이루어 이건발명의 진보성을 부정할 수 있는 다른 Y문헌이 적어도 하나는 기재되어야 한다. 따라서 Y 문헌이 있는 경우에도 이건발명은 특허를 받을 수 없다고 판단한 것이다.

③ A: 조사대상발명의 신규성 또는 진보성을 부정할 수 있는 문헌은 아니나, 조사대상 발명과 관련이 있는 기술로서 참고할만한 문헌이라는 의미이다.

표 4.7 이건발명과 인용문헌의 대비결과 예

인용문헌번호	문헌번호	발명의 명칭	관련도
1	한국공개특허 10-2010-0066176	의류처리장치	X
2	한국공개특허 10-2010-0022799	의류 처리장치	Y
3	한국등록특허 10-0370363	주름제거 기능을 갖는 의류건조기	Y
4	국제공개특허(WO) 2004/091359	Apparatus for washing and drying garments	A

X: 해당문헌 하나로 이건발명의 신규성 또는 진보성이 없다고 판단되는 경우
Y: 해당문헌이 하나 또는 그 이상의 다른 문헌과 결합된다면 이건발명의 진보성이 없다고 판단되는 경우
A: 이건발명의 신규성 또는 진보성을 부정할 수 있는 자료는 아니나, 참고할만한 선행기술로 판단되는 경우

선행기술조사보고서에 관련도 X 또는 Y 문헌이 존재한다면, 조사자는 이건발명이 신규성 또는 진보성이 없다고 판단하였음을 알 수 있다.

3. 검토의견 및 결론

〈검토의견 및 결론〉에는 이건발명과 인용문헌들을 대비하여 신규성 또는 진보성이 있거나 없는 이유에 대하여 간략하게 기술한다.

선행기술조사보고서 작성 예

제출날짜	
제출자	

조사대상 발명(이건 발명)

[발명의 명칭]

주름 및 악취제거가 가능한 의류관리기[17]

[발명에 대한 설명]

이건 발명은 구김과 악취를 제거할 수 있는 의류관리기에 관한 발명이다.

종래의 세탁기, 건조기 등의 의류의 처리는 의류를 담을 수 있는 통이 있고 그 안에 옷을 담고 회전하며 물 또는 처리용제를 사용하여 세탁 후 건조를 하는 방식이다. 하지만 최근 생활 패턴의 변화로 인해 세탁하지 않으면서도 매일 입은 옷을 관리하고 싶은 수요가 증가하였다.

이러한 소비자의 요구를 반영하여 옷장 형태의 외관을 가지고 간편하게 관리가 필요한 옷을 옷걸이에 걸어 주름 또는 악취를 제거할 수 있는 의류관리기를 개발하였다.

이건 의류 관리기는 실내에서, 인테리어 소품으로도 적합한 Cabinet 옷장 형태의 외관을 갖고, 구김과 악취를 제거할 수 있도록 열풍과 스팀을 공급하는 장치와, 상단에 구비되어 음이온을 발생시키는 음이온 발생기를 가지며, 옷걸이를 걸 수 있는 Hanger bar에 좌우방향 움직임을 주는 직접적인 물리력이 제공된다.

이건 발명의 효과는 세탁을 하지 않더라도 입었던 옷을 일정 시간 의류관리기에 걸어 놓는 것만으로 주름과 악취를 제거할 수 있다.

[대표도]

그림 4.14   의류관리기

---

17) 2015년 캠퍼스특허전략유니버시아드 문제 참조.

이건발명의 구성요소

구성요소기호	구성요소 내용
A	실내에서 인테리어 소품으로도 적합한 Cabinet 옷장 형태의 외관
B	구김과 악취를 제거할 수 있는 열풍과 스팀을 공급하는 장치
C	상단에 구비되어 음이온을 발생시키는 음이온 발생기
D	옷걸이를 거는 Hanger bar에 좌우방향 움직임을 주는 물리력

조사범위 및 검색식

조사범위	특허분류(IPC)	D06F, F26B
	조사국가	한국, 미국, 일본, EP(유럽), 중국
	검색 DB 종류	키프리스
키워드		의류, 관리, 옷장, 오염, 열풍, 음이온
검색식(한글)		(의류+옷+의복+양복+clothes)*(관리+처리)*(옷장+캐비넷+캐비닛+cabinet)*(오염+악취+주름+냄새)*(열풍+바람+풍력+강풍+공기)*(음이온+anion)
검색식(영문)		(laundry+clothes)*(dry+dryer+airer+care)*(cabinet+closet+wardrobe)*(odor+stink+smell+wrinkle+fold+pleat)*(air+wind)*(blow+blower)

이건발명의 구성요소와 선행기술 구성요소의 대비

구성요소기호	한국공개특허 10-2010-0066176 (인용문헌1)	한국공개특허 10-2010-0022799 (인용문헌2)	한국등록특허 10-0370363 (인용문헌3)	국제공개특허(WO) 2004/091359 (인용문헌4)
A	○	○	○	○
B	○	○	△	△
C	×	×	○	×
D	○	○	×	△

* ○은 동일한 구성요소 있음, △는 동일한 구성요소는 없으나 유사한 기능을 하는 구성요소는 있음, ×는 동일·유사한 구성요소 없음.

이건발명과 인용문헌의 대비 결과

인용문헌번호	문헌번호	발명의 명칭	관련도
1	한국공개특허: 10-2010-0066176	의류처리장치	X
2	한국공개특허: 10-2010-0022799	의류 처리장치	Y
3	한국등록특허: 10-0370363	주름제거 기능을 갖는 의류건조기	Y
4	국제공개특허(WO): 2004/091359	Apparatus for washing and drying garments	A

X: 해당문헌 하나로 이건발명의 신규성 또는 진보성이 없다고 판단되는 경우
Y: 해당문헌이 하나 또는 그 이상의 다른 문헌과 결합된다면 이건발명의 진보성이 없다고 판단되는 경우
A: 이건발명의 신규성 또는 진보성을 부정할 수 있는 자료는 아니나, 참고할만한 선행기술로 판단되는 경우

검토의견 및 결론

1. 이건발명은, "Ⓐ 실내에서 인테리어 소품으로도 적합한 cabinet 옷장 형태의 외관, Ⓑ 구김과 악취를 제거하기 위한 열풍과 스팀 공급장치, Ⓒ 음이온을 발생시키는 음이온 발생기, Ⓓ 옷걸이를 거는 hanger bar에 좌우 방향 움직임을 주는 물리력"이라는 구성과, 세탁을 하지 않더라도 입었던 옷을 일정 시간 의류 관리기에 걸어 놓는 것만으로 주름과 악취가 제거되는 효과를 갖는 의류관리기에 관한 발명이다.

2. 이건발명과 인용문헌1을 대비하면, 인용문헌1에는 Ⓐ, Ⓑ 및 Ⓓ의 구성을 갖고 주름과 악취가 제거되는 효과를 갖는 의류처리장치에 관한 발명이 기재되어 있어서, 인용문헌1에는 구성 Ⓒ에 대한 구체적인 기재가 없는 점에서만 차이가 있다.

    그러나 인용문헌1에 방향제를 분사하거나 정전기 방지제를 분사하는 등의 다양한 처리방법을 사용할 수 있다는 기재가 있고, 악취나 살균 등의 목적으로 음이온 처리를 하는 것은 이 분야에 잘 알려져 있는 기술이라고 할 것이므로, 이 분야에 통상의 지식을 가진 자(통상의 기술자)라면 인용문헌1로부터 이건 발명을 쉽게(용이하게) 발명할 수 있다고 판단된다.

    따라서 이건발명은 인용문헌1에 의해 진보성이 없다.

3. 이건발명과 인용문헌2 및 인용문헌3을 대비하면, 인용문헌2에는 Ⓐ, Ⓑ 및 Ⓓ의 구성을 갖고 악취와 주름이 제거되는 효과를 갖는 의류처리장치에 관한 발명이 기재되어 있고, 인용문헌3에는 고온 다습한 열풍을 부여하며 이건 발명의 구성 Ⓒ에 해당하는 음이온발생기를 설치한 주름 제거기능을 갖는 의류건조기가 기재되어 있으므로, 통상의 기술자라면 인용문헌2와 인용문헌3을 결합하여 이건발명을 용이하게 발명할 수 있는 것으로 판단된다.

    따라서 이건발명은 인용문헌2와 인용문헌3에 의하여 진보성이 없다.

4. 그러므로 이건발명은 인용문헌들과 대비하여 신규성은 있으나 진보성은 없다고 판단된다.

〈별첨〉 1. 인용문헌1과 이건발명의 대비표
　　　　 2. 인용문헌2와 이건발명의 대비표
　　　　 3. 인용문헌3과 이건발명의 대비표
　　　　 4. 인용문헌4와 이건발명의 대비표

〈별첨1〉 이건발명과 인용문헌1의 대비표

인용문헌의 문헌번호	KR 10-2010-0066176 A		관련도	X
구분	이건 발명	인용문헌1		
발명 명칭	주름 및 악취제거가 가능한 의류 관리기	의류처리장치		
구성 · 효과 대비	실내에서 옷장 형태의 외관을 가지고 구김과 악취를 제거할 수 있도록 열풍과 스팀을 공급하는 장치와, 음이온 발생장치 및 옷걸이를 걸 수 있는 Hanger bar 에 좌우방향 움직임을 주는 물리력이 제공되는 의류관리기에 관한 발명이다. 세탁을 하지 않더라도 입었던 옷을 일정 시간 의류관리기에 걸어 놓는 것만으로 주름과 악취를 제거할 수 있다. 	의류가 수용되는 처리실, 처리 실내로 열풍 및 스팀을 공급하는 가열부, 처리실 내부에 배치된 옷걸이봉, 회전력을 발생시키는 구동부, 구동부의 회전력을 변환하여 상기 옷걸이봉을 왕복운동시키는 변환부 및 상기 구동부에 의해 회전하는 송풍팬을 포함하고, 방향제나 정전기 방지제를 분사하는 등의 처리 방법을 더 사용할 수 있는 의류 처리장치 		
대비 결과	인용문헌1에는 열풍과 스팀을 공급하고, Hanger bar에 좌우방향 움직임을 주는 물리력이 제공되는 의류관리기가 공개되어 있고, 다만 인용문헌1에는 음이온 방지장치는 기재되어 있지 아니하나, 인용문헌1에도 방향제를 분사하거나 정전기 방지제를 분사하는 등의 다양한 처리방법을 사용할 수 있다는 기재가 있고, 악취나 살균 등의 목적으로 음이온 처리를 하는 것은 이 분야에 잘 알려져 있는 기술이라고 할 것이므로, 통상의 기술자라면 인용문헌1로 부터 이건발명을 쉽게(용이하게) 발명할 수 있다고 판단된다.			

※ 인용문헌2~4와 이건발명의 대비표는 생략.

01 날이 어두워지면 거실이나 방의 커튼을 치고, 날이 밝으면 커튼을 열게 된다. 그런데 커튼에 광원 감지 센서와 프로세서 및 모터를 달아서 날이 어두워지면 스스로 커튼이 쳐지고 날이 밝으면 스스로 커튼이 펴지는 장치가 있으면 좋겠다는 생각이 들어 이러한 장치를 개발하려고 한다. 키프리스에서 한국의 관련 선행기술을 검색하여 선행문헌 리스트와 위 발명과의 관련도를 기재하라 (이 장의 표 4.7 참조).

02 금속제의 내피 및 외피로 구성되고, 내피는 청소가 용이하도록 분리가 가능하며, 외피에는 온도 조절 버튼과 작동상태를 알려주는 스크린이 설치된 텀블러로서, 전원을 연결하면 물 끓이는 주전자(전기포트)의 역할을 겸하는 전기포트 겸용 텀블러에 대한 발명을 특허출원하려고 한다. 키프리스에서 관련 선행기술을 조사하여 선행문헌 리스트와 위 발명과의 관련도를 기재하라(이 장의 표 4.7 참조).

다음 내용을 읽고 3~5번 문항에 답하시오.

검색사이트에서 아래 특허들을 검색하여 내용을 확인하라.[18]

03 US Patent No. 821,393

04 US Patent No. 174,465

05 Thomas Edison의 축음기(phonograph) 특허

06 특허정보에 관한 다음 설명 중 가장 옳지 않은 것은?
　❶ 특허정보에는 공개특허공보와 등록특허공보가 있다.
　❷ 특허정보는 전 세계 공개기술의 대부분을 차지하고 있다.
　❸ 특허공보에는 특허출원서 및 명세서에 기재된 정보 중 일부만이 수록된다.
　❹ 특허DB에 수록되는 특허정보는 특허출원 후 1년 6개월이 지나지 않은 특허문헌이나 특허출원되지 않은 기술은 포함되지 않으므로, 특허정보 검색은 매우 유용하지만 완벽하지는 않다.
　❺ 특허공보의 각 서지사항 앞에 부여되는 아라비아 숫자로 된 번호(코드)는 동일한 서지사항에 동일한 번호가 부여되도록 국제적으로 통일되어 있는데, 이를 INID(Internationally Agreed Numbers for the Identification of Data) 코드라 한다.

07 키프리스에서 플래쉬와 나침판을 손잡이 부분에 설치한 등산용 스틱에 관한 특허문헌을 키프리스에서 검색하려고 한다. 다음 검색식 중에서 올바른 것은?
　❶ (플래시+후래시+후래쉬+손전등+flash)*(나침반+나침판+컴퍼스+컴파스+compass)*(스틱+지팡이+지팽이+막대기+stick)

---
[18] 1974년 이전에 발행된 미국 특허는 키프리스에 수록되어 있지 않다.

❷ (플래시*후래시*후래쉬*손전등*flash)*(나침반*나침판*컴퍼스*컴파스*compass)*(스틱*지팡이*지팽이*막대기*stick)

❸ (플래시^2후래시^2후래쉬^2손전등^2flash)+(나침반^2나침판^2컴퍼스^2컴파스^2compass)+(스틱^2지팡이^2지팽이^2막대기^2stick)

❹ (플래시^2후래시^2후래쉬^2손전등^2flash)*(나침반^2나침판^2컴퍼스^2컴파스^2compass)*(스틱^2지팡이^2지팽이^2막대기^2stick)

❺ (플래시*후래시*후래쉬*손전등*flash)+(나침반*나침판*컴퍼스*컴파스*compass)+(스틱*지팡이*지팽이*막대기*stick)

08 특허분류코드에 대한 다음 설명 중 맞지 않는 것은?

❶ F-term과 FI는 모두 IPC와는 관련이 없는 일본의 특허분류이다.

❷ USPC는 IPC와 관련이 없는 미국의 특허분류이다.

❸ CPC는 유럽특허분류인 ECLA를 기반으로 하여 유럽특허청과 미국특허청이 공동으로 개발한 새로운 특허분류이다.

❹ 우리나라는 IPC와 CPC를 함께 사용한다.

❺ IPC는 가장 대표적인 특허분류로서 7만여 개의 세분류로 이루어져 있으며, 기술분야에 따라 8개 섹션으로 나뉘고, 섹션〉클래스〉서브클래스〉메인그룹〉서브그룹의 계층구조를 갖는다.

09 甲은 자신의 발명을 미국에 출원하기에 앞서서 미국의 선행기술을 조사하려고 한다. 다음 중 甲이 미국특허 문헌을 찾기에 가장 부적합한 특허DB은 어떤 것인가?

❶ http://www.patft.uspto.gov

❷ http://www.google.com/patents

❸ http://www.j-platpat.inpit.go.jp

❹ http://wips.co.kr

❺ http://kipris.co.kr

10 다음은 특허정보조사에 관한 설명이다. 맞는 설명으로만 짝지어진 것은?

> ㉠ 일반적인 검색은 검색계획수립→키워드 추출→확장키워드 선정→검색식 작성→검색순으로 이루어진다.
>
> ㉡ 키워드 검색에서의 성공과 실패는 키워드 및 확장키워드의 선택에 달려있으므로, 키워드와 확장키워드 선정의 중요성은 아무리 강조해도 지나치지 않다.
>
> ㉢ 키워드와 키워드끼리는 'AND' 연산자를, 확장키워드와 확장키워드끼리는 'OR' 연산자를 사용하고 괄호로 묶어주어야 한다.
>
> ㉣ 검색결과가 너무 많이 나올 때는 새로운 키워드를 추가하거나, IPC 또는 CPC 등 분류코드를 활용하여 검색한다.
>
> ㉤ 키프리스에서 미국, 일본, 유럽 및 중국특허 등 외국 특허문헌도 검색할 수 있다.

❶ ㉠ ㉡ ㉢ ㉣ ㉤   ❷ ㉠ ㉡ ㉢ ㉣   ❸ ㉠ ㉡ ㉢
❹ ㉡ ㉢ ㉣ ㉤   ❺ ㉡ ㉢ ㉣

11 다음 중 키프리스에 대한 설명으로 맞지 않는 것은?

❶ 키프리스에서 찾은 특허문헌 리스트에서 특정 문헌 하나를 선택하면, 해당 문헌의 공개공보 및 등록 공보 외에 등록정보, 통합행정정보, 패밀리정보 등을 확인할 수 있다.

❷ 키프리스에서는 절단연산자의 기능은 제공하지 않는다.

❸ 키프리스는 자동절단기능을 제공하므로, 전화기를 검색하면 유선전화기, 무선전화기 및 전화기 제조 법 등이 모두 검색된다.

❹ 키프리스에서는 검색식 저장이나 온라인 다운로드 등의 부가서비스는 제공되지 않는다.

❺ 키프리스에서 미국, 일본, 영국, 독일 등 해외특허문헌 검색이 가능하다.

12 음료수 캔의 탭을 이용하여 캔을 오픈하려고 하는 경우에 쉽게 따지지 않아 애를 먹는 경우가 종 종 발생한다. 이렇게 음료수 캔을 오픈하기가 쉽지 않은 이유는 탭에 형성된 손가락 끼움영역에 손가락이 들어가는 공간이 부족하여 큰 힘을 가하기 어렵기 때문이다. 이러한 문제점을 해결하 기 위하여 "음료수캔 오프너"를 고안하였다. 아래 도면과 같이 손가락삽입부(A)에 손가락을 넣 고 고리(C)를 음료수 캔의 탭(D)의 홈에 걸고 잡아당겨 캔을 오픈할 수 있다. 또한 캔을 오픈한 후에도 고리를 탭에 걸고 쉽게 음료수 캔을 운반할 수 있다.

이와 같은 "음료수캔 오프너"를 제조하여 판매하기에 앞서 국내외 선행기술이 있는지를 확인하 고 싶다. 음료수캔 오프너에 대한 선행기술을 한국, 일본, 미국, 유럽 및 중국에서 조사하여 선행 기술조사보고서를 작성하라.

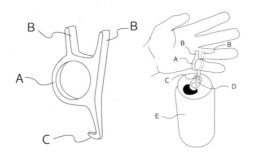

그림 4.15 음료수캔 오프너 도면

13 WO2017046560호로 공개된 영국 다이슨(Dyson)사의 "Handheld vacuum cleaner"에 대한 선 행기술을 한국, 미국, 일본, 유럽, PCT, 중국에서 조사하여 선행기술조사보고서를 작성하라.

아래는 WO2017046560호의 도면 및 청구항 1항 및 2항이다(본 발명에 대한 보다 구체적인 내 용은 위 공보를 찾아 참고할 것).

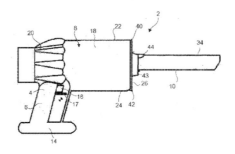

그림 4.16 WO2017046560호 도면

〈WO2017046560호 청구범위 제1항 및 제2항〉

1. A handheld vacuum cleaner comprising: a cyclonic separating unit; and a body comprising a suction generator, a battery and a handle by which the vacuum cleaner is supported during use, the handle is provided with an actuator in the form of a finger-operated trigger for actuating the vacuum cleaner and a trigger guard disposed below the trigger, wherein the battery is disposed below the trigger guard such that the centre of gravity of the vacuum cleaner is located below the trigger guard.

2. The handheld vacuum cleaner of claim 1, where a lower surface of the battery forms a base of the vacuum cleaner, and the suction generator is arranged such that the centre of gravity of the vacuum cleaner is positioned above the base.

Creation and Utilization of
INVENTION AND PATENT

05 특허정보분석

1. 특허정보분석 개요

특허정보분석이란 연구개발, 특허관리, 경영기획 등에 활용할 목적으로 키워드 등으로 검색된 특정 분야의 특허정보 전체를 정리·분류·가공 및 분석하여, 국가별·출원인별·기술별 동향 및 권리관계 등을 도표나 그림으로 쉽게 파악할 수 있도록 작성하는 것을 말한다.

특허정보분석은 특허지도(Patent Map; 특허맵)라는 용어로 혼용되어 많이 사용된다. 지리적 상황을 쉽게 파악할 수 있도록 그림이나 기호로 표기한 지도에 빗대어 일컫는 용어이다.

IP-R&D란 용어도 많이 쓰이는데, 특허를 연구개발 후의 결과물로 여기는 관점 (R&D-IP)에서 탈피하여, 연구개발 기획 단계에서부터 특허정보 분석을 활용하여 산업계가 필요로 하는 핵심특허에 대한 설계도를 작성하고 연구개발을 진행하자는 것 (IP-R&D)으로서, 결국 특허정보분석이나 특허맵과 거의 같은 의미를 갖는다고 볼 수 있다.[1]

특허정보분석에는 해당 기술분야에 대한 전문지식과 특허정보 검색 및 가공 능력,[2] 그리고 특허요건 및 침해판단 등 여러 전문지식을 필요로 한다.

한국발명진흥회에서는 대학(원)생의 특허정보분석 능력을 겨루는 캠퍼스특허전략유니버시아드(Campus Patent Strategy Universiade; CPU)를 매년 개최하고 있다. CPU는

---

[1] 특허정보분석이나 IP-R&D를 제대로 수행하기 위해서는 선행기술검색, 명세서 및 출원서작성, 신규성·진보성 판단, 특허청구범위 해석 및 특허침해 판단 등에 대하여 이해하고 있어야 한다. 따라서 IP-R&D 개념을 넓게 본다면 위에 기재한 사항들을 포함하여 IP를 R&D에 활용하는 모든 활동이 관련된다고 볼 수 있다.

[2] 검색된 특허데이터의 정리, 각종 동향분석 등에는 엑셀(EXCEL) 프로그램을 능숙하게 다루는 능력이 필요하다.

실용적인 특허교육 확대를 통해 기업이 필요로 하는 지식재산 인재를 양성하고, 대학의 창의적 아이디어를 산업계에 공급하기 위한 목적으로 후원기업이 직접 문제를 출제하고 심사에도 참여하고 있다.

특허정보분석은 특정 기술에 대한 선행기술을 조사하는 선행기술조사와는 달리 많은 시간과 노력이 필요하다. 그러나 특허정보분석 보고서를 작성해 보고 나면, 특허정보 검색·분석·활용 능력이나 해당 기술분야의 전문지식에 대한 이해가 크게 높아졌음을 느낄 수 있다.

대학에서는 특허정보분석을 대학원의 연구실에서 전략적인 연구개발이나 특허출원 전략에 유용하게 활용할 수 있을 것으로 생각된다.

e특허나라 사이트(http://biz.kista.re.kr/patentmap)에는 다양한 기술분야에 대한 특허 정보분석 보고서가 공개되어 있다. 검색을 통해 유사한 기술분야의 보고서를 찾으면 키워드의 선정이나 기술분류 등에 도움을 받을 수 있다.

특허정보분석은 통상 아래와 같은 단계를 거친다.

그림 5.1 특허정보분석 진행 단계

편의상 이 장에서는 아래의 과제(이하 'LED 전구 과제'라 한다)에 대한 특허정보분석을 진행하는 과정을 소개하며 위 단계들을 설명한다.

예제 5-1

LED의 광효율이 높아지고 LED 가격이 내려감에 따라서 조명에 LED를 활용하여 기존의 전구를 대체하는 LED 전구가 많이 보급되고 있다. LED의 단점을 보완하여 전구에 적용하는 기술에 대하여 아래와 같은 특허 정보 분석을 해보라.

- 최근 기술개발 동향(정량분석)
- 주요 출원인 핵심특허 및 요약
- 개량발명 아이디어
- 검색 국가: 한국, 미국, 일본, 유럽

---

2. 특허검색

1. 검색대상 및 검색범위 선정

특허정보분석에서 가장 먼저 해야 할 일은 "검색대상 및 검색범위"의 선정이다. 예를 들어 'LED 전구 과제'의 검색대상 및 검색범위는 아래와 같이 선정할 수 있다.

(1) 검색대상
LED의 단점을 보완하여 전구에 적용하는 기술

(2) 검색범위

표 5.1 LED 전구과제 검색범위

조사 국가	한국, 일본, 미국, 유럽
검색 DB	WISDOMAIN, JP, US, EP
검색 문헌	특허문헌, 논문
검색 기간	제한 없음

(3) 검색DB의 선정
대학교에서 특허정보분석을 위해 활용할 수 있는 검색DB는 무료DB인 키프리스와 학교에 따라 계약에 의해 사용하고 있는 유료DB인 윕스온 또는 위즈도메인 등이다. 이들 DB는 기본적으로 거의 동일한 국내외 특허공보를 수록하고 있으나, 검색연산자, 검색 항목 및 부가 서비스 등에서 차이가 있다.[3]

특허정보분석을 위한 검색DB는 키프리스보다는 유료검색사이트인 윕스온 또는 위즈도메인을 사용하는 것이 좋다. 키프리스는 후방절단자를 검색 연산자로 제공하지 않는 관계로 특허 영문 검색에서 다소 어려움이 있다.

또한 검색 후 다운로드 받을 때 윕스온이나 위즈도메인에서 제공하고 있는 패밀리 정보, 인용·피인용 정보 등이 제공되지 않는 문제점이 있다.[4] 이 장에서의 특허정보분석을 위한 검색은 위즈도메인 검색DB 를 주로 활용하였다.

---

[3] 그러나 이러한 검색방법의 차이는 쉽게 습득할 수 있는 것이어서, 어느 하나의 DB를 잘 다룬다면 다른 DB에 쉽게 적용할 수 있다.

[4] 특허정보분석의 정량분석 및 정성분석을 위해서는 패밀리 정보, 인용·피인용 정보 등이 필요하다.

2. 기술분류표의 작성

기술분류표(tech tree)는 특허정보를 효과적으로 추출·정리하기 위한 체계를 만들기 위한 수단으로서 학문적 체계와는 별개이다. 기술분류표는 통상 아래의 사항들을 염두에 두고 작성한다.

① 대상기술의 기술적 특성에 따른 적합한 분류방법을 선택
② 특허 수나 기술의 중요도에서 균형을 이루도록 수립
③ 통상적으로 분석 목적에 맞추어 몇 개의 큰 그룹으로 나눈 뒤 다시 각 그룹을 세부적인 기준에 따라 소그룹으로 분류한다.

기술분류표는 기술의 성격에 따라 아래와 같이 여러 분류방법으로 작성될 수 있다.

표 5.2 기술분류 기준 및 분류방법

기준	분류 방법
구성	주요 구성요소별 분류
공정	주요 공정별 분류 또는 제조방법별 분류
물질	주요 성분별 분류
처리	처리방법별 분류
용도 · 기능	적용 분야, 용도, 기능 등으로 분류
제품	종류별, 동작 원리별 분류

'LED 전구 과제'는 LED의 단점을 보완하여 전구에 적용하는 기술에 관한 것이어서 아래와 같이 기술분류를 하였다.

표 5.3 LED 전구과제 기술분류

방열 (A)					배광 (B)			밝기 (C)			글레어 (D)	플리커링 (E)	색상 (F)
방열판 (AA)	액체방열 (AB)	가스방열 (AC)	공기순환 (AD)	기타 (AE)	렌즈 (BA)	배광각도 (BB)	배광구조 (BC)	조절 (CA)	고휘도 (CB)	고효율 (CC)	글레어 (DA)	플리커링 (EA)	색상 (FA)

3. 키워드 및 검색식 작성

키워드 및 검색식은 검색하고자 하는 기술 전체를 대상으로 하나의 검색식을 작성할 수도 있고, 기술분류 별로 별도의 검색식을 작성하여 검색할 수도 있다.

'LED 전구 과제'에서는 기술분류(A~F)별로 별도의 검색식을 작성하여 검색하였다. 이 때 한국과 일본의 선행문헌 검색은 한글로, 미국과 유럽의 선행문헌 검색은 영문으로 이루어진다.

표 5.4 LED 전구과제 조사범위 및 방열 분야 검색식

조사범위	**조사대상 기술**	LED의 단점을 보완하여 전구에 적용하는 기술
	특허분류(IPC)	H05B, F21V
	조사국가	한국, 일본, 미국, 유럽
	검색 DB	WISDOMAIN, JP, US, EP
방열 (A)	**키워드**	LED, 전구, 방열(열), 방사
	검색식 (한글)	(LED*|"light emitting device"|"light emitting diode"|엘이디*) (전구*|벌브*|bulb*) (방열*|열*|heat*|radiation*) (배출*|방사*|방출*|복사*|radiat*)
	검색식 (영문)	(LED*|"light emitting device"|"light emitting diode") bulb* (heat*|radiation*) (radiat*|emit*|discharge*)

4. 검색

검색식을 위즈도메인의 "명칭, 요약 및 청구범위" 검색항목에 넣어 검색하여 아래와 같은 검색리스트를 얻을 수 있다.

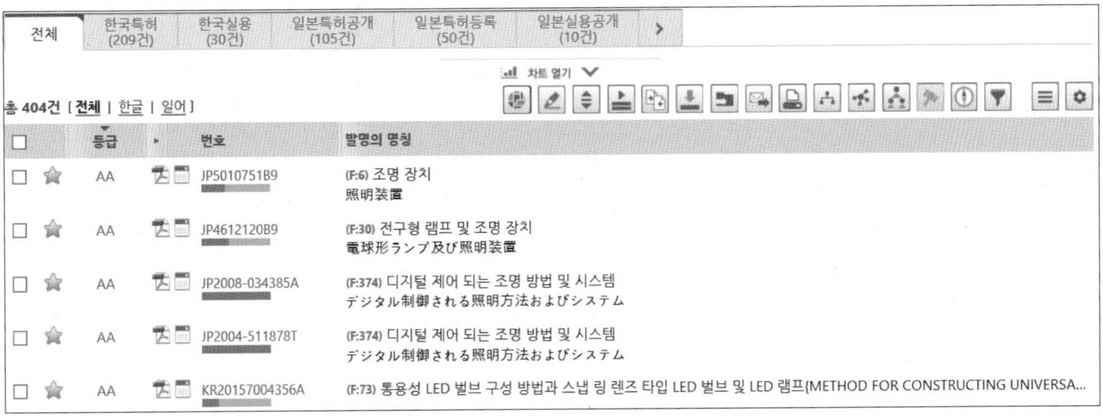

	등급	▸	번호	발명의 명칭
☆	AA		JP5010751B9	(F:6) 조명 장치 照明裝置
☆	AA		JP4612120B9	(F:30) 전구형 램프 및 조명 장치 電球形ランプ及び照明裝置
☆	AA		JP2008-034385A	(F:374) 디지털 제어 되는 조명 방법 및 시스템 デジタル制御される照明方法およびシステム
☆	AA		JP2004-511878T	(F:374) 디지털 제어 되는 조명 방법 및 시스템 デジタル制御される照明方法およびシステム
☆	AA		KR20157004356A	(F:73) 통용성 LED 벌브 구성 방법과 스냅 링 렌즈 타입 LED 벌브 및 LED 램프(METHOD FOR CONSTRUCTING UNIVERSA...

전체 / 한국특허(209건) / 한국실용(30건) / 일본특허공개(105건) / 일본특허등록(50건) / 일본실용공개(10건)

총 404건 [전체 | 한글 | 일어]

그림 5.2 LED 전구과제 검색결과 예

각 분류별 그리고 한·영별로 검색을 하여 얻어진 검색리스트를 검색DB의 "마이폴더"에 '방열-한일'과 같이 폴더를 만들어 저장한다. 폴더를 만들어 놓으면 언제라도 검색한 결과를 폴더에서 찾을 수 있다.

3. 데이터 가공

'데이터 가공' 단계는 특허검색을 통해 검색된 문헌들에 대한 유효특허 선별, 선별된 유효특허에 대한 중복특허 제거, 출원인 국가 및 출원인 명칭 정리 등 정량분석을 위해 필요한 데이터를 정리하는 단계를 말한다.

유효특허 선별부터 기술분류 및 데이터 가공으로 이어지는 이 작업에 전체 특허정보분석 과정의 2/3 정도의 시간이 소요된다.

1. 유효데이터 추출(필터링)

특허검색 단계를 거쳐 검색된 문헌에는 찾고자 하는 기술과는 관련이 없는 문헌(노이즈라고 한다)들이 다수 포함되어 있다. 유효데이터 추출은 폴더별로 저장해 놓은 문헌들을 명칭과 초록 등으로 확인하며 관련 없는 문헌들을 제거하는 과정을 말한다. 이를 필터링(filtering) 또는 노이즈 제거라고도 한다.

아래는 'LED 전구과제'에 대한 검색 및 유효특허 선별 결과이다.

표 5.5 LED 전구과제에 대한 유효특허 검색결과

LED 기술	한글검색결과(한-일)	영문검색결과(미-유럽)	노이즈 제거전 건수	유효특허 건수
방열(A)	438	951	1,389	296
배광(B)	280	581	861	143
밝기(C)	215	630	845	108
글래어(D)	13	27	40	11
플리커링(E)	17	61	78	28
색상(F)	183	99	282	4
소계	1,146	1,768	3,495	590

유효데이터 추출을 하면서 하부 기술분류를 할 수 있다. 하부 기술분류별로 별도의 폴더를 만들거나, 나중에 다운로드 받을 때 하나의 필드를 이루도록 데이터별로 기술분류 표시를 해두면 된다.

유효데이터 선별이 끝나고 다운로드한 후에 요약이나 대표 도면 등의 내용을 확인하면서 하부 기술분류를 할 수도 있다. 표 5.6은 'LED 전구과제'에 대한 국가별·기술별 건수이다.

표 5.6 LED 전구과제에 대한 국가별 기술별 건수

구분		국가별				소계
		KR	JP	EP	US	
방열(A)	방열판(AA)	14	10	10	31	65
	액체방열(AB)	4	4	2	6	16
	가스방열(AC)	1	1	1	5	8
	공기순환(AD)	26	12	10	54	102
	기타(AE)	49	22	15	19	105
배광(B)	렌즈(BA)	1	1	1	5	8
	배광각도(BB)	13	34	7	19	73
	배광구조(BC)	12	6	4	40	62
밝기(C)	밝기조절(CA)	7	4	8	31	50
	고휘도(CB)	5	19	0	1	25
	고효율(CC)	9	2	2	20	33
글레어(D)	글레어(DA)	1	4	3	3	11
플리커링(E)	플리커링(EA)	4	4	5	15	28
색상(F)	색상(FA)	0	2	1	1	4

2. 원데이터(raw data) 생성

폴더별로 유효데이터 선정이 끝나면, 아래 그림과 같이 필요한 항목을 체크하여 엑셀 파일로 온라인 다운로드를 한다.

그림 5.3 위즈도메인에서 선택할 수 있는 다운로드 항목

	A	B	C	D	E	F	G	H
1	국가코드	기술분류(중)	기술분류(중-소)	출원번호	대표도면	원문이미지	명칭	요약
2	US	C	CA	US20180119892A1		원문이미지	LED BULB LAMP	An LED light bulb includes a bulb shell, a bulb base, two conductive supports, a stem, and an LED filament. The bulb base is connected with the bulb shell. The two conductive supports are disposed in the bulb shell. The stem extends from the bulb base to inside of the bulb shell. The LED filament includes a plurality of LED chips and two conductive electrodes. The LED chips are arranged in an array along an elongated direction of the LED filament. The two conductive electrodes are respectively disposed at two ends of the LED filament and connected to the LED chips. The two conductive electrodes are respectively connected to the two conductive supports. The LED filament is curled to satisfy symmetry characteristics. Brightness presented by portions of the LED filament in different quadrants in a top view or in a side view is in line symmetry or in point symmetry.
3	US	O		US20180084622A1		원문이미지	OPTICALLY CONTROLLED LIGHTING DEVICE AND CONTROL METHOD THEREOF	An optically controlled lighting group includes a plurality of optically controlled lighting devices, each of which includes a lighting main body, a dimming time controller and an optical detector. The light source is turned on during an on period corresponding to an on dimming signal, and the light source is turned off during an off period corresponding to the off dimming signal. If the ambient light intensity detected by the optical detector is different from a predetermined value, the light source is controlled by the dimming time controller. The light sources of the optically controlled lighting devices are sequentially and alternately enabled to illuminate at specified time intervals, and each of the specified time interval is shorter than the time period for producing persistence of vision.
4	US	E	EA	US9944413		원문이미지	Circuits and methods for reducing flicker in an LED light source	Method and circuits for balancing a first waveform used to drive an LED are disclosed herein. The first waveform has a first cycle with a first amplitude and a second cycle with a second amplitude. An embodiment of the method includes adjusting the first amplitude of the first cycle to match the second amplitude of the second cycle, the result being a second waveform. The LED is driven with the second waveform.

그림 5.4 다운로드된 파일의 일부

다운로드된 파일의 출원번호 필드 옆에 국가코드 및 기술분류 필드를 만들고 입력한다. 이 때 유효특허 선별 단계에서 세부 기술분류를 하지 않은 경우에는 이 단계에서 새로운 필드를 만들고 요약 및 도면 등의 내용을 확인하면서 세부 기술분류를 하여 적어넣는다.

이후 폴더별로 다운로드한 후 하나의 파일로 합쳐 최종 다운로드 파일을 생성한다.

최종 다운로드 파일이 만들어지면 이 파일을 엑셀의 다른 시트로 '값 붙여넣기'를 하여 원데이터(raw data)를 아래와 같이 생성한다.[5]

국가코	기술분	기술분	출원번	대표도	출원인국가	우선권번호(	출원인	현재소	발명자	국제특허분류	출원번호
US	C	CA	US20180119892A1		CN	CN 2014105105	ZHEJIANG	ZHEJIANG	JIANG; TAO	C F21K-009/232, H(	US15/858036
US	C	CA	US20180084622A1		CN	CN 2012100779	LIVINGSTY	LIVINGSTY	CHEN; MING-\	H05B-037/02, H0	US15/825781
US	E	EA	US9944413		US	US 13/667964 (	TEXAS INS	TEXAS INS	Sullivan; Timot	H05B-033/08, B6	US15/793276
US	C	CC	US20170330868A1		TW	TW 101119098	EPISTAR C	EPISTAR C	PU; CHI-CHIH	H01L-025/075, H(	US15/663125
US	B	BC	US20180100639A1		US	US 62/405864 (			Bennett; Richa	F21V-019/00	US15/638364
US	A	AA	US20170370552A1		DE	IT 1020160000€	OSRAM GN	OSRAM GN	Bizzotto; Aless	F21S-008/10, B6C	US15/629811
US	B	BC	US20180010776A1		KR	KR 10-2016-008			SHIM; Young (	F21V-021/14, F21	US15/624913

그림 5.5 값 붙여넣기 하여 생성된 raw data의 일부

3. 원 데이터(Raw Data) 가공

1) 중복데이터 제거

'출원번호'를 올림차순으로 정리한 후 새로운 열을 만들고 엑셀의 'IF' 함수를 사용하여 '중복 여부'를 확인하고, "중복"으로 표시된 행을 골라 삭제한다.[6]

---

[5] 검색DB에서 엑셀로 다운로드 받은 데이터는 대표도면 등을 담고 있어서 용량이 크다. 다른 시트에 '값 붙여넣기'를 하여 파일 용량을 줄일 필요가 있다.

[6] 같은 출원번호의 등록 건과 공개 건인 경우에는 등록 건을 남기고 공개 건을 삭제한다.

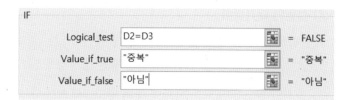

IF			
Logical_test	D2=D3	=	FALSE
Value_if_true	"중복"	=	"중복"
Value_if_false	"아님"	=	"아님"

그림 5.6 'IF' 함수의 입력 화면

국가코드	기술분류(	기술분류(	출원번호		명칭	출원인
US	C	CA	US9942965	아님	Light controlle	Alarm.com
US	A	AE	US20180106434A1	아님	Light Emitting	XIAMEN E(
US	B	BC	US20170138543A1	아님	Solid State Lar	Quarkstar
US	A	AE	US20170191623A1	아님	LED LIGHT	Shandong
US	C	CA	US20170164450A1	중복	SYSTEM, APPA	
US	C	CA	US20170164450A1	아님	SYSTEM, APPA	

그림 5.7 중복 여부가 표시된 raw data

2) 출원연도 필드 생성

출원일자 필드 옆에 새로운 열을 만들고 엑셀의 'left' 함수를 사용하여 출원연도 필드를 생성한다.

	O	P	Q	R	S
	출원번호	출원일	출원연도	공개번호	공개일
	US15/858036	2017.12.29	2017	US20180119892A1	2018.05.03
	US15/825781	2017.11.29	2017	US20180084622A1	2018.03.22
	US15/793276	2017.10.25	2017	US20180044040A1	2018.02.15
	US15/663125	2017.07.28	2017	US20170330868A1	2017.11.16
	US15/638364	2017.06.29	2017	US20180100639A1	2018.04.12
	US15/629811	2017.06.22	2017	US20170370552A1	2017.12.28
	US15/624913	2017.06.16	2017	US20180010776A1	2018.01.11
	US15/572434	2016.03.02	2016	US20180128429A1	2018.05.10

그림 5.8 출원연도 필드가 생성된 raw data

3) 출원인 국적 가공

① 출원인 국적이 2 이상인 경우, 가장 앞선 국적만을 남기고 삭제 한다.

출원인	출원인영:	출원인국가	
Busch & Mueller		DE	
Philips Solid-State Lighting S(		US	
Osram AG | OSRAM S.P.A. - S		DE IT	

그림 5.9 raw data의 출원인 국적 표시 예

② 출원인 국적이 없는 경우에는 우선권 국적에서 가져 오고, 우선권 국적에도 없으면 검색DB에서 검색하여 넣어 준다.

4) 출원인 대표명화

출원인 국적 정리와 마찬가지로 공동 출원인이 있는 경우에는 맨 처음 기재된 출원인만 남기고 삭제하며, 상이하게 표현된 출원인 명칭을 일치시켜 준다.

① 출원인 필드를 새로운 시트에 붙여 넣고, "텍스트 나누기"를 한 뒤 맨 앞의 출원인만 남기고 나머지 열 필드를 삭제한다. 복수 출원인이 정리된 출원인 필드를 다시 원데이터(raw data)에 삽입한다.

② 출원인이 기재되지 않은 경우는 검색을 통해 확인하여 넣어 준다.

③ 출원인 필드를 오름차순으로 정렬한 후, 다르게 표현된 출원인 명칭을 통일시킨다. 이 때 국가별로 언어가 다르게 표현된 출원인 명칭은 한글 또는 영문으로 일치시켜 주어야 한다.[7]

4. 정량분석

정량분석은 엑셀의 피벗테이블에서 시작된다. 피벗테이블은 아래와 같이 작성한다.

원데이터의 임의의 셀을 선택한 후, 리본 메뉴에서 [삽입] → [표] → [피벗테이블]을 선택하면 아래 피벗테이블(왼쪽)이 나타나며, 피벗테이블을 클릭하면 오른쪽에 피벗테이블 필드 및 필드를 끌어다 놓을 영역이 보인다. 필요로 하는 보고서에 따라 피벗테이블 필드를 선택하여 해당영역에 끌어다 놓으면 자동적으로 보고서가 작성된다.

그림 5.10 피벗테이블 예시

---

[7] 일본어로 기재된 출원인은 네이버의 일본어 사전을 활용하거나, 패밀리 정보를 통해 영문 출원인명을 확인한다.

1.   국가별 연도별 출원동향

1) 차트

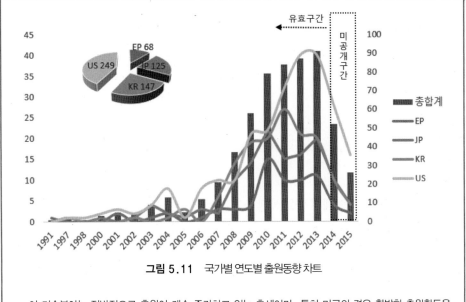

그림 5.11   국가별 연도별 출원동향 차트

- 이 기술분야는 전반적으로 출원이 계속 증가하고 있는 추세이며, 특히 미국의 경우 활발한 출원활동을 보이고 있음
- 전체 출원규모를 보면 미국이 42%로 가장 높은 점유율을 보이고 있고, 한국(25%), 일본(21%), 유럽(12%)의 순임
- 특히 2007년부터 2010년 사이에 급속히 출원이 증가하였음을 알 수 있음

2) 차트 작성 과정

① 피벗테이블에 아래와 같이 필드를 영역에 끌어다 놓는다.

- 사용필드: 국가코드(열), 출원연도(행), 출원번호(값)

② 작성된 보고서(하단 왼쪽)를 복사하고 빈 셀에 "값 붙여넣기"를 한 후, 값이 공백인 셀에 "0"을 입력한다(하단 오른쪽).

개수:출원번호	열 레이블				
행 레이블	EP	JP	KR	US	총합계
1991	1				1
1997			1	1	2
1998				1	1
2000		1		2	3
2001	2			3	5
2002		1	1	2	4
2003	1	4		4	9
2004	2	2	1	8	13
2005		1	3	1	5
2006	1	3		8	12
2007	3	2	6	10	21
2008	3	10	14	10	37
2009	4	14	19	21	58
2010	15	22	20	22	79
2011	10	15	27	32	84
2012	10	16	21	40	87
2013	11	20	20	40	91
2014	4	10	10	28	52
2015	2	4	4	16	26
총합계	69	125	147	249	590

행 레이블	EP	JP	KR	US	총합계
1991	1	0	0	0	1
1997	0	0	1	1	2
1998	0	0	0	1	1
2000	0	1	0	2	3
2001	2	0	0	3	5
2002	0	1	1	2	4
2003	1	4	0	4	9
2004	2	2	1	8	13
2005	0	1	3	1	5
2006	1	3	0	8	12
2007	3	2	6	10	21
2008	3	10	14	10	37
2009	4	14	19	21	58
2010	15	22	20	22	79
2011	10	15	27	32	84
2012	10	16	21	40	87
2013	11	20	20	40	91
2014	4	10	10	28	52
2015	2	4	4	16	26

그림 5.12 국가별 연도별 출원 건수

③ 전체 테이블을 선택하고, [삽입] → [차트] → [꺾은 선형]을 선택한다.

- 총합계 그래프는 [계열차트 종류변경] → [세로막대형]으로 바꾸고 세로축을 선택

④ 아래와 같은 표를 만들고 [3차원 원형차트]를 작성 한다.

EP	JP	KR	US
68	125	147	249

⑤ 필요에 따라 그래프의 모난 부분을 완만하게 바꾸고, 범례 위치를 변경하거나, 데이터 레이블을 추가한다.

국가별 기술성장 단계

1) 차트

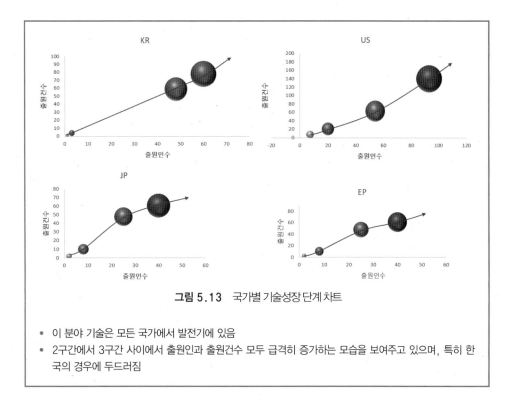

그림 5.13 국가별 기술성장 단계 차트

- 이 분야 기술은 모든 국가에서 발전기에 있음
- 2구간에서 3구간 사이에서 출원인과 출원건수 모두 급격히 증가하는 모습을 보여주고 있으며, 특히 한국의 경우에 두드러짐

2) 차트 작성 과정

① 먼저 원데이터에서 연도를 적절한 구간으로 나누어 "구간" 필드를 아래와 같이 작성해 둔다.

표 5.7 구간별 출원연도

구간	연도
1구간	1999-2002
2구간	2003-2006
3구간	2007-2010
4구간	2011-2014

② 피벗테이블에 아래와 같이 필드를 영역에 끌어다 놓는다.

- 사용필드: 국가코드(필터), 구간(행), 출원인대표명(행), 출원번호(값)

③ 보고서에서 국가코드 별로 필터링하고, 행레이블에서 [기타정렬 옵션] → [올림차

순 기준] → [개수: 출원번호]를 하여 만든 아래 왼쪽 보고 서(하단 생략)를 통해 오른쪽 도표를 만든다.

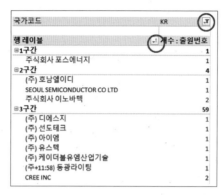

KR		
구간	출원인수	출원건수
1구간	1	1
2구간	3	4
3구간	48	59
4구간	60	78

그림 5.14 구간별 출원인 · 출원건수

④ 빈 셀에서 차트 종류로 거품형 차트를 클릭하면 아래와 같은 빈 차트가 만들어진다.

⑤ 리본 메뉴에서 [디자인] → [데이터 선택] → [추가]를 선택한 후 아래와 같이 해당범위를 드래그하여 입력한다.

- 계열 X값에 "출원인수"
- 계열 Y값에 "출원건수"
- 계열 거품크기에 "출원인수"

그림 5.15 거품형 차트 작성을 위한 데이터 추가 화면

⑥ 만들어진 버블에 [삽입] → [도형] → [곡선]을 통해 성장곡선을 만들고, 각 거품마다 클릭하여 색을 변경한다.

3. 국가별 주요 출원인 현황

1) 차트

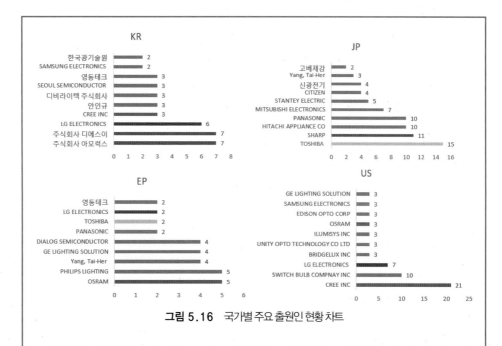

그림 5.16 국가별 주요 출원인 현황 차트

- 한국에서는 주식회사 디에스이와 아모럭스, 일본에서는 도시바와 샤프, 유럽에서는 오스람과 필립스 전광, 미국에서는 CREE와 SWITCH BULB가 주요출원인임을 알 수 있음
- CREE사는 미국 외에 한국에서, LG전자는 한국 외에 미국과 유럽에서 비교적 활발한 출원 활동을 보이고 있음

2) 차트 작성 과정

① 피벗테이블에 아래와 같이 필드를 영역에 끌어다 놓는다.

- 사용필드: 국가코드(필터), 출원인대표명(행), 출원번호(값)

② 보고서에서 국가코드 별로 필터링하고, 행레이블에서 [기타정렬옵션] → [내림차순 기준] → [개수: 출원번호]를 하여 만들어 지는 아래 보고서(왼쪽)를 통해 오른쪽 도표를 만든다.

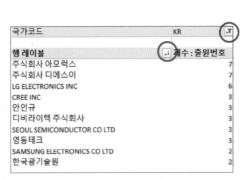

KR	
주식회사 아모럭스	7
주식회사 디에스이	7
LG ELECTRONICS	6
CREE INC	3
안인규	3
디비라이텍 주식회사	3
SEOUL SEMICONDUCTOR	3
영동테크	3
SAMSUNG ELECTRONICS	2
한국광기술원	2

그림 5.17 한국의 주요 출원인 및 출원건수

③ 위 오른쪽 도표로 "묶은 가로막대형 차트"를 작성한다.

④ "차트요소"에서 축제목과 데이터 레이블을 넣어주고, 눈금선을 제거하며, 주요출원인 차트의 색을 변경한다.

표 5.8 국가별 주요 출원인 현황

국가별 주요 출원인 현황표

순위	한국		일본		유럽		미국	
	특허권자	건수	특허권자	건수	특허권자	건수	특허권자	건수
1	㈜ 아모럭스(KR)	7	TOSHIBA(JP)	15	OSRAM(DE)	5	CREE(US)	21
2	㈜디에스이(KR)	7	SHARP(JP)	11	PHILIPS LIGHTING (NL)	5	SWITCH BULB (US)	10
3	LG전자(KR)	6	HITACHI APPLIANCE(JP)	10	Yang, Tae-Her(TW)	4	LG전자(KR)	7
4	CREE(US)	3	PANASONIC(JP)	10	GE LIGHTING(US)	4	BRIDGE LUX (US)	3
5	안인규(KR)	3	MITSUBISHI ELECTRONICS (JP)	7	DIALOG SEMI -CONDUCTOR (DE)	4	UNITY OPTO (TW)	3
6	디비라이텍(KR)	3	STANLEY ELECTRIC(JP)	5	PANASONIC(JP)	2	ILUMISYS(US)	3
7	서울반도체(KR)	3	CITIZEN(JP)	4	TOSHIBA(JP)	2	OSRAM(DE)	3
8	영동테크(KR)	3	신광전기(JP)	4	LG전자(KR)	2	EDISON OPTO (TW)	3
9	삼성전자(KR)	2	Yang, Tae-Her (TW)	3	영동테크(KR)	2	SAMSUNG 전자(KR)	3
10	한국광기술원(KR)	2	고베제강(JP)	2			GE LIGHTING (US)	3

- 미국의 CREE사가 전체적으로 가장 출원건수가 많으며, 미국 외에 한국에 출원하고 있음.
- LG전자는 한국, 미국, 유럽에 고루 출원하고 있고, TOSHIBA는 일본과 유럽, OSRAM은 유럽과 미국에서 출원활동이 활발함.

4. 주요 출원인 주력기술 및 공백기술

1) 차트

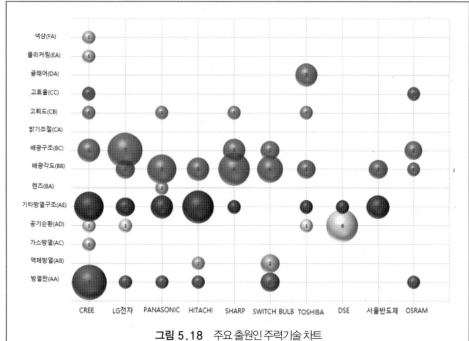

그림 5.18　주요 출원인 주력기술 차트

- CREE사는 방열판, 방열구조 기술분야에 집중하면서도 가장 다양한 기술분야를 연구하고 있음.
- LG전자는 배광구조, PANASONIC과 SHARP는 배광각도, HITACHI는 방열구조, DSE는 공기순환에 의한 방열 분야에 대한 기술개발이 활발함

2) 차트 작성 과정

① 피벗테이블에 아래와 같이 필드를 영역에 끌어다 놓는다.

- 사용필드: 출원인대표명(행), 기술분류[중-소](열), 출원번호(값)

② 행레이블에서 [기타정렬옵션] → [내림차순 기준] → [개수: 출원번호]로 하여 아래 보고서를 만든다.

개수 : 출원번호	열 레이블													
행 레이블	AA	AB	AC	AD	AE	BA	BB	BC	CA	CB	CC	DA	EA	FA
CREE INC	7		1	1	5			3		1	1		1	1
LG ELECTRONICS INC	1			1	2		2	7						
PANASONIC	1				3	1	5			1				
HITACHI APPLIANCE CO	1	1			6		3							
SHARP						1	6	3		1				
SWITCH BULB COMPNAY INC	2	2					4	2						
TOSHIBA				1	1		2			1		3		
주식회사 디에스이				6	1									
SEOUL SEMICONDUCTOR CO LTD					3		2							
Osram	1						1	2			1			

그림 5.19　기술분야별 주요 출원인 및 출원건수

위 보고서로 거품형 차트 작성을 위한 아래 도표를 만든다.

구분	CREE INC	LG ELECTR	PANASON	HITACHI A	SHARP	SWITCH B	TOSHIBA	주식회사 디에스이	SEOUL SEMICONDUCTOR	Osram
X축	1	2	3	4	5	6	7	8	9	10
Y축	1	1	1	1	1	1	1	1	1	1
AA	7	1	1	1		2				1
Y축	2	2	2	2	2	2	2	2	2	2
AB				1		2				
Y축	3	3	3	3	3	3	3	3	3	3
AC	1									
Y축	4	4	4	4	4	4	4	4	4	4
AD	1	1					1	6		
Y축	5	5	5	5	5	5	5	5	5	5
AE	5	2	3	6	1		1	1	3	
Y축	6	6	6	6	6	6	6	6	6	6
BA			1							
Y축	7	7	7	7	7	7	7	7	7	7
BB		2	5	3	6	4	2		2	1
Y축	8	8	8	8	8	8	8	8	8	8
BC	3	7			3	2				2
Y축	9	9	9	9	9	9	9	9	9	9
CA										
Y축	10	10	10	10	10	10	10	10	10	10
CB	1		1		1		1			
Y축	11	11	11	11	11	11	11	11	11	11
CC	1									1
Y축	12	12	12	12	12	12	12	12	12	12
DA							3			
Y축	13	13	13	13	13	13	13	13	13	13
EA	1									
Y축	14	14	14	14	14	14	14	14	14	14
FA	1									

그림 5.20 거품형 차트 작성용 도표

③ 빈 셀에서 차트 종류로 거품형 차트를 클릭하여 먼저 아래와 같은 빈 차트를 만든다.

④ 리본 메뉴에서 [디자인] → [데이터 선택] → [추가]를 선택한 후 아래와 같이 입력한다. 기술분야별로 이 작업을 반복한다.

- 계열 X값: 기술분야에 관계 없이 X축값
- 계열 Y값: 기술분야별 Y축값
- 계열 거품크기: 기술분야별 출원건수

계열 이름(N):	
	범위 선택
계열 X 값(X):	
=Sheet16!$C$3:$L$3	= 1, 2, 3, 4, 5,...
계열 Y 값(Y):	
=Sheet16!$C$4:$L$4	= 1, 1, 1, 1, 1,...
계열 거품 크기(S):	
=Sheet16!$C$5:$L$5	= 7, 1, 1, 1, , ...

그림 5.21 거품형 차트 작성용 데이터 입력 화면

⑤ 차트의 눈금, 레이블 및 차트의 색 등을 조정한 다음, 차트를 파워포인트로 옮겨 가로-세로에 주요출원인과 기술분야를 텍스트 상자로 넣어준다.

5. 주요 출원인 주력기술 분야-차트 및 작성과정

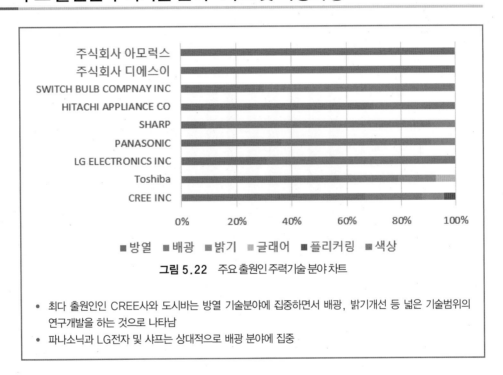

그림 5.22 주요 출원인 주력기술 분야 차트

- 최다 출원인인 CREE사와 도시바는 방열 기술분야에 집중하면서 배광, 밝기개선 등 넓은 기술범위의 연구개발을 하는 것으로 나타남
- 파나소닉과 LG전자 및 샤프는 상대적으로 배광 분야에 집중

① 피벗테이블에 아래와 같이 필드를 영역에 끌어다 놓는다.

- 사용필드: 기술분류-중(열), 출원인 대표명(행), 출원번호(값)

② 피벗 보고서를 통해 아래와 같은 도표를 만든 후 "100% 기준 누적가로막대형" 차트를 선택한다.

출원인	방열	배광	밝기	글래어	플리커링	색상
GREE INC	16	5	2		1	
Toshiba	8	3	2	1		
LG ELECTRONICS INC	4	9				
PANASONIC	4	6	1			
SHARP	1	9	1			
HITACHI APPLIANCE CO	7	3				
SWITCH BULB COMPNAY INC	3	7				
주식회사 디에스이	7					
주식회사 아모럭스	7					

그림 5.23 주요 출원인별 주력기술

6. 기술분야/연도별 출원동향

1) 차트

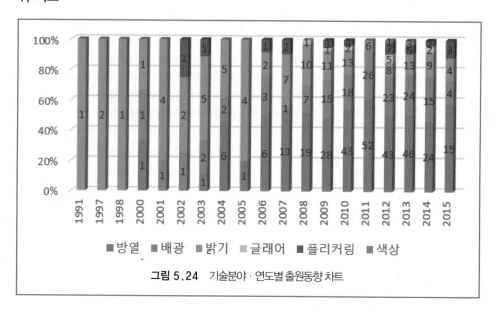

그림 5.24 기술분야·연도별 출원동향 차트

2) 차트 작성 과정

① 피벗테이블에 아래와 같이 필드를 영역에 끌어다 놓는다.

- 사용필드: 기술분류-중(열), 출원연도(행), 출원번호(값)

② 보고서(왼쪽)를 통해 오른쪽 표를 만들고, "3차원 100%기준 누적 세로막대형" 차트를 작성한다.

개수:출원번호	열 레이블						
행 레이블	A	B	C	D	E	F	종합계
1991			1				1
1997			2				2
1998			1				1
2000	1	1	1				3
2001		1	4				5
2002		1	2		1		4
2003	1	2	5		1		9
2004	6	2	5				13
2005	1		4				5
2006	6	3	2		1		12
2007	11	1	7		2		21
2008	19	7	10	1			37
2009	28	15	11	1	3		58
2010	43	18	13	2	3		79
2011	52	26	6				84
2012	43	23	8	5	7	1	87
2013	46	24	13		5	3	91
2014	24	15	9	2	2		52
2015	15	4	4		3		26
종합계	296	143	108	11	28	4	590

행 레이블	방열	배광	밝기	글래어	플리커링	색상
1991			1			
1997			2			
1998			1			
2000	1	1	1			
2001		1	4			
2002		1	2		1	
2003	1	2	5		1	
2004	6	2	5			
2005	1		4			
2006	6	3	2		1	
2007	11	1	7		2	
2008	19	7	10	1		
2009	28	15	11	1	3	
2010	43	18	13	2	3	
2011	52	26	6			
2012	43	23	8	5	7	1
2013	46	24	13		5	3
2014	24	15	9	2	2	
2015	15	4	4		3	

그림 5.25 기술분야 · 연도별 출원건수

7. 기술분야별 출원인 · 출원건수 동향

1) 차트

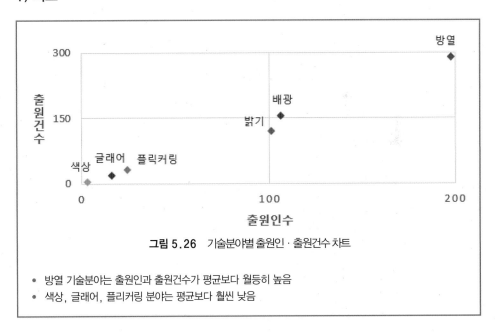

그림 5.26 기술분야별 출원인 · 출원건수 차트

- 방열 기술분야는 출원인과 출원건수가 평균보다 월등히 높음
- 색상, 글래어, 플리커링 분야는 평균보다 훨씬 낮음

2) 작성 과정

① 피벗테이블에 아래와 같이 필드를 영역에 끌어다 놓는다.

- 사용필드: 기술분류-중(열), 출원인대표명(행), 출원번호(값)

② 보고서(왼쪽)에서 열레이블을 '기술분류-중'에 따라 필터링하여 오른쪽 표를 만들고, 차트 종류 "분산형"을 선택한다.

개수 : 출원번호	열 레이블	
행 레이블	D	
3M INNOVATIVE PROPERTIES CO		1
ANNO OFFICE		1
Livingstyle Enterprises Limited		1
LIVINGSTYLE ENTERPRISES LTD		1
Marius; Tamas		1
ROKI		1
SEKISUI PLASTICS		1
Sekisui Plastics Co., Ltd.		1
SemiLEDs Optoelectronics Co., Ltd.		1
SEMIOPTOELECTRONICS CO LTD		1
TOSHIBA		3
江昆淵		1
손재설		1
심현섭		1
井上俊明		1
築光光電股		1
총합계		18

	출원인수	출원건수
방열	198	289
배광	106	154
밝기	101	119
글래어	16	18
플리커링	24	31
색상	3	3
평균값	81.3	102.3

그림 5.27 기술분야별 출원인 · 출원건수

표 5.9 특허분석지표

특허분석 지표의 의미

특허활동지수 (Activity Index)	$AI = \dfrac{\dfrac{\text{특정 기술분야 특정출원인 출원건수}}{\text{특정 기술분야 출원건수}}}{\dfrac{\text{특정 출원인 총 출원건수}}{\text{총 출원건수}}}$	• 특정 출원인(국가)의 전체 특허 중에서 특정기술 전체의 특허집중도를 나타내는 지수
인용도 지수 (Cites Per Patent)	$CPP = \dfrac{\text{피인용수}}{\text{특허건수}}$	• 특정 특허권자의 특허들이 이후 등록된 특허들에의해 피인용된 수의 평균값 • 미국등록특허에 한정 • CPP가 크면 특허의 질적 수준이 높다고 볼 수 있음
영향력 지수 (Patent Impact Index)	$PII = \dfrac{\dfrac{\text{특정 기술의 피인용수}}{\text{특정 기술의 특허수}}}{\dfrac{\text{전체 피인용수}}{\text{전체 특허수}}}$	• 특정 출원인이 소유한 특정 기술의 질적 수준을 평가하는 지수
기술력 지수 (TS: Technology Strength)	$TS = \text{특허건수} \times \text{영향력지수}$	• 특정 기관(국가)의 기술적 역량을 나타내는 지표 • 질적 수준과 양적 측면을 함께 고려
시장확보지수 (Patent Family Size)	$PFS = \dfrac{\sum_{i=1}^{N} F_i}{N}$	• 시장확보력의 지표임 • 해외출원을 많이 했다는 것은 출원인이 중요 특허로 판단했다고 볼 수 있음 • 하나의 발명에 대하여 여러 나라에 출원된 특허 들을 패밀리 특허라 함

8. 특허분석 지표-특허 활동지수(AI)

1) 차트

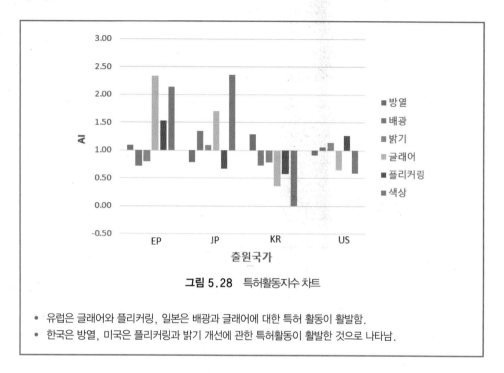

그림 5.28 특허활동지수 차트

- 유럽은 글래어와 플리커링, 일본은 배광과 글래어에 대한 특허 활동이 활발함.
- 한국은 방열, 미국은 플리커링과 밝기 개선에 관한 특허활동이 활발한 것으로 나타남.

2) 차트 작성 과정

① 피벗테이블에 아래와 같이 필드를 영역에 끌어다 놓는다.

- 사용필드: 국가코드(열), 기술분류-중(행), 출원번호(값)

② 피벗보고서로 아래 국가별, 기술별 출원건수에 관한 표를 만들고, 이로부터 국가별 기술별 AI를 계산한다.

행 레이블	EP	JP	KR	US	총계
A	38	49	95	114	296
B	12	41	26	64	143
C	10	25	21	52	108
D	3	4	1	3	11
E	5	4	4	15	28
F	1	2		1	4
총계	69	125	147	249	590

그림 5.29 국가별 · 기술별 출원건수

기술 분류	EP	JP	KR	US
방열	1.10	0.78	1.29	0.91
배광	0.72	1.35	0.73	1.06
밝기	0.79	1.09	0.78	1.14
글래어	2.33	1.71	0.36	0.65
플리커링	1.53	0.67	0.57	1.27
색상	2.14	2.36	0.00	0.59

그림 5.30 국가별 · 기술별 특허활동지수(AI)

③ 위 표로 '세로막대형' 차트를 작성하고, 세로축 [축서식]에서 [축 값]을 '1.0'으로 변경한다.

9. 특허분석 지표 – 출원인국적별 시장확보지수(PFS)

1) 차트

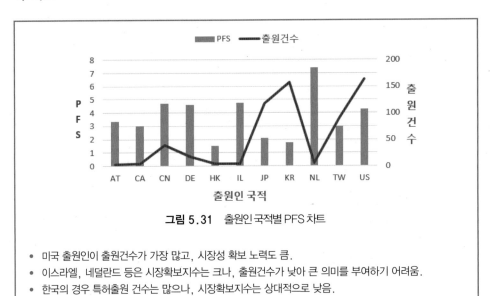

그림 5.31 출원인 국적별 PFS 차트

- 미국 출원인이 출원건수가 가장 많고, 시장성 확보 노력도 큼.
- 이스라엘, 네덜란드 등은 시장확보지수는 크나, 출원건수가 낮아 큰 의미를 부여하기 어려움.
- 한국의 경우 특허출원 건수는 많으나, 시장확보지수는 상대적으로 낮음.

2) 차트 작성 과정

① 피벗테이블에 아래와 같이 필드를 영역에 끌어다 놓는다.

- 사용필드: 출원인 국가(행), 출원번호(값), (INPADOC) 패밀리국가수(값)
- 이때 INPADOC 패밀리국가수 값 필드 설정을 "합계"로 변경 한다.
- 원데이터의 INPADOC 패밀리국가수 값이 '텍스트 형식'으로 저장되어 있으면 '숫자' 형식으로 변경한다.

② 패밀리국가수를 출원건수로 나누어 아래와 같이 PFS를 계산한다.

행 레이블 ▼	개수: 출원번호	합계: INPADOC패밀리국가수
AT	3	10
CA	3	11
CN	31	168
DE	17	82
GB	2	8
HK	4	6
IL	4	19
IN	1	1
JP	114	241
KR	152	281
KY	1	4
NL	5	37
SG	3	12
TW	88	246
US	161	723
VG	1	4
총합계	590	1853

국적	패밀리국가수	출원건수	PFS
AT	10	3	3.333333
CA	12	4	3
CN	184	39	4.717949
DE	78	17	4.588235
HK	6	4	1.5
IL	19	4	4.75
JP	248	118	2.101695
KR	278	158	1.759494
NL	37	5	7.4
TW	267	90	2.966667
US	699	163	4.288344

그림 5.32 출원인 국적별 PFS

③ 출원인 국적, 출원건수 및 PFS를 선택하고, [차트종류] → [콤보]에서 PFS에 대하여 '보조축'을 선택한다.

10. 특허분석 지표–인용도 지수(CPP)

1) 차트

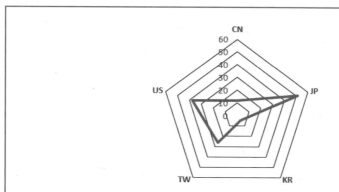

그림 5.33 출원인 국적별 CPP 차트

- 미국과 일본은 질적 수준이 높은 원천특허들을 많이 출원 하는 것으로 나타남.
- 한국과 중국은 상대적으로 특허출원의 질이 낮음.

2) 차트 작성 과정

① 피벗테이블에 아래와 같이 필드를 영역에 끌어다 놓는다.

- 사용필드: 국가코드(필터), 문헌종류*(필터), 출원인 국가(행), 출원번호(값), (자국)피인용문헌수(값)

> *미국 특허출원이 공개된 것은 2001년 이후이다. 그 전까지 공개 공보 없이 등록공보(A)만 발행되었다. 공개제도 시행 이후 공개 공보 없이 발행된 등록공보가 B1, 공개공보가 있고 등록공보가 발행되었을 때는 B2로 표시한다.

- 미국 등록특허에 한정하기 위하여 원데이터에서 미국 등록공보와 공개공보를 구별하여 '문헌종류' 필드를 만들어 둔다. 미국특허의 문헌종류는 A와 B1, B2가 '등록', A1은 '공개'이다(문헌종류 표시가 없는 건은 등록 건임).

② 국가코드를 US, 문헌종류를 '등록'으로 설정하고, 자국피인용 횟수를 우클릭하여 아래와 같이 [값필드 설정]에서 [값요약 기준]을 '개수'에서 '합계'로 바꿔준다.

- '합계'로 바꿀 때 오류가 나는 경우에는 원데이터에서 자국피인용 횟수의 데이터들을 클릭하여 저장형식을 "숫자로 저장"으로 바꿔 주고 빈칸에는 '0'을 넣어 준다.

③ 아래 좌측 보고서에서 출원건수가 적은 국가들을 제외하고 CPP를 정리하면 우측 도표가 된다. 이 도표에서 출원인국가와 CPP로 방사형 차트를 만들면 된다.

출원인국가	출원건수	피인용횟수
AT	1	1
CN	8	40
DE	4	2
HK	4	6
JP	5	294
KR	11	52
KY	1	14
NL	1	2
SG	3	8
TW	33	863
US	89	3804
VG	1	34

출원인국가	출원건수	피인용횟수	CPP
CN	8	40	5.00
JP	5	294	58.80
KR	11	52	4.73
TW	33	863	26.15
US	89	3804	42.74

그림 5.34 출원인 국적별 CPP

11. 분석지표 간 상관관계 – CPP&PFS(국적별)

1) 차트

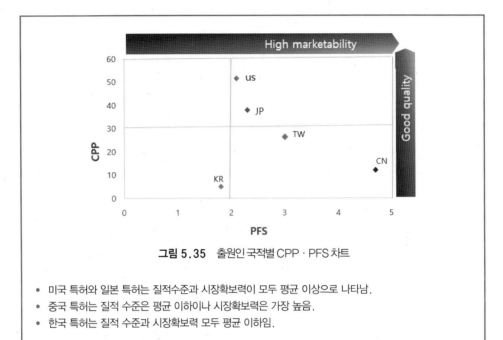

그림 5.35 출원인 국적별 CPP · PFS 차트

- 미국 특허와 일본 특허는 질적수준과 시장확보력이 모두 평균 이상으로 나타남.
- 중국 특허는 질적 수준은 평균 이하이나 시장확보력은 가장 높음.
- 한국 특허는 질적 수준과 시장확보력 모두 평균 이하임.

2) 차트 작성 과정

① 피벗테이블에 아래와 같이 필드를 영역에 끌어다 놓는다.

- 사용필드: 국가코드(필터), 문헌종류(필터), 출원인 국가(행), 출원번호(값), 자국 피인용문헌수(값), 패밀리국가수(값)

② 다음 피벗테이블 보고서를 통해 출원국, PFS, CPP 도표를 작성한다(국가코드 미국, 문헌종류 등록 선택).

국가코드	US		
문헌종류	등록		
행 레이블	개수 : 출원번호	합계 : 자국피인용횟수	합계 : INPADOC패밀리국가수
AT	1	1	6
CN	8	40	28
DE	4	2	16
HK	4	6	6
JP	5	294	23
KR	11	52	31
KY	1	14	4
NL	1	2	4
SG	3	8	12
TW	33	863	79
US	89	3804	345
VG	1	34	4
총합계	161	5120	558

그림 5.36 출원인 국적별 피인용횟수 · 패밀리국가수

③ 출원인국가, PFS 및 CPP 데이터로 "분산형"을 선택하여 차트를 작성한다.

출원인국가	출원건수	패밀리국가수	피인용건수	PFS	CPP
CN	8	28	40	3.5	5.00
JP	5	23	294	4.6	58.80
KR	11	31	52	2.82	4.73
TW	33	79	863	2.39	26.15
US	89	345	3804	3.88	42.74

그림 5.37 출원인 국적별 CPP · PFS

12. 분석지표 간 상관관계 – CPP&PFS(출원인별)

1) 차트

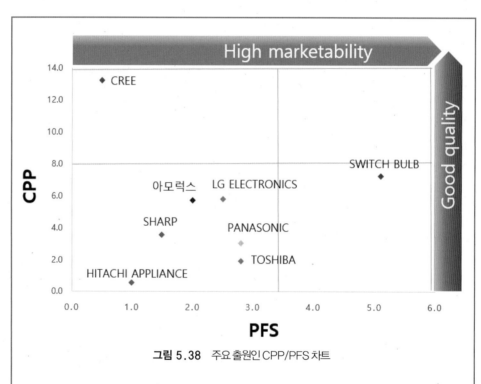

그림 5.38 주요 출원인 CPP/PFS 차트

- SWITCH BULB사가 특허의 질적 측면과 시장확보력에서 모두 우수
- CREE사는 시장확보력은 낮은 수준이나, 특허의 질적 측면은 매우 우수한 수준임
- LG전자와 아모럭스 등은 특허의 질적 측면에서 평균 이상임
- HITACHI는 특허의 질적 측면과 시장확보력 모두 평균보다 낮은 수준임

2) 차트 작성 과정

① 피벗테이블에 아래와 같이 필드를 영역에 끌어다 놓는다.

- 사용필드: 국가코드(필터), 문헌종류(필터), 출원인대표명(행), 출원번호(값), 자국피인용문헌수(값), 패밀리국가수(값)

② 피벗테이블 보고서에서 국가코드 → 미국, 문헌종류 → 등록을 선택하고, 행레이블에서 기타 정렬옵션 → 내림차순 기준 → 출원번호로 변경하면 다출원인부터 내림차순으로 정렬된다.

③ 피인용횟수와 패밀리국가수에서 값필드 설정을 '합계'로 변경하면 피인용횟수와 패밀리국가수가 나타난다.

국가코드	US	
문헌종류	등록	

행 레이블	개수 : 출원번호	합계 : 자국피인용횟수	합계 : INPADOC패밀리국가수
CREE INC	17	270	111
LG ELECTRONICS INC	6	47	15
SWITCH BULB COMPNAY INC	5	72	26
BRIDGELUX INC	3	48	3
LEDLAB LLC	3	2	3
SEASONAL SPECIALTIES	3	51	3
UNITY OPTO TECHNOLOGY CO LTD	3	0	17
Hu; Wen-Sung	3	25	3
ILUMISYS INC	3	50	10
3M INNOVATIVE PROPERTIES CO	3	50	19
SAMSUNG ELECTRONICS CO LTD	2	2	8

그림 5.39 출원인별 피인용횟수 · 패밀리국가수

④ 피벗보고서를 빈셀에 복사한 후 PFS와 CPP를 계산하여 아래 도표를 만들고, [차트종류] → [분산형]으로 하여 차트를 작성한다.

회사명	출원건수	패밀리수	인용건수	CPP	PFS
CREE	21	11	27	13.2	0.5
LG ELECTRONICS	13	32	75	5.8	2.5
PANASONIC	11	31	33	3.0	2.8
HITACHI APPLIANCE	11	11	6	0.5	1.0
SHARP	10	15	35	3.5	1.5
SWITCH BULB	10	51	72	7.2	5.1
TOSHIBA	8	22	15	1.9	2.8
아모럭스	7	14	40	5.7	2.0

그림 5.40 주요 출원인별 CPP/PFS

5.   정성분석

1.   정성분석의 의의

정성분석이란 정량분석과 달리 특허문헌에 수록된 정보를 내용적으로 파악하고 분석하는 것을 말한다. 정성분석에서는 올바른 핵심특허의 선정이 가장 중요하다.

핵심특허는 ㉠ 해당 기술분야의 원천특허, ㉡ 해당 기술분야의 연구 개발에 참고해야 할 특허, ㉢ 해당 기술 관련 발명을 실시할 때 침해 우려가 있는 특허 등이다.

핵심특허를 선정하는 기준은 특허정보분석의 목적에 따라 달라질 수 있다. 예를 들어, 신규 기술개발 방향 설정을 위한 경우에는 해당 기술분야의 원천특허와 연구개발에 참고해야 할 특허가 대상이 되겠지만, 제품을 생산·판매하려는 경우에는 침해 우려가 있는 경쟁사의 특허 또는 이러한 특허를 무효시킬 수 있는 특허문헌이 대상이 될 것이다.

일반적으로 핵심특허는 주요 특허 분석지표를 활용한 정량적 평가와 특허의 내용에 대한 정성적 평가를 함께 고려하여 선정한다.

정량적 평가 기준은 아래와 같다.[8]

① 전방인용도(F1)가 높은 특허
② 특허패밀리수(PFS)가 많은 특허
③ 전체청구항과 독립청구항의 수가 많은 특허
④ 후방인용도(B1)가 높은 특허
⑤ 미국 출원에서 계속출원이 많은 특허
⑥ PCT 출원되어 있는 특허
⑦ 유명학술지나 언론에 소개된 특허
⑧ 우수한 연구자 또는 업계 선도기업의 특허
⑨ 침해소송, 무효심판 등 분쟁이 많은 특허

2.   핵심특허의 선정

'LED 전구과제'에 대하여 통상적인 선정기준과 특허 건수 등을 고려하여 아래와 같은 기준으로 핵심특허를 선정하였다.

① 미국, 유럽, 일본을 특허패밀리로 포함한 특허 또는 미국을 포함하여 5개 이상의 특허패밀리를 가진 특허

---

[8] 특허청·한국발명진흥회, 이공계를 위한 특허의 이해(2), 박문각, 2015, 190면 참조.

② 전방 인용도(F1)가 평균 이상인 특허

- 이 때 특허등록연도를 참고하여, 최신 특허(및 공개특허)의 경우에는 인용도가 낮더라도 다른 지표(패밀리문헌수가 큰 특허, 청구항수가 많은 특허, 업계 선도 기업 의 특허 등)를 감안하여 남겨둔다.

③ 특허청구범위 분석을 통하여 정성평가를 실시한다.

1) 정량적 기준에 의한 핵심특허 선정(1차)

① 원데이터에서 패밀리 국가수를 내림차순으로 정리하고, 패밀리 국가와 국가수를 확인하고 기준에 해당되는 특허만을 선택하여 별도의 시트로 복사한다.

② ①에서 선택된 특허를 대상으로 피인용건수(F1)를 내림차순으로 정리하고, 등록연 도를 고려하면서 (평균 이상을) 적절히 선택한다.

등록번호	등록일	INPADOC패밀리수	자국피인용횟수	INPADOC패밀리국가	INPADOC패밀리국가수
US7064498	2006.06.20	374	384	AT,AU,CA,CN,DE,DK,EP,ES	14
US6528954	2003.03.04	374	563	AT,AU,CA,CN,DE,DK,EP,ES	14
US7344279	2008.03.18	374	501	AT,AU,CA,CN,DE,DK,EP,ES	14
US9625105	2017.04.18	94	7	CN,DE,EP,JP,KR,MX,TW,U	9
US9500325	2016.11.22	94	31	CN,DE,EP,JP,KR,MX,TW,U	9
US9316361	2016.04.19	94	19	CN,DE,EP,JP,KR,MX,TW,U	9
US9217544	2015.12.22	94	0	CN,DE,EP,JP,KR,MX,TW,U	9
US9062830	2015.06.23	94	30	CN,DE,EP,JP,KR,MX,TW,U	9
US8931933	2015.01.13	94	21	CN,DE,EP,JP,KR,MX,TW,U	9
US8882284	2014.11.11	94	26	CN,DE,EP,JP,KR,MX,TW,U	9
US8632196	2014.01.21	94	13	CN,DE,EP,JP,KR,MX,TW,U	9
US8596825	2013.12.03	10	48	BR,CN,EP,JP,KR,TW,US,W	8
US9057489	2015.06.16	35	6	AU,BR,CA,CN,EP,JP,US,W	8
US8421322	2013.04.16	13	68	CA,CN,EP,JP,MX,US,WO	7
US8890419	2014.11.18	9	26	CN,EP,JP,KR,RU,US,WO	7
US9243758	2016.01.26	10	23	CN,EP,KR,TW,US,WO	6
US6939009	2005.09.06	8	27	AU,CA,EP,JP,US,WO	6
US6746124	2004.06.08	8	81	AU,CA,EP,JP,US,WO	6
US8513894	2013.08.20	7	32	CN,JP,KR,TW,US	5
US9234655	2016.01.12	11	15	CN,EP,TW,US,WO	5
US8757839	2014.06.24	25	6	CN,EP,TW,US,WO	5
US8591062	2013.11.26	25	22	CN,EP,TW,US,WO	5
KR1826946B1	2018.02.01	5	0	CN,EP,KR,US,WO	5
EP03099971B1	2018.03.14	5	0	CN,EP,JP,US,WO	5
JP5705612B9	2015.03.06	7	4	CN,EP,JP,US,WO	5
JP4138586B9	2008.06.13	8	11	CN,EP,JP,KR,US	5
JP5353216B9	2013.09.06	5	10	CN,EP,JP,US,WO	5
US9544960	2017.01.10	11	34	CN,DE,JP,US	4

그림 5.41 정량적 기준에 의해 선별된 핵심특허 예시

2) 정성적 핵심특허 선정(2차)

① Citation Map을 통해 인용관계를 파악해 본다.

그림 5.42 Citation Map

② 기술분류별로 특허청구범위를 확인하고 권리범위 분석을 통해 정성적 판단을 한다. 권리범위 분석을 통하여 그 권리범위가 넓고 다른 특허의 원천기술이 되는 특허, 기술의 발전 흐름상 중요도가 높다고 판단되는 특허 등을 핵심특허로 선정한다.

예를 들어 미국 등록특허 7144135호(LED 램프 방열판)의 권리범위 분석을 위한 'Claim chart'를 아래와 같이 작성할 수 있다.

표 5.10 US 7144135호 Claim Chart

주구성요소(제1항)		부구성요소	한정사항
A	쉘	a: 공기통과 구멍(제3항)	• 팬에서 보내는 공기가 통과할 수 있도록 쉘 내에 공기통과구멍 형성
B	광반사부		
C	LED		
D	방열판	d-1: 핀(fin)(제5항) d-2: 열파이프(제6항)	• 핀은 방열판 외각에 형성 • 열파이프는 쉘 외부까지 확장
E	팬		• 팬은 쉘내 위치하고, 방열판 위로 공기를 보내기 적합하도록 형성
F	전기 접점 베이스		• 전기접점베이스는 스크류 타입

3) 핵심특허 목록

위와 같은 기준에 의해 선정하여 핵심특허 목록을 작성한다. 아래는 작성(예)이다.

표 5.11 핵심특허 목록

특허번호	발명의 명칭	출원일(등록일)	출원인	존속기간 만료예정일
US7144135	LED lamp heat sink	2003-11-26 (2006-12-05)	Philips Lumileds Lighting Co.	2024-08-09
US6939009	Compact work light with high illumination uniformity	2004-07-01 (2005-09-06)	Optics 1 Inc.	2024-07-01
US7344279	Thermal management apparatus for lighting devices	2004-12-13 (2008-03-18)	Philips Solid-State Lighting	2024-12-31
US7976187	Uniform intensity LED lighting system	2008-03-27 (2011-07-12)	Cree, Inc.	2028-04-02
JP5218751B9	Bulb type lamp	2008-07-30 (2013-03-15)	Toshiba	2028-07-30
US8596821	LED light bulb	2010-06-08 (2013-12-03)	Cree Inc.	2031-10-03
US8740415	Partitioned heatsink for improved cooling of LED bulb	2011-07-08 (2014-06-03)	Switch bulb Co.	2032-01-12
EP3099971B1	LED BULB	2015-01-19 (2018-03-14)	Philips Lighting	

4) 핵심특허 요지(예)

발명의 명칭	LED light bulbs		
기술분야	공기순환 방열 (AD)	출원국가	US
출원번호(출원일)	US12/796555(2010-06-08)	출원인	Cree Inc.
공개번호(공개일)	20110298371A1(2011-12-08)	등록번호(등록일)	US8596821(2013-12-03)
기술 요지	LED 전구의 대류 냉각을 위해 커버 부분에 구멍이 있고, 방열을 위해 열전도가 높은 재료를 사용한다.		
대표 청구항	(청구항 1항) 전기적 트레이스, 패턴화된 기판, 같은 평면상에 존재하지 않는 LED, 열전도성 물체와 기판을 연결하는 커넥터, 외부와 연결된 방열판을 포함하는 LED 전구(청구항 8-10항) 추가적으로 내부에 공간을 만들어 개구부를 통해 공기순환을 할 수 있는 LED 전구		
도면	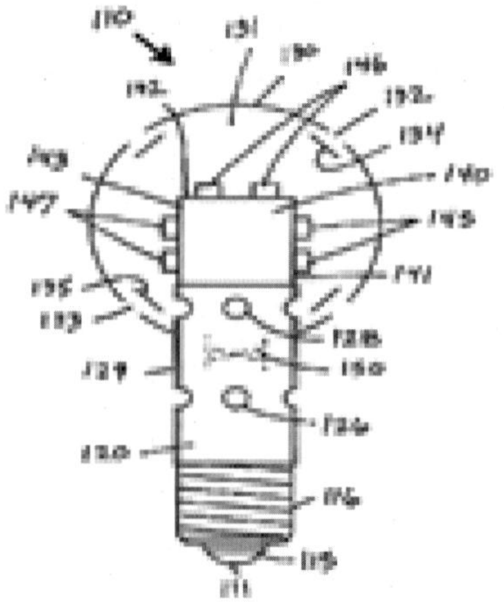		
선정 이유	• 전구 내부에 열에 의한 대류현상으로 공기순환을 하는 방열 방법으로서 청구항이 넓은 권리범위를 갖고 있다고 판단됨 • 이 분야 최다 출원인의 특허이면서, 출원인의 최다 피인용 (103) 특허임		

그림 5.43 US8596821 요지

발명의 명칭	Partitioned heatsink for improved cooling of an LED bulb		
기술분야	방열판 (AA)	출원국가	US
출원번호(출원일)	US13/068867(2011-07-08)	출원인	Switch Bulb Co.
공개번호(공개일)	US20130010480A1(2013-01-10)	등록번호(등록일)	US 8740415(2014-06-03)
기술 요지	LED 전구는 쉘 내에 위치하며 쉘과 베이스 사이에 방열판이 있다. 열장벽이 쉘에 인접한 상부구역과 베이스에 인접한 하부구역으로 방열판을 분할한다.		
대표 청구항	(청구항 1항) 쉘, 쉘 안에 있는 LED, LED와 전기적으로 연결된 구동회로, LED구동회로와 전기적으로 연결된 베이스, 쉘과 베이스 사이에 칸막이를 형성하는 방열판을 포함하고 칸막이 윗부분과 아랫부분을 경유하여 LED전구의 열을 방출하는 LED전구		
도면	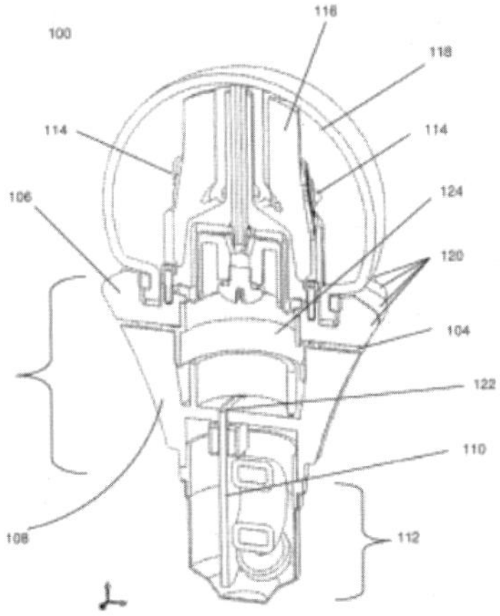		
선정 이유	• 본 발명은 전구 내부에 열에 의한 영향을 덜 받기 위하여 방열판 사이에 칸막이를 형성한 것으로, 열 차단을 하기 때문에 효율적인 열관리가 가능하다고 판단됨 • 이 분야의 대표기업으로서, 다수의 피인용건수(65) 및 패밀리 건수(7)를 갖는 특허임		

그림 5.44 US8740415 요지

3. 기술발전도 작성

기술발전도(기술흐름도)란 핵심특허를 위주로 이들을 기술분류별, 특허 발생시기별 등으로 적절히 그룹핑하고, 각 특허의 핵심내용을 기입하여 도표화하는 분석방법을 말한다.

기술발전도는 기술을 시간의 흐름에 따라 나열함으로써 기술의 발전과정 및 중요 대상 기술을 파악할 수 있다.

핵심특허의 수가 충분하다면 세부 기술분야별로 기술발전도를 작성하면 더욱 바람직하다.

2003	2004	2008-9	2010-11	2015
US 등록 7144135 출원일자: 2003-11-26 출원인 : Philips Lumileds Lighting 발명의 명칭 : LED lamp heat sink 요약 : LED 빛을 반사하는 광 반사기를 갖고 히트싱 크 위에서 공기를 이동 시켜 방열한다	US 등록 6939009 출원일자: 2004-07-01 출원인 : Optics 1 Inc. 발명의 명칭 : Compact work light with high illumination uniformity 요약 : 고휘도의 조명 균일성 을 갖는 광 빔을 생성하 는 압축 작업이 개시	US 등록 7976187 출원일자: 2008-03-27 출원인 : Cree Inc. 발명의 명칭 : Uniform intensity LED lighting system 요약 : 광 확산 판상에 광을 방 출하도록 동작 가능한 복수의 발광 장치를 구 비한 조명기구	US 등록 8596821 출원일자: 2010-06-08 출원인 : Cree Inc. 발명의 명칭 : LED light bulb 요약 : LED 전구베이스, 커버 부 및 강제 대류 냉각 을 위한 강제 유동요소 의 개구부를 포함한다	EP 등록 3099971B1 출원일자: 2015-01-19 출원인 : Philips solid state lighting 발명의 명칭 : LED bulb 요약 : LED가 개방단부와 관형 캐리어 상에 장착되고 튜브가 대류 흐름을 만 들어 냉각을 촉진한다
	US 등록 7344279 출원일자: 2004-12-13 출원인 : Philips solid state Lighting 발명의 명칭 : Thermal management Apparatus for lighting devices 요약 : 팬, 상 변화재료, 도전 성 폴리머, 통풍구등 열 설비를 포함한 LED 조 명 시스템	JP 등록 5218751B9 출원일자: 2008-07-30 출원인 : Toshiba 발명의 명칭 : Bulb type lamp 요약 : 조립성을 확보하면서 배광의 균일성의 저하 를 억제한 전구형LED램 프를 제공한다	US 등록 8740415 출원일자: 2011-07-08 출원인 : Switch bulb Co. 발명의 명칭 : Partitioned heatsink for improved cooling 요약 : LED는 전구베이스의 구 동회로에 접속되고, 쉘 과베이스 사이에 분할 된 히트 싱크를 갖는다.	

그림 5.45 기술발전도 예시

4. 매트릭스 분석 및 공백기술의 선정

매트릭스 분석은 통상 분석하고자 하는 특허들의 서로 다른 특징들을 가로, 세로로 나 누어 여러 항목으로 세분화한 후, 특허정보들을 포지셔닝시켜 공백기술의 파악 등 유 의미한 분석결과를 이끌어 내는 분석방법을 말한다.

세로항목·가로항목은 필요에 따라 아래와 같이 여러 형태로 만들 수 있다.

① 출원인·기술분류 매트릭스
② 목적·해결수단 매트릭스
③ 기술분류·연도 매트릭스
④ 출원인·연도 매트릭스

1) 기술분류 · 연도 매트릭스

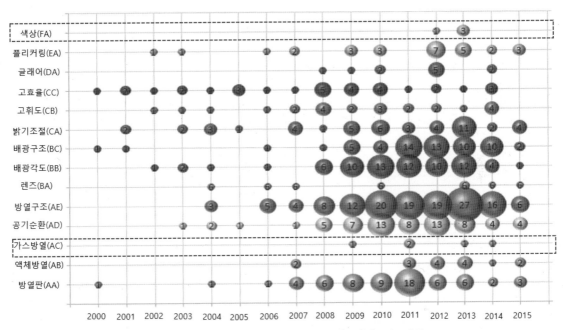

그림 5.46 기술분류 · 연도별 매트릭스 예시

위 기술분류·연도 매트릭스를 보면 가스방열과 색상(개선)에 관한 기술분야가 연구가 별로 이루어지지 않는 '공백기술'에 가깝다는 것을 알 수 있다.

다만 공백기술이라고 하여 향후 기술개발에 유리한 분야라고 단정할 수는 없다. 그 원인이 기술개발이 어렵거나 기술개발에 따른 효과가 크지 않기 때문일 수도 있으므로, 그에 대한 충분한 검토가 필요하다.

2) 목적 · 해결수단 매트릭스

아래와 같이 기술개발의 목적과 해결수단에 대한 특허건수를 가로·세로로 배치하여 공백기술을 찾아낼 수 있다.[9]

---

9) 출처: 한국발명진흥회 cpu 사전교육 강의자료('14.7)

수단 \ 목적	공기극/양극				전해질				음극		셀/모듈/패키징		기타
	공기극담체	촉매	촉매제조	산소투과막	고체전해질	수계전해질	유기전해질	이중전해질	음극	음극보호막	셀구조	BMS	산소기체
비용저감	2	3	1			1				1	2		
수명	3	2		3	*16	1	*9	6	2	*10	3		
싸이클특성	4	9	1		3	2	*12	1			1		1
안정성	2			2	*16	1	7	6	2	*10	5		
에너지밀도	1				1	1	2		1				
에너지효율	*11	*32	6				1	*10	2				1
용량	*17	*22	5	1	3	1	7						
충방전/과전압	*8	*25	5					3					
기타											6		

그림 5.47 목적 · 해결수단 매트릭스 예시

3) 특허망의 구성요소 분석을 통한 공백기술 파악

아래는 초고속 모뎀 기술분야의 특허들을 구성요소별로 분석하여 공백기술을 파악한 사례이다.[10]

출원번호	출원인	MMO	변복조	대역폭 확장	채널부호화
2006-552948	Qualcomm	○	○		
2006-552941		○	○		
2006-401979		○	○		
2008-027921		○	○		○
2008-026360		○	○		
2002-108616		○	○		
2006-419856	Motorola	○	○		
1997-780420		○			○
2003-749175	Intel	○			
2004-759473		○	○		
2006-7020219			○		
2002-197300	Cisco Technology	○			
2003-624653		○			○
2004-807547			○		○
2004-973549	Broadcom	○			
2006-527854		○		○	

그림 5.48 특허망 구성요소별 매트랙스 예시

---

10) 출처: 이공계를 위한 특허의 이해(2), 앞의 글, 224면.

위 표를 보면, MMO 방식을 이용한 다중안테나에 관한 기술의 출원이 많은데 비해, 상대적으로 Gigabite 무선전송을 위한 대역폭 확장과 채널부호화 기술 등의 출원이 적기 때문에, 특허의 양적인 측면에서는 이러한 부분이 주요한 공백기술인 것으로 판단할 수 있다.[11]

5. 신규출원 전략(개량발명 아이디어)

아래는 'LED전구 과제'에서, 최다 출원인(Cree Inc.)의 핵심특허에 대하여 일부 구성요소를 추가·변경한 개량발명 아이디어의 예이다.

	핵심 특허	개량 발명
특허청구범위 및 도면	(청구항 1) A. 전기적 트레이스, B. 패턴화된 기판, C. 같은 평면상에 존재하지 않는 LED, D. 열전도성 물체와 기판을 연결하는 커넥터, E. 외부와 연결된 방열판;을 포함하는 LED전구 (청구항 8-10항) F. 내부에 공간을 만들어 개구부를 통해 공기순환을 할 수 있는 LED전구	(청구항 1) A ~ D. 좌동 E. 쉘 내부에 위치한 방열판 F. 쉘 내부의 방열판과 외부를 연결하는 속이 빈 원통형 방열판;을 포함하며, 원통형 방열판의 내부를 통해 공기순환이 원활이 이루어지며, 외부면을 통해서도 방열효과가 이루어지는 것을 특징으로 하는 LED전구

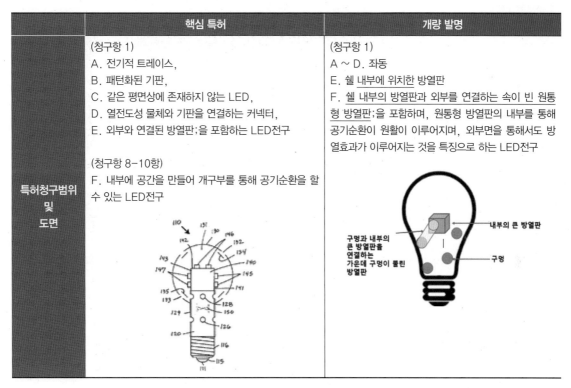

그림 5.49 개량발명 아이디어 예시

---

[11] 앞의 글, 같은 면.

6. 논문 분석(예)

제목	LED Lighting Flicker and Potential Health Concerns		
기술분야	방열판(AA)	공개연도	2010.9.
학술지	2010 IEEE Energy Conversion Congress and Exposition		
기술 요지	• LED 전구를 설계함에 있어서, Metal Core Printed Circuit Board를 사용하지 않고, 정전압 및 정전류 제어방식의 구동회로를 최적으로 설계하여 방열을 할 수 있도록 하는 기술이다. 열 유동해석 프로그램을 이용하여 방열설계를 하였고, LED 배열 등을 통해 최적의 구조를 만들었다.		
도면	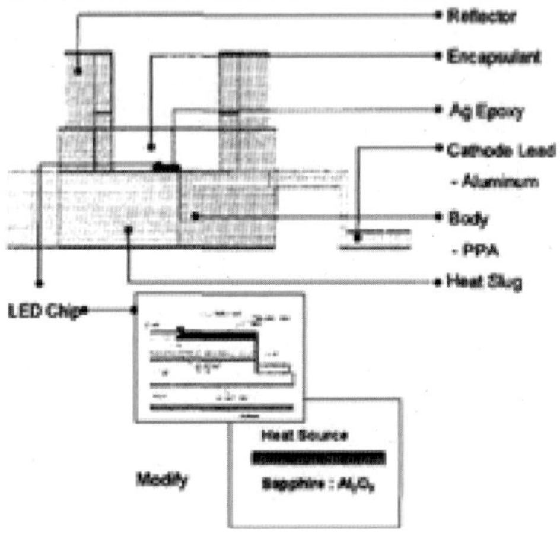		
선정 이유	• LED를 설계함에 있어서 PCB를 사용하지 않고 열해석 프로그램을 바탕으로 한 방열 설계회로를 사용한 데 특징이 있음 • 이 분야 주요 출원인들의 특허발명과는 다른 방열 방법을 제시하고 있음		

그림 5.50 논문 분석 예시

7. 결론

결론에서는 본 특허정보검색 보고서의 주요 내용을 간략히 정리하여 기재한다. 예를 들어 아래와 같이 작성할 수 있다.

• "LED의 단점을 보완하여 전구에 적용하는 기술"에 대한 특허정보검색결과, 이 분야는 전반적으로 출원이 계속 증가하고 있는 추세이며 특히 2007년부터 2010년 사이에 급속히 출원이 증가하였음.

전체 출원 규모를 보면 미국이 42%로 가장 높은 점유율을 보이고 있고, 한국(25%), 일본(21%), 유럽(12%)의 순임.

• 이 기술분야의 주요 출원인은 Cree Inc, Toshiba, LG전자 등이며, 국가별 주요 출원인을 보면 한국에서는 주식회사 디에스이와 아모럭스, 일본에서는 Toshiba와 Sharp, 미국에서는 Cree Inc와 Switch Bulb, 유럽에서는 Osram과 Philips Lighting임.

- 이 분야 최다 출원인인 Cree와 Toshiba는 방열 기술분야에 집중하면서도 배광, 밝기 개선 등 가장 넓은 범위의 연구개발을 하고 있으며, LG전자는 배광구조, PANASO-NIC과 SHARP는 배광각도, HITACHI는 방열구조에 대한 연구개발이 상대적으로 활발한 것으로 나타남.

- 미국 등록특허를 대상으로 출원인 국적별로 질적 수준과 시장확보력을 분석해 본 바, 미국 특허와 일본 특허는 질적 수준과 시장확보력이 모두 평균 이상으로 나타남.

  중국의 특허는 질적 수준은 평균 이하이나 시장확보력은 우수하고, 한국 특허는 질적 수준과 시장확보력 모두 평균 이하임.

- 정량지표와 청구범위 권리분석을 통해 핵심특허를 선정한 결과, 미국 특허가 다수를 차지하였고, 기술분야로는 방열기술이 가장 많았음.

- 미국 등록특허를 대상으로 특허의 질적 수준과 시장확보력을 분석해 본 바, 한국은 질적 수준과 시장확보력 모두 평균 이하로서 중국보다도 뒤지는 것으로 나타나서, 이 분야 경쟁력 확보 전략이 시급한 것으로 판단됨.

- 연도별·기술분류별 출원건수를 보면, 가스방열과 색상개선에 대한 전체 출원건수가 각 4건에 불과하여 적어도 양적인 측면에서는 공백기술에 가깝다고 판단됨.

01 PC, 스마트폰에서 정보통신망을 통해 유통되는 음란, 폭력정보 등 청소년에게 해로운 유해정보, 유해사이트, 유해영상 등을 차단하는 기술에 대하여 아래와 같이 특허정보검색을 해보라.

> • 최근 기술개발동향(정량분석)
> • 주요 출원인 핵심특허 선정 등 정성분석
> • 검색국가: 한국, 미국, 일본, 유럽

02 2012년 전국적으로 구제역이 창궐하여 소와 돼지 등이 살처분되어 매몰된 바 있으며, 그 후 여러 차례 AI와 구제역등 가축전염병이 발생하여 가축 매몰에 의한 축산농가의 환경·위생문제의 야기뿐만 아니라, 국민건강에도 악영향이 미치고 있는 실정이다. '가축사체 처리방법'에 관련된 한국, 일본, 미국, 유럽의 선행기술 정보를 조사하여 기술동향을 분석하고, 가장 경제적이고 효율적이라고 생각되는 특허를 5~7건 선정하여 그 선정이유를 밝히고 내용을 요약하라(특허문헌을 위주로 하되, 비특허문헌(논문, 저널 등)도 조사할 것).

03 특허맵의 작성과정 중 특정 데이터 항목을 추출하여 테이블로 만들고 그래프로 표현하는 과정으로서 시계열 분석·점유율 분석 및 특허지표분석 등을 수행하는 과정은?

❶ 기술분류표 작성   ❷ 검색식 작성   ❸ 데이터 가공
❹ 정량분석   ❺ 정성분석

04 다음 중 특허맵 작성 과정을 바르게 나열한 것은?

> ㉠ 정성분석   ㉡ 데이터 가공
> ㉢ 검색대상 및 검색범위선정   ㉣ 정량분석
> ㉤ 검색식 작성 및 검색   ㉥ 기술분류표 작성

❶ ㉡-㉢-㉤-㉥-㉣-㉠   ❷ ㉢-㉤-㉥-㉡-㉣-㉠
❸ ㉢-㉡-㉤-㉥-㉣-㉠   ❹ ㉡-㉢-㉥-㉤-㉠-㉣
❺ ㉢-㉥-㉤-㉡-㉣-㉠

05 다음 특허정보분석에 관한 설명 중 옳지 않은 것은?

❶ 특허정보분석이란 특정 분야의 특허정보 전체를 정리·분류·가공 및 분석하여, 국가별·출원인별·기술별 동향 및 권리관계 등을 도표나 그림으로 쉽게 파악할 수 있도록 작성하는 것을 말한다.
❷ 특허정보분석은 특허지도(Patent Map; 특허맵)라는 용어로 혼용되어 많이 사용되는데, 지리적 상황을 쉽게 파악할 수 있도록 그림이나 기호로 표기한 지도에 빗대어 일컫는 용어이다.
❸ 특허정보분석에는 해당 기술분야에 대한 전문지식과 특허정보 검색 및 가공 능력, 그리고 특허요건 및 침해판단 등 여러 전문지식을 필요로 한다.
❹ e특허나라 사이트(http://biz.kista.re.kr/patentmap)에는 다양한 기술분야에 대한 특허정보분석 보고서가 공개되어 있으므로, 유사한 기술분야의 보고서를 찾아서 키워드의 선정이나 기술분류

등에 도움을 받을 수 있다.

❺ 특허정보분석에서 가장 먼저 해야 하는 일은 기술분류(tech tree) 작성이다.

06 특허정보분석에서 '데이터 가공' 단계와 관련된 다음 설명 중 맞지 않는 것은?

❶ '데이터 가공' 단계는 특허검색을 통해 검색된 문헌들에 대한 유효특허 선별, 선별된 유효특허에 대한 중복특허 제거, 출원인 국가 및 출원인 명칭 정리 등 정량분석을 위해 필요한 데이터를 정리하는 단계를 말한다.

❷ 유효데이터 추출은 특허검색 단계를 거쳐 검색된 문헌들을 확인하며 찾고자 하는 기술과 관련 없는 문헌들을 제거하는 과정을 말하는데, 이를 필터링(filtering) 또는 노이즈 제거라고도 한다.

❸ 유효데이터 추출을 마친 후에는 엑셀파일로 다운로드하여 원데이터(raw data)를 생성하고, 중복데이터 제거 및 출원인 국적을 정리한다.

❹ 출원인이 여러 명인 경우에는 통상 가장 앞에 기재된 출원인만 남기고 삭제해야 하지만, 동일한 국적의 출원인이 여러 명인 경우에는 그대로 남겨두어도 관계없다.

❺ 국가별로 다른 언어로 표현된 출원인 명칭은 한글 또는 영문으로 통일시켜야 한다.

07 특허정보분석에서 정량분석에 대한 다음 설명 중 맞지 않는 것은?

❶ 정량분석은 특정 데이터 항목을 추출하여 테이블로 만들고 그래프로 표현하는 과정으로서, 시계열 분석·점유율 분석·특허지표 분석 등을 수행하는 과정이다.

❷ 정량분석은 원데이터의 임의의 셀을 선택하고 리본 메뉴에서 [삽입]→[표]→[피벗테이블]을 선택한 후, 필요로 하는 보고서에 따라 피벗테이블 필드를 선택하여 필터·열·행·값 중 원하는 영역에 끌어다 놓으면 자동적으로 보고서가 작성된다.

❸ 정량분석에서 특정 국가 또는 출원인 특허에 대한 질적 측면에서의 분석은 불가능하다.

❹ 정량분석에서 국가별 주요출원인 및 주요출원인의 주력기술·공백 기술에 대한 분석은 통상 빠지지 않는다.

❺ 정량분석에서는 통상 특허활동지수(AI), 인용도지수(CPP), 시장확보지수(PFS) 등 특허분석지표에 대한 분석도 이루어진다.

08 다음 중 특허정보분석의 정성분석에 포함되지 않는 것은?

❶ 핵심특허의 선정

❷ 국가별 또는 출원인별 질적수준과 시장확보력에 대한 분석차트

❸ 핵심특허의 목록 및 요지서 작성

❹ 매트릭스 분석 및 공백기술의 선정

❺ 개량발명 아이디어 도출

Creation and Utilization of
INVENTION AND PATENT

06 특허출원서류 및 해외출원

발명을 하고 나서 특허를 받기 위해서는 특허청에 특허출원을 위한 서류를 제출하여야한다. 특허출원을 위해 필요한 서류는 ① 특허출원서, ② 명세서, ③ 도면(필요한 경우)및 ④ 요약서이다.

1. 특허출원서 및 수수료

1. 특허출원서의 의의

발명을 완성함과 동시에 발명자는 특허를 받을 권리를 취득하지만, 특허권을 부여받기 위해서는 특허청에 특허출원서를 제출하여야 한다.

특허출원서에는 ㉠ 특허출원인의 성명 및 주소(법인인 경우에는 그 명칭 및 영업소의소재지), ㉡ 특허출원인의 대리인이 있는 경우에는 그 대리인의 성명 및 주소나 영업소의 소재지,[1] ㉢ 발명의 명칭, ㉣ 발명자의 성명 및 주소 등이 기재되어야 하며,[2] 출원인의 필요에 따라 우선권 주장 및 심사청구·공지예외주장·조기공개신청 등의 여부가 기재된다.

출원발명의 내용을 기재하는 명세서·도면 및 요약서는 특허출원서의 첨부서류이다.명세서에는 발명의 내용을 구체적으로 기재한 '발명의 설명'과 보호받고자 하는 사항

---

[1] 대리인이 특허법인인 경우에는 그 명칭, 사무소의 소재지 및 지정된 변리사의 성명을 기재한다.
[2] 특허법 제42조 제1항.

만을 명확하고 간결하게 기재한 '특허청구범위'가 기재된다.

특허출원할 때에는 출원료, 심사청구료(출원과 동시에 심사청구하는 경우)를 납부하여야 하고, 등록결정서를 받고 등록할 때는 최초 3년분 등록료를 납부한다.

특 허 출 원 서

【출원 구분】 □ 특허출원 □ 분할출원 □ 변경출원
          □ 무권리자의 출원 후에 한 정당한 권리자의 출원
(【참조번호】)
【출원인】
 【성명(명칭)】
 【특허고객번호】
【대리인】
 【성명(명칭)】
 【대리인번호】
 (【포괄위임등록번호】)
【발명의 국문명칭】
【발명의 영문명칭】
【발명자】
 【성명】
 【특허고객번호】
【출원언어】 □ 국어   □ 영어
(【원출원(무권리자 출원)의 출원번호】)
(【우선권주장】
 【출원국명】
 【출원번호】
 【출원일자】
 【증명서류】
 【접근코드】)
(【기타사항】 □ 심사청구 □ 심사유예신청 □ 조기공개신청 □ 공지예외적용
          □ 미생물기탁 □ 서열목록   □ 기술이전희망 □ 국가연구개발사업
          □ 국방관련 비밀출원)
 (【유예희망시점】 심사청구일 후 24개월이 지난 때부터 (   )개월)
 (【심사청구료 납부유예】 □ 필요 □ 불필요)
위와 같이 특허청장에게 제출합니다.
                    출원인(대리인)   (서명 또는 인)

【수수료】 (기재요령 제11호를 참조합니다)
 【출원료】   면   원
(【수수료 자동납부번호】)
 【첨부서류】 1. 명세서·요약서 및 도면 각 1통
          2. 정당한 권리자임을 증명하는 서류 1통(정당한 권리자의 출원만 해당합니다)
          3. 대리인에 의하여 절차를 밟는 경우에는 그 대리권을 증명하는 서류 1통
          4. 그 밖의 법령에 따른 증명서류 1통

그림 6.1 특허출원서 서식

2.   특허수수료

전자출원으로 출원하는 경우의 수수료는 아래와 같다.[3]

① 특허출원료: 매건 46,000원[4]

② 우선권주장 신청료: 우선권 주장마다 18,000원

---

[3] 특허료 등의 징수규칙(산업통상자원부령 제247호, 2017.2.28., 일부개정).

[4] 「특허법」 제42조의3 제1항에 따라 명세서 및 도면을 국어가 아닌 영어로 적은 특허출원의 출원서를 전자문서로 제출하는 경우의 출원료는 73,000원이다.

③ 보정료: 매건 4,000원

④ 심사청구료: 기본료 143,000원 + 청구항 1항마다 44,000원

⑤ 우선심사청구료: 매건 200,000원[5]

⑥ 재심사청구료: 매건 100,000원에 청구항 1항마다 10,000원

⑦ 심판청구료: 매건 150,000원 + 청구항 1항마다 15,000원

⑧ 최초 3년분 등록료: 기본료 45,000원 + 청구항 1항마다 39,000원

대학생에 해당하는 만 19세 이상 만 30세 미만의 개인(발명자와 출원인이 같은 경우만 해당한다)은 출원료, 심사청구료 및 3년분 등록료의 85%를 감면받아서 15%만 내면 된다. 일반 개인 및 중소기업은 70%를 감면받는다.

2. 명세서 및 요약서

1. 명세서 개요

명세서(specification)는 특허를 받고자 하는 발명의 기술적 내용을 문장을 통하여 명확하고 상세하게 기재한 서면을 말하며, 발명을 구체적으로 기재한 ㉠ 발명의 설명과 ㉡ 보호받고자 하는 사항만을 기재한 특허청구범위로 구성된다.

발명의 설명에는 배경기술, 발명의 목적·구성·효과 및 실시예를 비롯한 발명에 관한 구체적인 내용을 기재하며, 특허청구범위에는 발명의 구성을 위주로 보호받고자 하는 사항을 간략히 기재한다.

명세서는 공개되어 제3자가 이용할 수 있는 기술문헌의 기능을 하는 한편, 특허출원을 등록받은 후에는 특허청구범위가 특허권의 보호대상이 됨에 따라 권리서로서의 역할을 하게 된다. 특허청구범위의 작성은 발명의 보호범위(울타리)를 정하는 작업이므로 세심한 주의를 기울여야 한다.

특허법상의 발명은 제품이 아니라 기술적 사상의 창작이므로, 미래에 개발될 수 있는 제품까지 포함하여 가능한 한 다양한 형태를 기재한다.

기출원된 모범명세서 샘플은 특허청 특허로(http://www.patent. go.kr)에서 다운받아 볼 수 있다.

---

[5] 다만, 해당 출원이 우선심사의 대상이 아니라고 결정되거나 그 결정이 있기 전에 우선심사신청을 포기·취하한 경우에는 4만원이며, 나머지 금액을 돌려받을 수 있다.

2. 발명의 설명

특허법은 발명의 설명에 대하여 "① 그 발명이 속하는 기술분야에서 통상의 지식을 가진 자(통상의 기술자)가 그 발명을 쉽게 실시할 수 있도록 명확하고 상세하게 기재하고, ② 그 발명의 배경이 되는 기술을 적도록" 요구하고 있다(제42조 제3항).

'그 발명이 속하는 기술분야에서 통상의 지식을 가진 자'란 그 출원이 속하는 기술분야에서 보통 정도의 기술적 이해력을 가진 평균적 기술자(평균적 기술자)를 의미하며, '쉽게 실시'란 평균적 기술자가 해당 분야의 기술상식과 명세서 및 도면의 기재에 의하여 특수한 지식을 부가하지 않고 과도한 시행착오나 반복실험이 없이 그 발명을 정확하게 이해하고 재현하는 것을 말한다.[6]

물건의 발명이라면, 그 물건을 이루고 있는 구성요소(즉 부품)들과 그들의 결합관계를 명확하고 상세하게 기재하여야 한다. 또한 구성요소들이 시중에서 쉽게 구할 수 있는 것이 아니라 제조·개조·결합해야 하는 것이라면 그 제조·개조·결합 방법에 관하여 기재할 필요가 있다.

방법의 발명이라면, 그 방법이 발명의 설명 기재로부터 명확히 파악될 수 있도록 작성하여야 하며, 이를 위해 그 방법을 구성하는 각 단계들이 각각 어떤 순서로 어떤 역할을 하는지가 기재될 필요가 있다.

물건의 발명이든지 방법의 발명이든지 발명의 설명에는 해당 발명의 용도가 기재되어야 한다.

발명의 설명은 ㉠ 발명의 명칭, ㉡ 기술분야, ㉢ 발명의 배경이 되는 기술, ㉣ 발명의 내용(해결하고자 하는 과제, 과제의 해결수단 및 발명의 효과 순으로 기재), ㉤ 도면의 간단한 설명(도면이 있는 경우), ㉥ 발명을 실시하기 위한 구체적인 내용, ㉦ 부호의 설명 등의 순으로 기재한다.

1) 발명의 명칭과 기술분야

발명의 명칭은 너무 막연하거나 장황한 기재를 피하여 발명의 내용을 간략히 나타낼 수 있도록 기재한다.

- 내연기관의 점화전 ○ 내연기관×
- 최신식, 문명식, 홍길동식 등×

복수의 청구항으로 물건과 방법을 함께 청구하고 있을 때는 "…물건과 방법"으로 기재한다.

---

6) 특허청, 특허·실용신안 심사기준(2015년 1월 추록), 2302면.

기술분야는 특허를 받으려고 하는 발명의 기술분야를 명확하고 간결하게 기재한다. 출원인이 발명이 속하는 국제특허분류(IPC)를 알고 있는 경우에는 참조하여 기재할 수 있다.

- 본 발명은 …을 하기 위한 …에 관한 …이다.

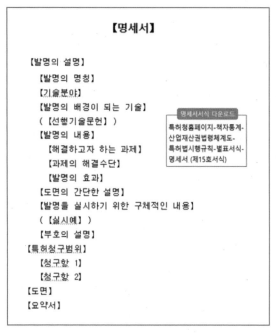

그림 6.2 명세서 서식

2) 배경기술

배경기술에는 출원인이 알고 있는 범위에서 발명의 이해, 조사 및 심사에 유용하다고 생각되는 종래기술을 기재하며, 통상 종래기술의 문제점이나 불편한 점을 함께 기재한다. 이때 종래기술이 심사관의 거절이유로 사용될 수도 있다는 점을 고려하여 공개되어 있는 사항에 대해서만 기재하도록 한다. 배경기술로 공개된 특허문헌을 기재하는 경우에는 발행국, 공보명, 공개번호, 공개일 등을 기재하고, 비특허문헌의 경우 저자, 간행물명(논문명), 발행처, 발행연월일을 기재한다.

기존의 기술과 전혀 다른 신규한 발명인 경우에는, 인접한 기술분야의 종래기술을 기재하거나, 적절한 배경기술을 알 수 없다는 취지를 기재함으로써 배경기술의 기재를 대신할 수 있다.[7]

---

7) 특허청, 특허·실용신안 심사기준(2013년 7월 추록), 2314면.

발명의 명칭

날개 없는 선풍기(Bladeless electric fan)

발명의 상세한 설명

기술분야

본 발명은 날개 없는 선풍기에 관한 것으로서 보다 상세하게는 외부의 공기를 모터의 작동으로 흡입구를 통해 흡입시킨 후 임펠러로 바람을 일으키고, 바람은 다수의 호스를 통해 배출구로 배출되도록 한 날개 없는 선풍기에 관한 것이다.

배경기술

일반적으로 선풍기라 함은 모터의 축에 다수의 날개가 결합되어 전기를 이용하여 모터를 구동시킴에 따라 다수의 날개가 회전하면서 바람을 일으켜 사람에게 제공하는 기기를 말한다. 통상적으로 선풍기는 모터에 의해서 회전되는 팬을 이용하여 바람을 일으키는 장치이며, 주로 더위를 식히거나 환기를 시키는 데 사용된다. 이러한 선풍기는 스탠드식과 입설식이 있다. 상기한 선풍기와 관련된 종래 기술들을 살펴보면, 공개번호 10-2004-0073919호는 "환풍기를 겸한 공기흡입 송풍식 선풍기"에 관한 것으로서 … (중략) … 상기한 기술들은 송풍팬이 어린아이 등의 손가락에 닿을 수 있는 곳에 있어 어린아이 등이 손가락을 넣을 경우 다칠 위험이 있고, 배출되는 공기를 증폭시키기 위해 에어증폭부를 부가적으로 구성하여 구조적으로 복잡한 문제점이 있었다.

3) 발명의 내용-해결하고자 하는 과제, 과제의 해결수단, 발명의 효과

해결하고자 하는 과제에는 출원발명이 종래 기술의 문제점을 해결하여 어떠한 발명을 제공하고자 하는지(즉 발명의 목적)를 기재한다.[8]

과제의 해결수단은 종래 기술의 문제점을 어떻게 해결하였는지를 기재하는 것으로서 출원발명의 가장 핵심적인 내용이라 할 수 있으며 통상 특허청구범위의 내용을 위주로 기재한다.

발명의 효과는 과제의 해결수단을 통하여 얻어지는 출원발명의 특유한 효과를 기재한다.

4) 도면의 간단한 설명

도면의 간단한 설명은 각 도면이 어떤 도면인지를 아래와 같이 간단히 설명한다.

• 도 1은 본 발명에 의한 포장용기의 사시도
• 도 2는 본 발명에 의한 포장용기의 정면도
• 도 3은 도 2의 A부를 발췌하여 확대한 단면도

---

[8] 종래 기술이 없는 전혀 신규한 발명의 경우에는 해결하고자 하는 과제 기재를 생략할 수 있다. 특허청, 특허·실용신안 심사기준 (2018년 1월 추록), 2310면.

발명의 내용(예)

해결하려는 과제

본 발명은 상기한 종래 기술의 문제점을 해결하기 위하여 안출해낸 것으로서, 본체의 하부 일측에 흡입구를 형성하고, 흡입구의 내부에 모터의 구동으로 회전하는 임펠러를 구성한 후 상기 흡입구로 공기를 흡입시키고, 흡입된 공기를 임펠러로 바람을 일으킨 후 바람은 본체부의 내부 공간부에 다수 개 구성된 에어파이프를 거쳐 배출구로 배출되는 날개가 필요 없는 선풍기를 제공하고자 한다.

과제의 해결수단

상기한 과제를 달성하기 위하여 본 발명은 받침대가 구비되고, 받침대의 상부에는 본체가 구성되며 본체의 하부 일측에는 공기가 흡입되는 흡입구가 형성되고, 흡입구의 내측에는 모터의 구동으로 회전하는 임펠러가 구성되며, 임펠러의 상부로는 임펠러에서 일으킨 바람을 이송시키는 송풍관이 형성되고, 송풍관을 통해 이송되는 바람은 본체의 상부에 일측으로 꺽임되어 형성된 배출구를 통해 바람을 외부로 배출시킨다. 상기 송풍관에는 임펠러에서 생성된 바람이 배출되도록 하나 이상 다수 개의 에어 파이프가 구성되되, 에어파이프의 끝부는 배출구의 외측으로 휘어지도록 구성되고, 상기 배출구는 배출되는 바람의 방향을 조절할 수 있는 방향조절부재가 구성되며, 방향조절부재에는 에어파이프가 연장되어 연결구성된다.

발명의 효과

본 발명에 따른 날개 없는 선풍기는, 통상적으로 사용되는 선풍기의 날개를 구성하지 않아도 되어 구조가 간편하고 안전하며, 송풍관에 구성된 에어파이프로 인해 압축된 바람을 외부로 배출할 수 있고, 임펠러로 주위의 공기를 흡입하고 임펠러를 거쳐 외부로 배출되므로 임펠러에 대한 과열을 방지할 수 있어 선풍기의 내구성을 높일 수 있다.

5) 발명을 실시하기 위한 구체적인 내용

통상 발명의 설명 중에서 가장 내용이 긴 부분으로서, 통상의 기술자가 그 발명이 어떻게 실시되는지를 쉽게 알 수 있도록 그 발명의 실시를 위한 구체적인 내용을 가급적 여러 형태로 기재한다.

발명을 여러 형태로 구현한 도면이 있다면, 각 도면 별로 그 실시 형태를 상세하게 기재한다.

발명을 실시하기 위한 구체적인 내용으로서 발명의 구성 자체만 아니라 그 기능에 대해서도 기재할 필요가 있다. 개개의 기술적 수단(구성요소)들이 어떤 기능을 하는지와 이들이 어떻게 결합되어 그 과제를 해결하는지를 기재한다.

필요한 경우 [실시예] 란을 만들어 발명의 구체적인 실시예(필요한 경우 비교예도 함께)를 적는다. 통상 출원발명이 실시예에 한정되지 않는다는 내용을 넣는다.

도면의 간단한 설명

도 1은 본 발명의 측면도이다.

도 2는 본 발명의 정면도이다.

도 4는 본 발명 중 에어파이프를 나타내는 평단면도

도 5는 본 발명 중 흡입구로 연결되는 보호커버와 임펠러 및 모터의 연결을 나타내는 측단면도

도 6은 본 발명 중 모터와 임펠러의 연결을 나타내는 측단면도

도 7은 본 발명 중 방향조절부재의 작동을 나타내는 측단면도

도 8은 본 발명 중 회전부재의 작동을 나타내는 측단면도

발명을 실시하기 위한 구체적인 내용(예)

상기와 같은 목적을 갖는 본 발명의 구성을 첨부된 도면 도1 내지 도8을 참조하여 보다 구체적으로 설명하면 다음과 같다.

본 실시예는 본 발명의 권리범위를 한정하는 것은 아니고 단지 예시로 제시된 것이며, 그 기술적 요지를 이탈하지 않는 범위 내에서 다양한 변경이 가능하다.

본 발명은 도1 내지 5에 도시한 바와 같이 받침대(100)가 구비되고, 받침대(100) 상부에는 본체(200)가 구성되며 본체(200)의 하부 일측에는 공기가 흡입되는 흡입구(210)가 형성되고, 상기 흡입구(210)의 내측에는 모터(221)의 구동으로 회전하는 임펠러(220)가 구성되며, 임펠러(220)의 상부로는 임펠러에서 일으킨 바람을 이송시키는 송풍관(230)이 형성되고, 송풍관(230)을 통해 이송되는 바람은 본체(200)의 상부에 일측으로 꺽임되어 형성된 배출구(240)를 통해 바람을 외부로 배출시키는 것이다.

도5 및 도6를 참고로 설명하면 … (이하 생략) …

장치발명의 경우에는 각 도면이 실시예가 될 수 있다. 수치를 한정하여 기재하는 경우에는 수치한정의 이유를 기재하여야 하고, 시험데이터의 경우 시험방법, 측정기구, 시험조건 등을 기재한다.

6) 부호의 설명

부호의 설명은 도면의 주요부를 나타내는 도면부호에 대한 설명을 말한다.

부호의 설명(예)

100: 받침대 200: 본체 300: 회전부재

210: 흡입구 211: 보호커버 400: 전원장치

220: 임펠러 221: 모터 222: 샤프트축

230: 송풍관 231: 에어파이프

240: 배출구 241: 방향조절부재

3. 특허청구범위

1) 특허청구범위의 의의

특허발명의 보호범위는 특허청구범위에 적혀 있는 사항에 의해 정해지므로(특허법 제

97조), 발명의 설명에 아무리 많은 내용을 적었더라도 특허발명의 보호범위는 특허청구범위 기재사항에 한정된다.

특허청구범위의 각 청구항은 ⑦ 발명의 설명에 의해 뒷받침되어야 하고, ⑥ 발명이 명확하고 간결하게 기재되어야 하며, ⑥ 발명을 특정하는데 필요하다고 인정되는 구조·방법·기능·물질 또는 이들의 결합관계가 기재되어야 한다(특허법 제42조).

발명은 구체적으로 특정된 제품이 아니라 기술적 사상의 창작이다. 따라서 발명의 설명에는 다양한 실시예를 기재하고 특허청구범위는 이들 실시예를 포괄할 수 있는 상위개념으로 작성한다면, 구체적으로 구현되는 여러 제품을 포함할 수 있는 넓은 범위의 특허청구범위가 될 수 있다.

'발명의 설명'의 기재 내용에 관계없이, 특허청구범위에 기재된 발명만이 신규성, 진보성, 선원 등 특허요건 판단의 대상이 되며,[9] 특허를 받은 후에는 특허발명의 보호범위가 된다. 따라서 명세서 중에서 가장 신중을 기하여 작성해야 하는 부분이 특허청구범위이다.

2) 기재요건

(1) 발명의 설명에 의해 뒷받침될 것

특허청구범위는 발명의 설명에 기재된 사항 중에서 기재한다. 발명의 설명이 발명의 내용을 전반적으로 또 구체적으로 기재한 것이라면, 발명의 요지에 해당하는 청구범위는 당연히 발명의 설명에 충분히 기재된 내용이어야 한다.

(2) 명확하고 간결하게 기재될 것

특허청구범위는 타인이 실시하면 침해가 성립되는 울타리나 경계선과 같은 기능을 하는 것이므로, 그 경계가 명확하도록 기재되어야 한다. 기재요건 판단은 발명의 설명보다 훨씬 엄격하게 본다.

아래의 표현들이 특허청구범위에 기재되면 원칙적으로 특허청구범위가 불명확한 것으로 본다.[10]

① 임의 부가적 사항 또는 선택적 사항이 기재된 경우

- 소망에 따라, 필요에 따라, 특히, 예를 들어, 및/또는

② 비교의 기준이나 정도가 불명확한 표현

- 주로, 주성분으로, 주공정으로, 적합한, 적당량의, 많은, 높은, 대부분의, 약 등

---

[9] 발명의 설명에 대해서 기재불비의 거절이유는 있을 수 있다.

[10] 다만, 이러한 표현을 사용하더라도 그 의미가 발명의 설명에 의해 명확히 뒷받침되며 발명의 특정(特定)에 문제가 없다고 인정되는 경우에는 불명확한 것으로 취급하지 않는다. 특허청, 특허·실용신안 심사가이드(2018년 1월 추록), 2408면.

③ 부정적 표현: 제외하고, …이 아닌

④ 수치한정발명에서 상하한선이 불명확하거나, 0을 포함한 경우

- 이상, 이하, 0~10 등

⑤ 이중 수치한정이 포함된 경우

- 60~120℃, 바람직하게는 80~100℃

⑥ 지시의 대상이 불명확한 경우

- 상기, 위에서 언급한 등

(3) 구조 · 방법 · 기능 · 물질 또는 이들의 결합관계가 기재될 것

발명의 형태에 따라 발명의 핵심이 되는 구조·방법·기능·물질 등이 기재되어야 한다. 또 이들이 복수로 기재될 때에는 이들의 결합관계가 기재되어야 한다. 구성이 단순 나열되어 있어서는 안 되고, 이들 구성 간의 결합관계가 충분히 기재되어 있어야 한다.

① 잘못된 예: 폐쇄부, 보조용기, 볼밸브, 덮개로 이루어진 … 잉크병
② 잘된 예: 병의 상부에 폐쇄부와 이 폐쇄부보다 약간 큰 보조용기를 일체로 형성하고, 상기 폐쇄부에 볼밸브를 유동적으로 장치하고 덮개를 씌운 보조용기가 부착된 잉크병

또 청구범위의 각 청구항은 아무리 길더라도 하나의 문장으로 작성되어야 한다.

3) 청구항의 종류

(1) 물건 청구항과 방법 청구항

특허청구범위의 기재는 크게 물건의 청구항(product claim)과 방법의 청구항(process claim)으로 나뉘어지고, 방법 청구항은 다시 단순 방법의 청구항과 물건을 제조하는 방법의 청구항으로 나뉘어진다. 방법발명에는 필연적으로 시간적인 경과가 있다는 점에서 물건발명과 차이가 있다.

물건 청구항은 물리적인 구조(physical structure)를 갖고 있는 물건을 청구하고 있는 청구항을 말한다. 물건은 일정한 형상을 갖지 않는 물질(物質, substance)과 형상을 갖는 물품(物品, article)로 나눌 수 있다. 물질은 화합물, 조성물, 금속, 세라믹 등이, 물품은 기계, 장치, 기구 등을 포함한다.[11]

물건의 청구항과 방법의 청구항의 구별은 통상 청구항의 말미에 기재된 발명의 명칭이 물건인지 방법인지가 기준이 된다. 물건 청구항과 방법 청구항의 구별이 중요한 이유는 그 효력범위에서 차이가 있기 때문이다.

---

[11] 정상조·박성수 공편, 특허법주해 I, 박영사, 2010, 547면(박길채 집필부분).

(2) 독립항과 종속항

독립항(independent claim)은 다른 청구항을 인용하지 않은 독립형식의 청구항이고, 종속항(dependent claim)은 독립항 또는 다른 종속항을 인용하는 형식으로 기재된 청구항을 말한다.

독립항은 넓은 권리범위를 갖도록 구성요소를 적게 하여 기재하고, 종속항은 독립항 또는 다른 종속항의 구성을 ㉠ 더욱 한정하거나 ㉡ 추가적인 구성을 부가하는 형태로 기재한다.

아래의 예에서 청구항2와 청구항4는 한정하는 종속항이고, 청구항3은 부가하는 종속항이다.

- 청구항1) A, B, C를 포함하는 …장치
- 청구항2) 제1항에 있어서, C가 C'인 …장치
- 청구항3) 제1항에 있어서, D를 더 갖는 …장치
- 청구항4) 제1항 내지 제3항 중 어느 하나의 항에 있어서, B가 B'인 …장치

종속항은 인용하는 청구항의 모든 기재사항을 포함하면서 종속항에 기재된 내용을 추가적으로 갖는 것이어서, 통상 인용하는 청구항의 보호범위보다 상대적으로 더 좁은 보호범위를 가진다.

하나의 종속항이 여러 청구항을 인용하고 있는 경우(위 청구항4)는, 그 하나의 종속항이 인용하고 있는 청구항의 수만큼의 여러 발명을 청구하고 있는 것이다.

4) 특수한 기재형식의 청구항

(1) 수단 또는 단계 형식의 청구항

특허청구범위의 구성요소를 "…수단(means)"이나 "…단계(steps)" 형식[12]으로 기재한 청구항을 말한다. 아래 청구항1에서 "동력발생수단"이 이에 해당한다.

- 청구항1) 원통형상의 밀폐용기(10);
  상기 밀폐용기의 내부 하단에 위치하는 <u>동력발생수단(20)</u>; 및 상기 밀폐용기의 내부 상단에 위치하며, <u>동력발생수단</u>과 축으로 결합되는 스크롤 압축부(30);를 포함하는 압축기

이와 같이 특허청구범위의 구성요소를 "…수단"이나 "…단계" 형식으로 기재하려면, 발명의 설명에는 그 수단 또는 단계의 여러 구체적인 형태가 기재되어야 한다.[13]

---

12) "…수단"은 물건발명, "…단계"는 방법발명에 사용된다.

13) 즉 이와 같이 "…수단"이나 "…단계" 형식의 기재를 허용하는 이유는, 청구항에 발명의 설명에 기재된 여러 형태의 수단이나 단계를 모두 기재하는 것이 번거롭기 때문이라고 할 수 있다. 다만 등록받은 이후 권리범위해석에 있어서는 발명의 설명에 기재된 구체적인 형태의 수단이나 단계를 참작하여 해석하게 된다.

(2) 젭슨청구항

젭슨청구항(Jepson claim, Two-part claim)이란, 공지기술을 청구항의 전제부에 기재하고 발명의 개량부분을 특징부로 기재하는 형식의 청구항이다. 젭슨청구항은 발명의 특징이 되는 개량부분이 어디인지를 쉽게 알 수 있기 때문에 개량발명에 많이 사용된다.[14]

- 청구항1) 본체의 브라켓에 설치된 실린더, 실린더에 의해 회전하는 링크 및 브라켓 하단에 설치되어 링크의 회전운동에 의해 상하로 동작하는 그리퍼로 이루어진 공작기계의 공구탈착장치에 있어서(전제부),

- 상기 그리퍼가 홈위치에서 공작기계의 소켓위치로 단계적 왕복이동이 가능하도록 상기 브라켓을 이동시키는 3단 실린더를 포함하는 것을 특징으로 하는 공작기계의 공구탈착장치(특징부).

(3) 마쿠쉬 청구항(Markush claim)

주로 화학발명에서 사용되는데 유사한 성질 또는 기능을 갖는 물질들을 "…으로 이루어진 군에서 선택된 물질"의 형태로 기재하는 청구항의 기재형식을 말한다.

- 청구항2) 제1항에 있어서, 패드층의 재료가 TiN, 규화물, 폴리실리콘 및 폴리카보네이트로 이루어진 그룹으로부터 선택되는 것을 특징으로 하는 집적회로 제조방법

5) 종속항의 기재방법(특허법시행령 제5조)

(1) 2 이상의 청구항을 인용할 때는 택일적으로 기재하여야 함

- 청구항3) 제1항 및 제2항에 있어서, … 인 선풍기 ✕
  청구항4) 제1항 내지 제3항에 있어서, …인 선풍기 ✕

- 청구항3) 제1항 또는 제2항에 있어서, … 인 선풍기 ○
  청구항4) 제1항 내지 제3항 중 어느 하나의 항에 있어서, …인 선풍기 ○

(2) 2 이상의 항을 인용하는 청구항은 2 이상의 항을 인용한 다른 청구항을 인용할 수 없음

- 청구항1) …인 선풍기
  청구항2) 제1항에 있어서, …인 선풍기
  청구항3) 제1항 또는 제2항에 있어서, …인 선풍기
  청구항4) 제2항 또는 제3항에 있어서, …인 선풍기 ✕

---

[14] 한편 전제부에 기재한 구성이 공지기술에 불과하더라도, 전제부와 특징부를 포함하여 청구항에 기재된 모든 구성요소들이 유기적으로 결합된 전체가 특허발명의 필수적 구성요소이다. 따라서 전제부에 기재한 구성요소를 제외한 특징부의 구성요소만으로 선행기술과 대비하거나 권리범위해석을 해서는 안 된다. 대법원 2001.6.15. 선고 2000후617 판결.

특허청구범위(예)

청구항 1

받침대(100)가 구비되고, 받침대(100)의 상부에는 본체(200)가 구성되되 본체(200)의 하부 일측에는 공기가 흡입되는 흡입구(210)가 형성되고, 흡입구(210)의 내측에는 모터 (221)의 구동으로 회전하는 임펠러(220)가 구성되며, 임펠러(220)의 상부로는 임펠러에서 일으킨 바람을 이송시키는 송풍관(230)이 형성되고, 송풍관(230)을 통해 이송되는 바람은 본체(200)의 상부에 일측으로 꺾임되어 형성된 배출구(240)를 통해 바람을 외부로 배출시키도록 구성되는 선풍기에 있어서, 송풍관(230)에는 임펠러(220)에서 생성된 바람을 유도하며 배출되도록 하나 이상 다수개의 에어파이프(231)가 구성되되, 에어파이프(231)의 끝부는 배출구(240)의 외측으로 다수개가 휘어지도록 구성되고, 배출구(240)에는 배출되는 바람의 방향을 조절할 수 있는 방향조절부재(241)가 구성되되, 방향조절부재(241)에는 에어파이프(231)가 연장되어 연결 구성되는 것을 특징으로 하는 날개 없는 선풍기.

청구항 2

제1항에 있어서, 본체(200)의 배출구(240)는 송풍관(230)의 끝부분에서부터 바람이 배출되는 외측 방향으로 넓게 형성될 수 있는 것을 특징으로 하는 날개 없는 선풍기.

4.　도면

도면은 필요한 경우에 제출하는 것이지만, 통상 조성물이나 방법 발명 등을 제외하고는 도면이 첨부된다. 실용신안등록출원은 그 대상이 물품의 형상·구조·조합에 관한 것으로 한정되므로 반드시 도면이 첨부되어야 한다.

도면은 특허법시행규칙 제17호 서식 기재요령의 제도법에 따라 평면도 또는 입면도를 흑백으로 선명하게 도시(圖示)하며, 필요한 경우에는 사시도 및 단면도를 사용할 수 있다.

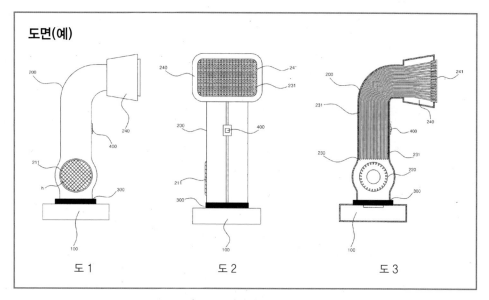

그림 6.3　날개 없는 선풍기 도면

결정구조, 금속조직, 섬유의 형상, 입자의 구조, 생물의 형태, 오실로스코프 결과 등과 같이 위 서식 기재요령의 제도법에 따라 작도하기가 곤란한 경우, 발명의 내용을 표현하기 위해 불가피한 경우 또는 사진으로 실시예를 보다 명확하게 표현할 수 있는 경우에는 이들을 표현하는 사진으로 도면을 대신할 수 있다. 발명의 내용을 표현하기 위하여 불가피한 경우에는 그레이스케일 또는 컬러이미지의 도면을 사용할 수 있다.

5. 요약서(Abstract)

요약서는 특허출원 건수의 증가와 기술의 고도화·복잡화로 인하여 검색하여야 할 특허기술정보의 양이 방대해짐에 따라 특허기술정보의 효율적인 활용수단으로 도입되었다.

요약서는 발명의 내용을 쉽게 파악할 수 있도록 기술분야, 해결하고자 하는 과제, 과제의 해결수단, 효과 등을 400자 이내로 간결하게 기재한다. 도면이 있는 경우에는 대표가 되는 도면 하나를 기재한다.

요약서는 특허정보 검색을 위한 기술정보로서 사용되며, 명세서의 내용을 보완하거나 그 해석을 돕는 용도로는 사용할 수 없다(특허법 제43조). 요약서는 영문으로 번역되어 해외에서 우리나라의 특허문헌을 찾는 데에 활용된다.[15]

요약서(예)

본 발명은 날개 없는 선풍기에 관한 것으로서, 보다 상세하게는 본체의 하부 일측에 흡입구를 형성하고, 흡입구의 내부에 모터의 구동으로 회전하는 임펠러를 구성한 후 상기 흡입구로 공기를 흡입시키고, 흡입된 공기를 임펠러로 바람을 일으킨 후 바람은 본체부의 내부 공간부에 다수 개 구성된 에어파이프를 거쳐 배출구로 배출되도록 하여 통상적으로 사용되는 선풍기의 날개를 구성하지 않아도 되어 구조가 간편하며, 송풍관에 구성된 에어파이프로 인해 압축된 바람을 외부로 배출할 수 있고, 임펠러에 의해 주위의 공기를 흡입하여 이러한 공기를 임펠러를 거쳐 외부로 배출시키므로 임펠러에 대한 과열을 방지할 수 있어 내구성을 높인 날개 없는 선풍기에 관한 것이다.

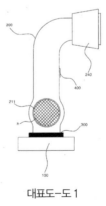

대표도-도 1

그림 6.4 날개 없는 선풍기 요약서

---

15) 외국어특허출원은 명세서 및 도면만을 외국어로 적을 수 있는 것이므로, 외국어특허출원이라고 하더라도 요약서는 통상의 일반출원과 마찬가지로 국어로 작성하여 제출하여야 한다. 특허청, 특허·실용신안 심사기준(2017년 3월 추록), 5502면.

아이디어 구상부터 명세서 작성의 순서는 통상 아래와 같다.

명세서는 특허청구범위를 먼저 작성한 후, 이를 골격으로 하여 전체 명세서를 작성하게 된다.

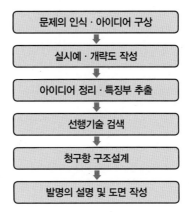

그림 6.5 명세서 작성 순서

1. 청구항의 기재형식

특허 청구항의 기재형식에 대하여 별도로 정해진 법률상의 요건이 있는 것은 아니어서, 청구항의 작성은 원래 출원인의 선택에 의하여 자유롭게 작성할 수 있는 것이지만, 실무상으로는 통상 작성되는 형식이 있다.

가장 일반적으로 사용되는 청구항 기재형식은 하나의 청구항을 전제부(preamble), 연결부(transition), 본문부(body)로 하여 작성하는 것이다.

청소기의 예를 들어 보면,[16]

실린더형 청소기기로서,

(a) 섀시;

(b) 상기 섀시에 연결된 복수의 전방 플로어(floor) 맞물림 조향 부재들;

(c) 상기 섀시에 연결된 후방 플로어 맞물림 롤링 어셈블리; 및

(d) 상기 조향 부재들을 조향하기 위한 제어 기구;를 <u>포함하는</u> 실린더형 청소기기

---

[16] 한국 공개특허 2011-131239호의 청구범위 제1항이다. 이 특허출원의 패밀리 특허인 미국공개특허 2010-242218호의 청구범위 제1항은 아래와 같다. 1. A cleaning appliance of the canister type comprising a chassis, a plurality of front floor engaging steering members connected to the chassis, a rear floor engaging rolling assembly connected to the chassis, and a control mechanism for steering the steering members.

와 같이 기재될 수 있다. 위 예에서 '실린더형 청소기기로서'가 전제부이고, '포함하는'이 연결부이며, (a), (b), (c), (d)는 본문부를 기재하고 있다고 할 수 있다.

전제부는 청구항의 도입 부분으로서 통상 특허를 청구하는 발명이 속하는 기술분야 내지 간단한 설명 등을 기재하는 문구이며, 흔히 명세서의 서두에 나오는 발명의 명칭이 전제부로 사용된다.[17)

전제부를 도입부라고도 한다. 젭슨 청구항(Jepson Claim)의 경우에는 그 발명 이전에 공지된 종래기술을 전제부에 기재하게 되므로 전제부가 길게 작성되게 된다.

본문부(body)는 청구하는 발명에 대하여 구성요소들을 언급하고 이들 기술구성들이 구조적으로, 물리적으로 또는 기능적으로 서로 어떻게 연결되어 발명을 이루는지를 기재한 부분이다.

연결부(transition)는 연결하는 문구를 말하며 전환부 또는 전이부라고도 한다. 통상 사용하는 "포함하는(comprising)" 형식의 전환부가 사용되면, 청구항에 기재된 구성요소 외에 추가의 구성요소를 갖는 발명도 해당발명에 포함되는 것으로 해석된다.[18)

2. 명세서 작성 실습

아래는 수업에서 아이디어를 창출하여 특허출원한 발명 3건의 특허청구범위 작성 예이다.

1) 착석면의 넓이 조절이 가능한 다단 접철식 간이 의자

아래는 착석면을 다단으로 형성하여 착석자의 신장이나 공간의 광협에 따라 착석면을 조절할 수 있는 다단 접철식 간이 의자에 관한 발명의 시제품 사진과 일실시예의 도면이다.

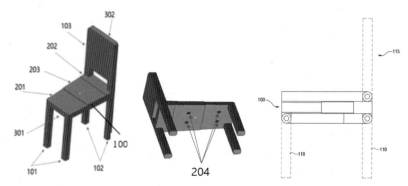

그림 6.6　다단접철식 간이의자 도면

[17)] Morgan D. Rosenberg, The Essentials of Patent Claim Drafting, Oxford Univ. Press, 2012, p.9.

[18)] 실무상 연결부로 사용되는 문구는 'comprising', 'consisting of', 'consisting essentially of'의 3가지가 있다. 우리말로 'comprising'은 "포함하는"으로, 'consisting of'는 "으로 이루어지는(구성되는)"으로, 'consisting essentially of'는 "필수적(실질적)으로 …으로 이루어지는"으로 번역된다. 위 연결부의 문구 중 'comprising(포함하는)'이 개방형으로 청구항의 구성요소 외에 다른 구성요소를 더 갖는 발명도 청구하고 있는 것이다. 통상 화학발명이나 의약발명 외에는 폐쇄형이라고 할 수 있는 'consisting of(으로 이루어지는)'와 'consisting essentially of(필수적으로 …으로 이루어지는)'의 연결부 문구는 잘 사용되지 않는다.

〈도면부호의 명칭〉

101 : 앞다리   102 : 뒷다리   103 : 등받이

201 : 전면 시트부   202 : 중간 시트부   203 : 후면 시트부

204 : 공기 구멍   301 : 전면 손잡이   302 : 후면 손잡이

청구범위를 작성하기 전에 먼저 아래와 같이 구성요소들을 나누어 표를 만든다.

표 6.1 다단접철식 간이의자 구성요소 표

주 구성요소		부구성요소	한정사항
A	시트 (100)	a1 : 전면시트부(201) a2 : 중간시트부(202) a3 : 후면시트부(203) a4 : 공기구멍(204) a5 : 힌지(경첩)	• 본 발명은 시트부를 겹치거나 빼내어 시트의 길이를 조정 • 공기구멍은 시트의 뒷면에 형성되어 접철면의 이동이 원활하도록 하는 역할 • 힌지는 시트와 등받이의 연결부에 위치하여, 등받이를 시트에 포갤 수 있도록 형성
B	등받이 (103)		
C	다리 (101,102)	c1 : 앞다리(101) c2 : 뒷다리(102) c3 : 힌지(경첩)	• 힌지는 다리와 시트의 연결부에 형성되어, 다리를 시트에 포갤 수 있도록 형성

위 표를 참고하며 독립항을 먼저 작성한다. 독립항을 작성할 때 선행기술조사를 통해 선행기술과 구별되도록 구성요소를 선택하여야 한다.

본 발명에서 시트, 다리 및 등받이의 주구성요소로 이루어지는 청구항은 공지(신규성 없음)이므로, 주구성요소에 부구성요소를 덧붙여서 독립항을 작성하여야 한다. 종속항은 독립항에 부구성요소 또는 한정사항 중에서 특허를 받고자 하는 사항을 덧붙여 작성하면 된다.

청구항1)

시트조절 의자에 있어서,

둔부가 접촉되는 시트;

상기 시트를 지지하는 복수 개의 다리;

상기 시트와 결합하여 등을 받치는 등받이;를 포함하되, 둔부가 접촉하는 상기 시트의 면적이 조절가능하도록 상기 시트가 슬라이딩 이동하여 서로 겹치거나 빠질 수 있는 복수의 시트부로 구성되는 것을 특징으로 하는 시트 조절 의자.

청구항2)

제1항에 있어서, 상기 시트는 전면시트부와 중간시트부 및 후면시트부를 포함하며, 상기 복수의 다리 중 한 쌍은 전면시트부에, 다른 한 쌍은 후면시트부에 고정되는 것을 특징으로 하는 시트 조절 의자.

청구항3)

제1항 또는 제2항에 있어서, 상기 시트의 뒷면에는 접철면의 이동이 원활하도록 공기구멍을 형성한 것을 특징으로 하는 시트 조절 의자.

청구항4)

제3항에 있어서, 시트와 등받이의 연결부 및 다리와 시트의 연결부에 등받이와 다리를 완전히 접어 시트에 포갤 수 있도록 힌지를 형성한 것을 특징으로 하는 시트 조절 의자.

2) 모형물과 모바일 앱을 이용한 자세교정 시스템

본 발명은 사용자가 앉는 시트 하단에 설치된 센서를 통해 수집된 사용자의 앉은 자세에 관한 정보를 ㉠ 자세모사 모형이 시각적으로 그 자세를 보여주고, ㉡ 스마트폰의 앱화면으로 자세에 관한 정보를 사용자에게 제공하는 자세 교정 시스템에 관한 발명이다.

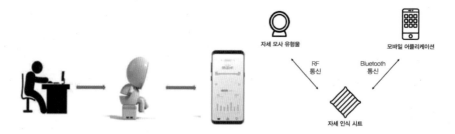

그림 6.7 모형물을 이용한 자세교정 시스템 개략도

표 6.2 모형물을 이용한 자세교정 시스템 구성요소 표

주 구성요소		부구성요소	한정사항
A	자세인식 시트	a1: 자세인식 센서 a2: 마이크로 프로세서 a3: 통신모듈	• 자세인식 센서는 복수 개의 압력센서로 구성 • 마이크로프로세서는 압력센서로부터 받은 센싱 값으로 사용자의 자세정보 획득 • 통신모듈은 위 자세정보를 자세모사 모형 및 모바일 앱으로 전송
B	자세모사 모형	b1: 자세모사 제어기 b2: 모터 b3: 통신모듈	• 자세모사 모형은 상부몸체, 두 다리를 포함하는 하부몸체 및 받침대로 구성 • 자세인식 시트에서 보내온 정보에 따라 자세모사 제어기가 모터를 작동하여 사용자의 자세 모사
C	모바일 애플리케이션		• 사용자의 자세에 관한 실시간 및 축적된 정보를 모바일 앱으로 보여줌

본 발명의 자세인식시트와 자세인식모형으로 된(즉 A+B로 구성된) 자세교정 장치와 유사한 선행기술은 이미 공지되어 있다.[19]

---

[19] A+B로 된 자세교정 장치가 신규하다면, 독립항을 A+B로 하고 A+B+C는 종속항으로 청구할 수 있다.

청구항1)

모형물과 모바일 앱을 이용한 자세교정 시스템에 있어서, 센서를 통해 사용자의 앉은 자세를 인식하는 자세인식시트; 자세인식시트에서 보내주는 사용자의 자세정도에 따라 사용자의 자세를 모사하는 자세 모사 모형; 및 사용자의 실시간 및 축적된 정보를 사용자가 소지한 통신디바이스의 앱 화면으로 보여주는 모바일 애플리케이션:을 포함하는 모형물과 모바일 앱을 이용한 자세교정 시스템.

청구항2)

제1항에 있어서, 자세인식시트는 복수의 압력센서, 압력센서로부터 받은 센싱값으로 사용자의 자세 정보를 획득하는 마이크로프로세서 및 통신모듈을 포함하는 모형물과 모바일 앱을 이용한 자세교정 시스템.

청구항3)

제1항에 있어서, 상기 자세모사 모형은 상부몸체, 두 다리를 포함하는 하부몸체 및 받침대로 구성되며, 자세인식 시트에서 보내온 정보에 따라 모터를 작동하여 사용자의 자세를 모사하도록 제어하는 자세모사제어기와 통신 모듈을 포함하는 모형물과 모바일 앱을 이용한 자세교정 시스템.

청구항4)

제1항 내지 제3항에 있어서, 상기 모바일 앱은 사용자의 착석시간, 착석시간 동안의 자세비율, 자세비율에 대한 기간별 통계자료 등 사용자의 자세에 관한 정보를 보여주는 자세교정 시스템.

3) 자동 수평조절 및 원격 촬영 각도 조정이 가능한 삼각대

본 발명은 영상 또는 사진을 촬영함에 있어서, 고르지 못한 바닥면에서도 카메라를 수평으로 유지하는 자동 수평조절 기능과, 리모컨 또는 스마트폰 등 통신기기를 사용하여 원격으로 카메라의 촬영 각도를 조정할 수 있는 촬영 각도 조정 기능을 갖춘 삼각대에 관한 것이다.

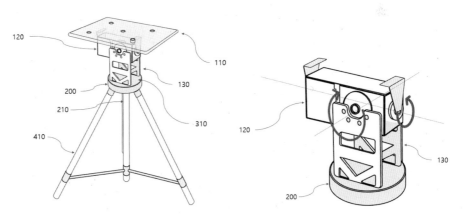

그림 6.8　자동수평조정과 원격조정 기능을 갖춘 삼각대 도면

본 발명의 구성요소를 분석해 보면 아래와 같다.

표 6.3 자동수평조정과 원격조정 기능을 갖춘 삼각대 구성요소 표

	주 구성요소	부구성요소	한정사항
A	카메라 고정부		• 촬영장치를 고정
B	한 쌍의 구동부	b1: 한 쌍의 프레임	• 고정부를 제어
C	제어부	c1: 저장부 c2: 통신부 c3: 블루투스 모듈 c4: 전원부	• 저장부는 센서의 경사값 저장 • 통신부는 구동부의 데이터 통신용 • 블루투스 모듈은 외부 통신기기와의 통신용
D	센서부		• 경사데이터 확보
E	다리		• 지면에 대해 장치를 안정적으로 거치
F	모바일 앱		• 수평이 확보된 후, 스마트폰의 모바일 앱으로 각도를 지정하여 카메라를 상하좌우로 조정

선행기술로는 센서로 경사데이터를 인식하여 제어부를 통해 카메라 등 촬영장치를 수평으로 유지시키는 기술(한국 공개특허공보 공개번호 2016-0017897호)이 공지되어 있다. 아래는 아이디어를 내었던 학생이 작성한 명세서 전문이다.

발명의 명칭

자동수평조절 및 원격 촬영 각도 조정이 가능한 삼각대(Tripode with automatic parallel control and remote shooting-angle control feature)

발명의 상세한 설명

기술분야

본 발명은 영상 혹은 사진을 촬영할 때 카메라를 지지해 주는 삼각대에 있어서, 바닥이 고르지 못하더라도 자동으로 카메라가 수평을 유지하여 안정적인 촬영을 확보하도록 하고, 사용자가 카메라와 떨어져 있더라도 리모컨 또는 스마트폰 등 통신기기를 사용하여 원격으로 카메라의 촬영 각도를 조정할 수 있는 삼각대에 관한 것이다.

배경기술

영상 혹은 사진 촬영에 있어서 최우선으로 고려되어야 할 사항은 안정감이다. 대부분 사용자들은 고르지 못한 지면에서 촬영을 할 때, 수평을 쉽게 유지하지 못하는 삼각대 때문에 불편했던 경험이 있을 것이다.

영상 혹은 사진이 비스듬히 촬영된다면 수평을 바로 잡는 작업에 시간과 노력을 요하며, 재촬영이 요구되는 경우도 많다. 또한 종래의 삼각대는 촬영 각도가 촬영자의 요구에 맞지 않을 경우, 사용자가 직접 삼각대에 접근하여 각도를 조절해야만 하는 불편함이 있었다.

한편 고르지 못한 지면에서도 카메라의 평형을 유지하는 기능을 가진 삼각대에 관한 종래기술이 한국 공개특허 10-2016-0017897에 기재되어 있으나, 본 발명은 절대 평형을 유지하기 위해 가속도-자이로 6축 센서를 이용하고, 블루투스 모듈을 통해 스마트폰 및 리모컨 등 통신기기를 이용하여 원격으로 삼각대의 촬영 각도 조절이 가능하다는 점에서 위 선행기술과는 차이가 있다.

발명의 내용

해결하려는 과제

본 발명이 해결하고자 하는 과제는 고르지 못한 지면에서도 자동으로 카메라의 평형을 유지하면서, 사용자가 삼각대에서 떨어져 촬영을 해야 하는 환경에서 리모컨 및 스마트폰 등 통신기기로 삼각대의 촬영각도를 상하좌우로 조정할 수 있는 삼각대를 제공하고자 하는 것이다.

과제의 해결수단

상기 목적을 달성하기 위하여 본 발명의 자동수평조절 및 원격 촬영 각도 조정이 가능한 삼각대는, 촬영 장치를 고정시킬 수 있는 카메라 고정부(110), 상기 카메라 고정부(110)를 제어하는 1쌍의 구동부(120), 상기 구동부(120)에 명령을 내릴 제어부(200), 장치의 구동에 필요한 경사 데이터를 확보할 센서부(310), 지면에 대하여 장치를 안정적으로 거치시킬 다리(410), 외부에서 구동부(120)에 제어 명령을 내릴 통신기기(510)를 포함하며, 상기 구동부(120)는 프레임(130)을 통하여 카메라 고정부(110)와 연결되는 것을 특징으로 하는 삼각대이다.

상기 제어부(200)는 상기 센서부(310)의 경사 값을 저장할 저장부(210), 상기 제어부(200)와 구동부(120)의 데이터 통신을 위한 통신부(220), 외부 통신 기기와의 통신을 위한 블루투스 모듈(230), 장치에 전원을 공급해줄 전원부(240)를 포함한다.

또한 상기 전원부(201)는 전력을 공급해주며, 배터리 충전 포트를 갖는 전원 충전부(211), 전원 공급의 연결과 차단을 담당하는 전원 스위치부(212)를 포함한다.

통신기기(510)는 리모콘 또는 스마트폰이며, 상기 스마트폰(520)과 블루투스모듈(230)을 이용하여 구동부(120)를 움직일 때, 2개로 이루어진 구동부 각각의 좌우 회전 방향을 제어할 수 있는 4가지 방향 버튼을 갖는 스마트폰 내부 어플리케이션(521)을 활용할 수 있는 기능을 포함한다.

본 발명의 자동수평조절 및 원격 촬영 각도 조정이 가능한 삼각대는, 지면의 경사 혹은 장애물로 인해 삼각대가 기울어지면, 그 기울어진 정도를 센서 부에서 측정하여 해당 값을 상기 제어부의 저장부로 전달하며 이 정보는 통신부를 거쳐 구동부로 전달되어 카메라가 수평을 이루도록 삼각대를 움직이게 된다. 그리고 사용자가 원거리에서 리모컨 또는 스마트폰의 블루투스 기능을 이용하여 보낸 삼각대의 각도 조정에 관한 정보는 센서부를 거쳐 구동부로 전달되어 삼각대의 각도를 조절하게 된다.

발명의 효과

본 발명의 자동 수평조절 및 원격 촬영 각도 조정이 가능한 삼각대는 사용자의 조작 없이 자동으로 카메라의 수평을 유지시켜서 촬영이 안정적으로 이루어지도록 하는 효과가 있다.

또한 본 발명의 삼각대는, 사용자가 삼각대로부터 떨어져 있더라도 블루투스 모듈을 통해 리모컨 및 스마트폰을 이용하여 삼각대의 촬영 각도를 조정할 수 있는 효과가 있다.

도면의 간단한 설명

도 1은 본 발명에 따른 삼각대의 전체적인 사시도
도 2는 도 1의 구동부 및 프레임에 대한 사시도
도 3은 제어부의 구조 블록도
도 4는 외부기기 사용시 블루투스 모듈과의 관계에 대한 구조 블록도

발명을 실시하기 위한 구체적인 내용

본 발명의 상술한 목적, 특징, 바람직한 실시예를 첨부된 도면을 참조하여 설명하면 다음과 같다.

도 1은 발명에 따른 삼각대의 전체적인 사시도이고, 도 2는 도 1에서의 상단부를 확대한 사시도이며, 도 3은 장치의 제어부에 대한 구성 블록도이며, 도 4는 외부에서 장치를 움직일 때 사용되는 외부 장치에 대한 구성 블록도이다.

도 1에서 보는 바와 같은 본 발명의 삼각대는 카메라 고정부(110), 구동부(120), 프레임(130), 제어부(200), 센서부(310), 다리(410)를 포함한다.

상기 카메라 고정부(110)는 그 하단에 한 쌍의 구동부(120)와 연결되어 있으며, 카메라 등 영상 및 사진 촬영 장치를 고정시킬 수 있다.

한 쌍의 구동부(120)는 한 쌍의 프레임(130)을 통하여 제어부(200)와 연결 되어 있다.

도 3에서 보는 바와 같이 상기 제어부(200)는 삼각대를 지지하는 다리 (410)와 연결되어 있으며, 저장부(210), 통신부(220), 블루투스 모듈(230), 전원부(240)를 포함한다. 상기 전원부(240)는 전원 충전부(241), 전원 스위치부 (242)로 이루어져 있다.

상기와 같은 구성으로 이루어진 본 발명 삼각대의 작동 과정에 대하여 설명하면 다음과 같다.

우선, 사용자는 수평한 상태로 나란히 모여 있는 삼각대의 다리(410)를 펼쳐 지면에 장치를 세운다.

상기 센서부(310)는 삼각대가 현재 설치된 지면으로부터의 절대적인 수평상태를 인식하여 그 데이터를 저장부(210)로 송신하고, 저장부(210)에서는 데이터를 구동부(120)에서 사용될 수 있는 신호로 변환하여 통신부(220)를 통해 구동부(120)로 전달하면, 구동부에의해 카메라 고정부(110)가 수평을 맞추기 위해 움직이게 된다.

이 때, 구동부(120)는 도 2에 명시된 바와 같이, 2개의 축회전 방향을 가지고 움직인다.

그리고 사용자가 카메라 등 촬영장치에서 떨어져서 촬영할 때에는 리모컨 또는 스마트폰 등 통신기기에서 삼각대의 각도 조정에 관한 정보를 블루투스 기능을 이용하여 센서부(310)로 보내면, 그 데이터가 변환을 거쳐 구동부로 전달되어 삼각대의 각도를 조절하게 된다. 삼각대의 센서부(310)에는 외부 통신기기와 통신을 위한 블루투스 모듈(230)이 장착되어 있다.

이 때 스마트폰에서 삼각대의 각도 조정을 위한 작업은 모바일 애플리케이션(521)으로 이루어진다. 이 애플리케이션(521)은 2개로 이루어진 구동부의 각 좌우 회전 방향을 제어할 수 있는 4가지 방향 버튼을 갖고 구동부(120)를 이루는 두 개의 모터의 회전 각도를 좌우 최소 1° 단위로 조절할 수 있도록 한다.

본 발명의 자동수평조절 및 원격 촬영 각도 조정이 가능한 삼각대는 별도의 조작 없이도 자동으로 카메라의 수평을 유지시켜서 촬영이 안정적으로 이루어지도록 하는 효과가 있다.

또한 본 발명의 삼각대는, 사용자가 삼각대로부터 떨어져 작업하더라도 블루투스 모듈을 통해 리모컨 및 스마트폰을 이용하여 삼각대의 촬영 각도를 조정할 수 있는 효과가 있다.

부호의 설명

110 : 카메라 고정부	120 : 구동부
130 : 프레임	200 : 제어부
210 : 저장부	220 : 통신부
230 : 블루투스 모듈	240 : 전원부
241 : 전원 충전부	242 : 전원 스위치부
310 : 센서부	410 : 다리
510 : 리모컨	520 : 스마트폰
521 : 스마트폰 내부 어플리케이션	

특허청구범위

청구항1)

삼각대에 있어서,

카메라를 고정시킬 수 있는 카메라 고정부(110);
상기 카메라 고정부를 제어하는 한 쌍의 구동부(120);
상기 구동부에 명령을 내릴 제어부(200);
촬영장치와 수평과의 경사데이터를 확보할 센서부(310);
지면에 대하여 촬영장치를 안정적으로 거치시킬 다리(410); 및

상기 제어부에 카메라의 상하좌우 각도변화를 명령할 수 있는 모바일 앱;을 포함하는 것을 특징으로 하는 자동수평조절 및 촬영각도 조정이 가능한 삼각대.

청구항2)

제 1항에 있어서,

상기 제어부(200)는 상기 센서부(310)의 경사 값을 저장할 저장부(210);

상기 제어부(200)와 구동부(120)의 데이터 통신을 위한 통신부(220);

외부 통신기기와의 통신을 위한 블루투스 모듈(230); 및

장치에 전원을 공급해줄 전원부(240);를 포함하는 자동수평조절 및 원격 촬영 각도 조정이 가능한 삼각대.

청구항3)

제1항에 있어서, 상기 구동부(120)는 프레임(130)을 통하여 카메라 고정부 (110)와 연결되는 자동수평조절 및 원격 촬영 각도 조정이 가능한 삼각대.

청구항4)

제 2항에 있어서, 상기 전원부(201)는 전력을 공급해주며, 배터리 충전 포트를 갖는 전원 충전부(211); 전원 공급의 연결과 차단을 담당하는 전원 스위치부(212);를 포함하는 자동수평조절 및 원격 촬영 각도 조정이 가능한 삼각대.

청구항5)

제 1항 또는 제 2항에 있어서, 통신기기(510)는 리모컨 또는 스마트폰인 자동수평조절 및 원격 촬영 각도 조정이 가능한 삼각대.

청구항6)

제 5항에 있어서, 상기 스마트폰(520)과 블루투스 모듈(230)을 이용하여 구동부(120)를 움직일 때, 2개로 이루어진 구동부의 각각의 좌우 회전 방향을 제어할 수 있는 4가지 방향 버튼을 갖는 스마트폰 내부 어플리케이션(521)을 활용할 수 있는 기능을 포함하는 자동수평조절 및 원격 촬영 각도 조정이 가능한 삼각대.

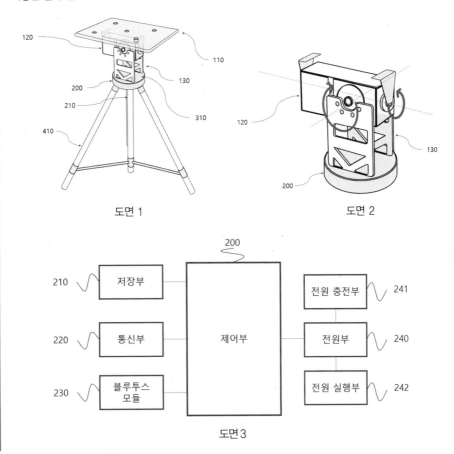

도면 1

도면 2

도면 3

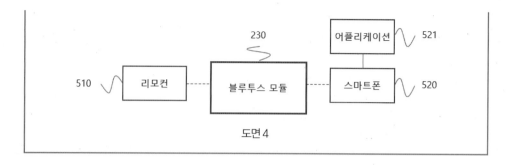

도면 4

4. 전자출원

1. 전자출원 개요

전자출원은 출원인이 특허청을 방문하거나 우편송달하지 않고, 정보통신망(인터넷)을 이용하여 특허출원 서류를 제출할 수 있는 제도를 말한다. 전자출원을 선택하면 이후 특허청과의 모든 연락은 '특허로'라는 사이트를 이용하여 정보통신망을 통해 이루어진다.

전자출원은 ① 어느 때나 출원서류의 제출과 확인이 가능하고, ② 출원서 및 명세서가 특허청의 공식 소프트웨어로 작성됨에 따라 출원서류의 형식적 결함이 매우 적으며, ③ 출원서류의 전자화가 불필요하여 효율적인 관리가 가능하다는 장점이 있다.

특허출원서류를 서면으로도 제출할 수 있지만 출원비용이 더 든다.특허청에서 서면으로 된 서류를 전자화시키는 비용만큼 출원료를 더 내야 한다.

최근에는 거의 모든 특허출원이 전자출원으로 이루어지고 있다.

그림 6.9 전자출원 개념도

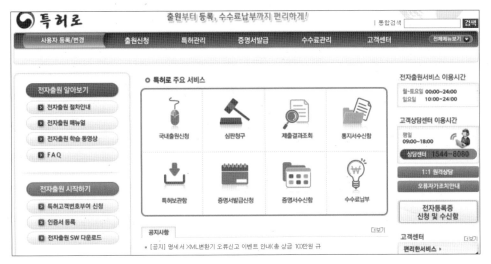

그림 6.10 특허로 홈페이지 화면

2. 전자출원 절차

전자출원을 위해서는 특허청의 특허로 홈페이지에서 아래의 절차를 밟아야 한다. 특허로 홈페이지 왼쪽 메뉴에 있는 전자출원 매뉴얼이나 전자출원 학습동영상을 참고하면 도움을 받을 수 있다.

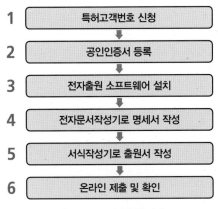

1	특허고객번호 신청
2	공인인증서 등록
3	전자출원 소프트웨어 설치
4	전자문서작성기로 명세서 작성
5	서식작성기로 출원서 작성
6	온라인 제출 및 확인

그림 6.11 전자출원 절차

1) 특허고객번호 부여 신청

특허고객번호 신청서를 작성할 때 필요한 인감 또는 서명 이미지를 JPG 파일로 미리 준비해 둔다. 스캔 없이 휴대폰 카메라로 촬영한 이미지도 사용가능하다.

① 특허고객번호 신청을 위해 "특허로" 홈페이지 왼쪽 메뉴에서 "특허고객번호 신청"을 클릭하면, 먼저 명세서 작성 및 전자출원에 필요한 필수 소프트웨어를 설치하라는 안내가 나온다. "특허로 통합설치 프로그램"을 다운받으면 된다.

구분	프로그램명	기능	설치
통합설치	특허로 통합설치 프로그램	특허로를 사용하기 위한 필수 SW전체를 일괄 설치해주는 프로그램	다운로드 ⊙
개별설치	키보드보안/개인방화벽	키보드를 통해 입력되는 정보가 유출 및 변조되지 않도록 보호해주는 프로그램	다운로드 ⊙
	인증/전자서명	특허로 로그인, 포괄위임신청 및 전자출원시 전자서명을 지원하는 프로그램	다운로드 ⊙
	출력 위변조 방지	서류발급의 신뢰성을 보장하기 위하여 인쇄 관련 기능을 지원하는 프로그램	다운로드 ⊙
	파일 업·다운로드	전자출원 파일의 전처리 기능과 파일 업 다운로드 기능을 지원하는 프로그램	다운로드 ⊙

그림 6.12 특허로 소프트웨어 설치 화면

다음 버튼을 클릭하면 아래와 같이 "특허고객번호 신청시 필요한 파일 및 서류에 대한 안내가 나온다. 행정정보사용을 허용할 경우 인감 또는 서명의 JPG 파일만 필요하며 주민등록등본 등 별도의 서류가 필요없다.

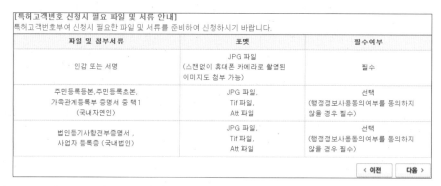

[특허고객번호 신청시 필요 파일 및 서류 안내]
특허고객번호부여 신청시 필요한 파일 및 서류를 준비하여 신청하시기 바랍니다.

파일 및 첨부서류	포멧	필수여부
인감 또는 서명	JPG 파일 (스캔없이 휴대폰 카메라로 촬영된 이미지도 첨부 가능)	필수
주민등록등본,주민등록초본, 가족관계등록부 증명서 중 택1 (국내자연인)	JPG 파일, Tif 파일, Att 파일	선택 (행정정보사용동의여부를 동의하지 않을 경우 필수)
법인등기사항전부증명서 , 사업자 등록증 (국내법인)	JPG 파일, Tif 파일, Att 파일	선택 (행정정보사용동의여부를 동의하지 않을 경우 필수)

‹ 이전   다음 ›

그림 6.13 특허고객번호 신청 안내 화면

② 다음 화면에서 주민등록번호와 성명을 입력하여 출원인 실명확인을 하고 확인을 클릭한다.

그림 6.14 출원인 실명 확인 화면

③ 다음 화면에서 성명, 주소 및 전화번호 등을 기입하는 "특허고객번호부여신청서"를 작성하여야 한다. 이 때 JPG 파일로 미리 준비해 놓은 인감이나 서명 이미지 파일을 입력한다. 필수입력사항(*)은 반드시 입력해야 한다.

단독출원 가능 여부는 미성년자나 재외자에 해당되어 대리인이 필요한 경우를 제외하고는 '가능'으로, 행정정보사용 동의 여부는 '동의'로 클릭한다.

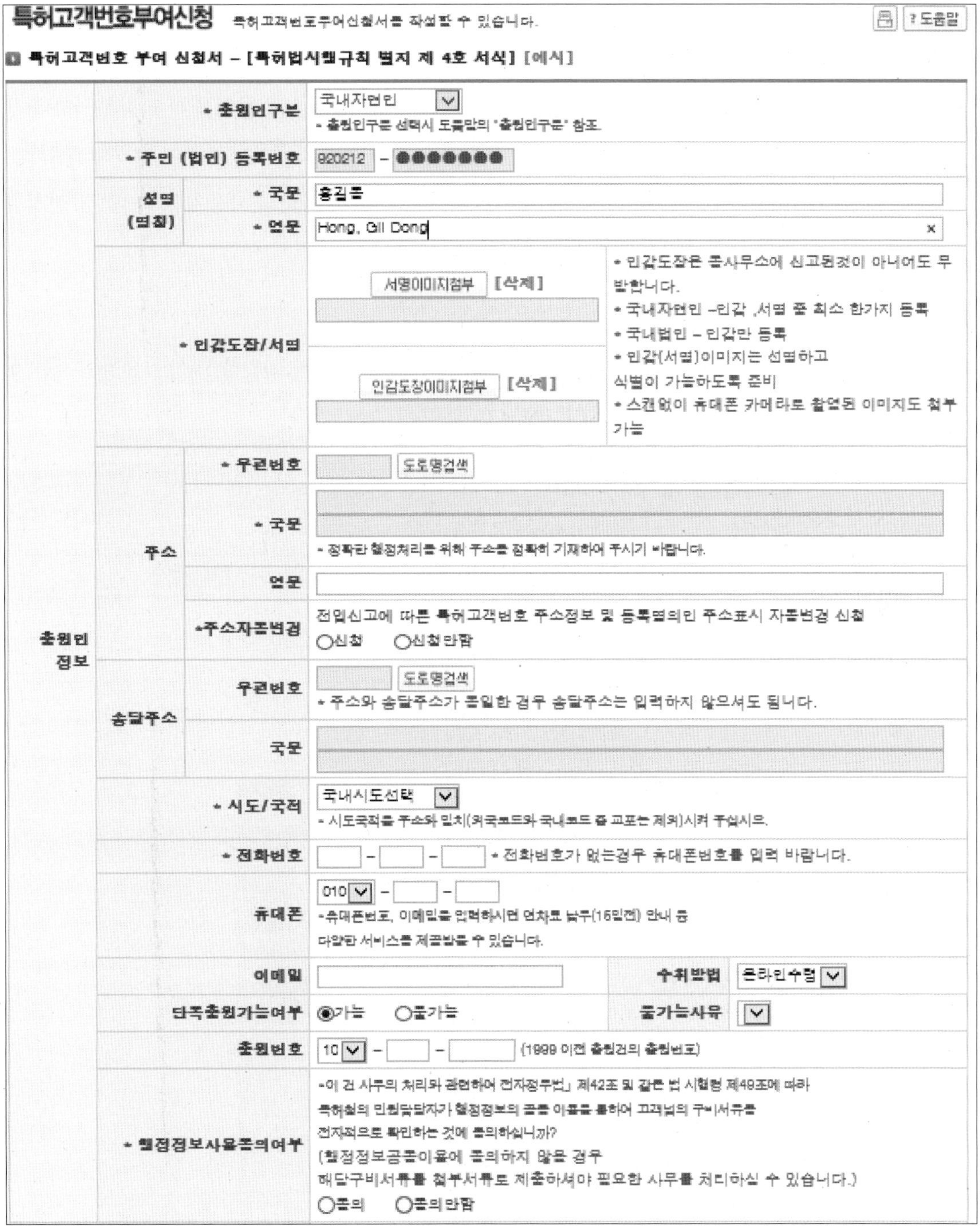

그림 6.15 특허고객번호 부여신청서 양식

행정정보사용 동의여부를 '동의'로 클릭한 후, 나타나는 아래 화면에서 생략할 첨부서류로 '주민등록등본'을 선택하고, 성명과 주민등록번호를 다시 한 번 입력한다.

그림 6.16 본인증명서류 입력 화면

특허고객번호 부여신청을 하면서 실명확인과 행정정보사용동의를 하고 첨부서류를 생략한 경우에는 잠시 후 바로 특허고객번호가 부여되며 일과시간 외에도 자동 발급 된다.

④ 특허고객번호 신청 결과는 특허로 홈페이지 좌측 상단의 사용자 등록·변경/신청결과조회 메뉴에서 확인할 수 있다.

2) 인증서 사용등록

특허로 초기화면 왼쪽 메뉴에서 '인증서등록'을 클릭하고 인증서 사용등록절차를 진행한다.

그림 6.17 인증서 등록화면

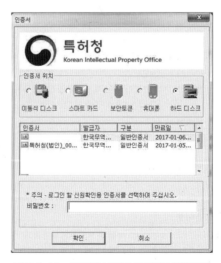

그림 6.18 인증서 선택 및 비밀번호 입력화면

3) 전자출원 소프트웨어 다운로드

특허로 초기화면 왼쪽 메뉴에서 '전자출원SW 다운로드'를 클릭하면 아래 화면이 뜬다.

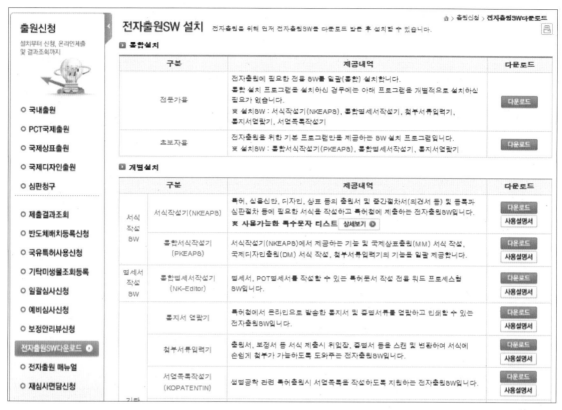

그림 6.19 전자출원SW 설치 화면

"통합설치-초보자용"으로 다운로드 하면 아래의 프로그램 파일이 생성된다. 위 소프트웨어의 설치에는 꽤 시간이 걸리므로, 시간적 여유를 가지고 다운로드를 시작해야한다.

통합서식작성기   통합명세서작성기   통지서열람기

그림 6.20 전자출원 소프트웨어 프로그램

4) 통합명세서 작성기로 명세서 작성

① 통합명세서 작성기를 실행하여 상단 왼쪽에서 국내출원 새문서(N) → 특허/실용신안 문서 → 특허 명세서 등(국어)을 선택한다.

② 빈 문서가 나타나면 아래 사항에 유의하며 각 항목에 명세서의 내용을 입력한다.

- [발명의 명칭]에서 한글 명칭 옆에 영문 명칭을 기재할 때 중괄호 { }를 사용하여야 한다.

- 청구항이나 도면을 추가하고자 할 때에는 상단 메뉴에서 입력 → 식별항목 → [도] 또는 [청구항]을 선택한다.

- [요약서]의 [대표도]에는 대표가 되는 도면번호(예: 도 1)를 기재하거나, 해당 이미지를 입력한다.

- [도면]을 입력할 때는 상단 메뉴에서 틀 → 이미지를 선택하고 미리 준비해둔 이미지 파일을 입력한다.

그림 6.21 명세서 작성기에서 명세서 작성 예

③ 문서의 작성이 완료된 후에는 상단 메뉴에서 '제출파일(생성/변환)'을 선택하여 작성된 문서를 특허청 표준문서 포맷(XML)으로 변환한다. 이 때 작성된 문서에 오류가 있다는 메시지가 뜨면 오류를 수정한 후 다시 XML 변환을 수행한다.

XML 변환이 성공적으로 이루어지면 특허청 제출용 명세서 파일 포맷인 *.HLZ 형식으로 저장할 수 있는 대화상자가 나타나게 된다. 원하는 파일명을 입력하고 〈확인〉 버튼을 누르게 되면 특허청 제출용 파일인 *.HLZ 파일이 저장된다.

5) 서식작성기로 특허출원서 작성

통합서식작성기를 실행한 후 국내출원서식 → 특허출원서를 클릭하면 아래 화면이 나타난다.

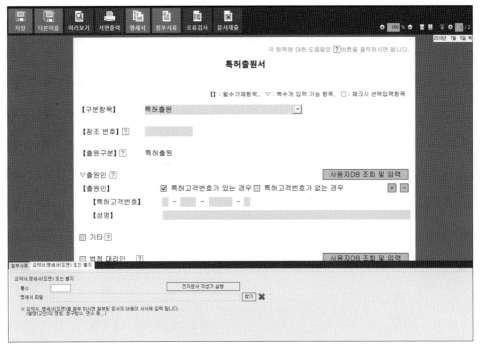

그림 6.22 서식작성기 입력 화면

① 아래 사항에 유의하여 각 입력항목에 내용을 입력한다.

- 명세서 파일 찾기를 통해 통합명세서 작성기로 작성해 놓은 명세서 파일을 가져
  온다.

- 참조번호는 한 출원인이 여러 건을 함께 출원할 때 구분하기 위하여 일련번호로
  기재하는 것이어서 통상 기재하지 않아도 된다.

- 출원인이 여러 명인 경우에는 우측 + 버튼을 클릭하여 출원인을 추가한다. 출원
  인의 지분이 똑같지 않은 경우에는 출원인별로 지분을 기재한다. 지분에 대한 기
  재가 없는 경우에는 모두 같은 지분을 갖게 된다.

- 발명자가 출원인과 동일한 경우에는 발명자란을 기재할 필요 없이 '출원인과 동
  일'을 클릭한다.

- 출원인과 발명자가 동일인인 경우 감면된 수수료가 계산되어 [감 면후 수수료]
  란에 표시된다. 기타 다른 면제 또는 감면 사유가 있는 경우에는 '면제감면대상'
  을 클릭하여 해당란에 체크한다.

② 출원서 작성이 완료되었으면 상단 메뉴 중 '저장'을 클릭하여 문서를 저장한다. 다
  음으로 '문서제출' 버튼을 누른다.

  '제출문서 생성' 화면이 나타나면 '제출문서 생성' 버튼을 누른다. 이때 작성된 명세
  서가 화면에 나타나서 명세서의 내용을 확인할 수 있다.

③ 로그인하라는 표시가 나오는 대로 로그인을 하고, 다음 단계 버튼을 누르면 전자서명을 수행하기 위한 단계가 나타난다. 중앙에 있는 서명 버튼을 누르고 비밀번호란에 해당 인증서의 비밀번호를 입력하고 확인을 누르면 전자서명이 완료된다. 완료가 되면 서명정보가 오른쪽으로 이동하게 된다.

이 때 출원인이 여러 명인 공동출원의 경우, 모든 출원인이 각자의 공인인증서로 로그인하여 전자서명을 하여야 한다.

④ 다음 단계 버튼을 누르면, 제출파일(zip)이 자동 생성되고, 온라인 제출파일을 제출하는 창이 열리며, 하단에 아래와 같이 '온라인 제출' 버튼이 보인다.

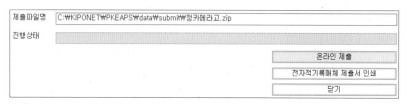

그림 6.23 온라인 제출 화면

6) 온라인 제출, 확인 및 수수료 납부

통합서식작성기에서 서식작성을 완료한 후 온라인 제출 버튼을 클릭하여 제출파일을 특허청으로 전송하면 전송처리 결과창이 열린다.

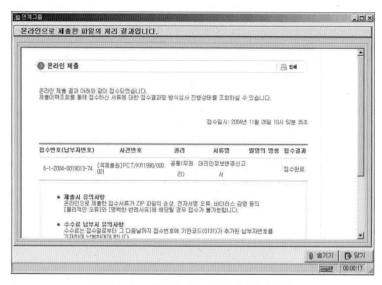

그림 6.24 온라인 제출 파일의 처리결과 화면

온라인 특허출원 서류의 제출 결과 조회는 특허로 홈페이지 상단 메뉴바에 있는 출원신청 → 신청결과조회에서 확인할 수 있으며, 조회결과 리스트의 서류명 항목을 클릭하면 해당 건의 출원번호통지서를 조회할 수 있다.

수수료 납부는 위 조회결과 리스트의 '수수료' 항목의 금액을 클릭하여 영수증을 출력한 후 은행에 납부하거나, 특허로 홈페이지 상단 메뉴바에서 수수료관리 → 수수료 납부 → 온라인 납부를 선택하여 신용카드, 실시간 계좌이체, 휴대폰 결제로 납부하면 된다.

수수료는 해당 서류가 접수된 날로부터 다음날까지 납부해야 한다. 다만 납부마감일이 공휴일인 경우에는 그 다음날까지 납부하면 된다.

7) 모의 전자출원

특허로의 통합서식작성기에서는 출원인의 편의를 도모하기 위하여 모의로 전자출원 연습을 해 볼 수 있는 "모의 전자출원용 서식"을 제공하고 있다.

모의 전자출원은 아래의 통합서식작성기 초기 화면에서 작업선택 → 모의전자출원 시작을 클릭하면 된다. 이후의 모든 절차는 실제 전자출원 절차와 동일하게 이루어지나, 출원서류는 특허청에 제출되지 않는다.

그림 6.25 통합서식작성기 초기화면

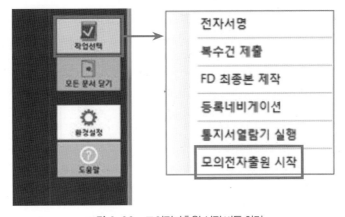

그림 6.26 모의전자출원 시작 버튼 화면

5. 해외출원

1. 해외출원이 필요한 이유

1) 산업재산권 보호에 관한 파리조약

해외출원에 대하여 논하려면 먼저 산업재산권 분야의 가장 오래되고 기본이 되는 조약이라 할 수 있는 산업재산권보호에 관한 파리조약(Paris Convention for the Protection of Industrial Property)[20]을 알아야 한다.

파리조약은 1883년 3월 20일 파리에서 조인된 이래 수차례의 개정을 거쳤고, 현재(2018년 6월 30일) 가입국 수는 177개국이다.

파리조약은 ① 내국민대우의 원칙, ② 우선권제도, ③ 각국 특허독립의 원칙(속지주의 원칙)의 3대 원칙을 근간으로 한다.

(1) 내국민대우의 원칙(National Treatment)

파리조약 가입국의 국민(법인 포함)은 권리능력 및 권리침해에 관하여 내국민과 동일한 보호를 받을 수 있다는 원칙으로서 내외국인 평등의 원칙이라고도 한다. 단 내국민에 부과되는 조건 및 절차[21]에 따라야 한다.

(2) 우선권 제도(Right of Priority)

파리조약의 가입국에서 정규(正規)의 출원[22]을 한 사람이나 그의 승계인이, 최초의 출원일(우선일)로부터 일정 기간[23] 내에 우선권 주장을 하면서 다른 가입국에 출원을 하면, 다른 가입국에서는 해당 출원의 신규성·진보성·선원 등 특허요건을 판단할 때의 출원일을 최초 출원일(우선일)로 소급하여 인정한다는 원칙이다.

이러한 파리조약의 우선권 규정(제4조)에 따라, 각국은 특허법에 "조약에 의한 우선권"에 관한 규정을 두고 있으며, 출원인은 자국 출원 이후 12개월 이내에는 동일한 기술이 외국에서 공개되거나 출원되는 것에 대한 걱정 없이 해외출원을 하면 된다.

해외출원을 하기 위해서는 그 나라 언어로 번역한 출원서류를 작성하고 대리인을 선정하는 과정 등으로 인해 상당한 기간이 필요하다. 반면에 교통·통신의 발달로 인해 국내출원의 기술내용은 쉽게 해외에 공개될 수 있다. 따라서 조약우선권 제도가 없다면

---

[20] 파리조약(Paris Convention)으로 통칭한다.

[21] 수수료의 납부 및 출원·청구 등을 말한다.

[22] 출원이 정규인지의 여부는 각 나라의 국내법에 따라 정해지지만, 각 나라에서 출원으로서 정식으로 수리되어 출원일이 부여된 것은 정규의 출원이다. 정식으로 수리된 이후 그 출원이 무효·취하·포기 또는 거절결정되었더라도 정규 출원의 지위는 잃지 않는다.

[23] 특허·실용신안은 12개월, 상표·디자인은 6개월이다.

해외출원은 신규성이나 선원 위반 등으로 거절될 가능성이 크다.

파리조약에 의한 우선권에는 소위 부분우선과 복합우선이 인정된다. 또한 출원일이 소급된다고 하여도 신규성 상실의 예외규정에 대해서는 대부분의 국가에서 출원일의 소급이 인정되지 않는다는 점에 유의하여야 한다.[24]

(3) 각국 특허독립의 원칙

파리조약은 "가입국 국민이 여러 가입국에서 출원한 특허는 가입국이든 비가입국이든 다른 국가에서 취득한 특허와 독립적이다"라고 규정하고 있다.[25]

즉 어느 가입국에서 특허를 취득하였다고 하여 다른 국가에서 그 특허권을 주장할 수 없으며, 특허권의 보호를 원하는 국가마다 출원하여 특허를 취득하여야 한다. 이를 각국 특허독립의 원칙 또는 속지주의(屬地主義) 원칙이라고 한다.

각국 특허독립의 원칙에 따라 가입국의 국민이 파리조약에 의한 우선권 주장을 통해 여러 나라에 출원한 특허(이른바 '패밀리 특허')의 특허심사, 무효 및 권리행사 등은 각 국가에서 모두 독립적으로 이루어진다.

2) 해외출원의 필요성

각국 특허독립의 원칙(속지주의 원칙)에 의해 각국의 특허는 서로 독립적이므로 특허권을 보호받고자 하는 국가에는 모두 출원을 하여 특허권을 취득하여야만 해당국에서 권리행사를 할 수 있다.

예를 들어 한국에서 특허권을 취득하였다면 한국에서만 독점·배타적인 권리를 행사할 수 있다. 그러나 요즈음과 같이 국제무역이 활발하고 기술경쟁이 치열한 상황에서는 우리나라에서 특허를 받는 것보다 미국, 유럽 및 중국에서 특허를 받는 것이 더 중요한 경우도 많다.

이렇게 각국 특허독립의 원칙에 따른 해외 특허의 필요성에 의해 해외출원은 갈수록 활발해지고 있다. 2016년 우리나라 출원의 약 22%,[26] 2015년 미국 출원의 51%[27]는 외국인 출원이다.

해외출원을 하는 방법은 ① 출원하고자 하는 국가 마다 별도로 출원하는 방법과 ② 특허협력조약(Patent Cooperation Treaty; PCT)을 이용하여 출원하는 방법으로 크게 나눌 수 있다.

---

24) 부분우선과 복합우선에 대해서는 2-4-2(조약우선권 제도), 신규성상실의 예외규정과 관련되어 출원일이 소급되지 않는다는 것에 대해서는 2-3-4(공지예외제도)의 기재내용을 참고할 것.
25) 파리조약 제4조의2 제1항.
26) 2016년 한국에 출원된 특허출원 208,830건 중 21.7%인 45,406건이 외국인 출원이다(출처: 특허청 홈페이지 지식재산통계).
27) 2015년도 미국에 출원된 589,410건의 특허출원 중 51.1%인 301,075건이 외국인 출원이다(출처: 미국특허청 홈페이지 PTMT Report).

또한 유럽 국가를 포함하여 출원하는 경우에는 유럽 개별국에 출원할 것인지 지역특허청인 유럽특허청(European Patent Office; EPO)을 통하여 출원할 것인지를 선택해야 한다.

특허협력조약(PCT)에 의한 출원은 가입국 전체에 동일한 날짜에 출원이 이루어지는 효과를 갖지만, 일정 기간 이내에 번역문을 내고 각 국가별로 심사절차를 밟아야 한다.

한편 유럽특허청(EPO)에 출원하여 등록결정을 받으면 유럽특허조약[28] 가맹국인 38개국(2018년 6월 30일 현재) 중 어느 국가에서도 별도의 심사 없이 번역문·수수료 등의 요건만 충족하면 특허권을 인정받을 수 있다.

2. 해외출원 방법

1) 전통적인 출원방법

특허를 등록받기 원하는 국가마다 개별적으로 특허출원하는 방법으로, 파리조약 루트를 통한 출원이라고도 한다. 파리조약 가입국 중 어느 한 나라에 출원한 후 그 출원일로부터 12개월 이내에 파리조약에 의한 우선권을 주장하면서 원하는 국가에 출원하는 방법이다.

출원하려는 국가가 소수이고, 조속한 특허등록을 원하는 경우에는 파리조약 루트를 통한 출원을 선택하는 것이 좋은 방법이라고 할 수 있다.

2) PCT(국제출원) 제도를 이용하는 방법

(1) 특허협력조약(Patent Cooperation Treaty; PCT) 개요

특허협력조약은 각국의 특허청마다 해외출원이 급증하고 있는 상황에서, 출원방식을 통일하여 출원인과 특허청의 수고와 비용을 경감하려는 목적에서 1970년 체결되고 1978년 1월 24일 발효되었으며, 우리나라는 1984년 가입하였다.[29]

PCT 국제출원은 통상 국제단계와 국내단계로 구분되며, 국제단계는 ❶ 국제출원, ❷ 국제조사, ❸ 국제공개, ❹ 국제예비심사로 이루어지고, 국내단계는 국제단계 이후 출원인이 특허를 받으려는 국가에 번역문과 소정의 수수료를 내고 개별 국별로 심사절차를 밟는 것을 말한다.

❶ 국제출원(International Application)

특허협력조약에 의해 자국의 특허청(수리관청)에 PCT 국제출원을 하면 그 출원일에

---

[28] European Patent Convention(EPC).

[29] 2018년 6월 30일 현재 PCT 가입국은 152개국이다(출처: WIPO 홈페이지).

모든 PCT 가입국에 출원한 것으로 인정된다.[30] 우리나라 특허청을 수리관청으로 하여 PCT 출원을 하려면 한국어, 영어 또는 일어로 작성한 국제출원서류(출원서, 명세서, 도면 및 요약서 등)를 3부 작성하여 특허청에 제출하면 된다.[31]

PCT 국제출원은 파리조약에 의한 우선권주장을 수반할 수 있다. 즉 가입국의 정규출원에 근거하여 그 출원일(우선일)로부터 1년 이내에 PCT 국제출원을 할 수 있다.

❷ 국제조사(International Search)

국제조사기관(International Searching Authority; ISA)[32]은 대략 우선일로부터 16개월 내에 해당 출원의 선행기술조사 결과를 기재한 국제조사보고서(International Search Report; ISR)와 신규성·진보성 등 특허성에 대하여 판단한 내용을 담은 견해서(written opinion)를 작성하여 출원인 및 WIPO 사무국에 송부한다.

출원인은 국제조사보고서와 함께 견해서를 검토하여 이후의 절차 진행을 결정하기 위한 근거자료로 활용할 수 있다.[33]

❸ 국제공개(International Publication)

PCT 국제출원은 우선일로부터 18개월 경과 후 WIPO 국제사무국에 의해 출원서·명세서·도면 및 요약서 등 국제출원 서류가 국제공개언어[34]로 공개된다. 이때 국제조사보고서도 함께 공개된다.

❹ 국제예비심사(International Preliminary Examination)

국제예비심사는 국제조사와는 달리 출원인의 청구에 의한 선택적 절차로서, 출원인이 국제예비심사를 신청하면 국제예비심사기관은 국제출원의 청구범위에 기재된 발명에 대하여 신규성·진보성 등 특허요건을 심사하여 국제예비보고서를 작성한다.

국제조사와는 달리 심사관과의 상호 의견교환이 가능하고, 심사관의 견해서(written opinion)에 대하여 보정서 및 의견서를 제출할 수 있다.

❺ 국내 단계

출원인은 우선일로부터 30개월 또는 31개월[35]의 기간 이내에 국제조사보고서 등을 토

---

30) 2004.1.1. PCT 규칙의 개정 이후, PCT 출원서를 제출하면 모든 가입국을 지정한 효과(즉 모든 체약국에 출원한 효과)를 갖는다.

31) 특허법 제193조 제1항 및 특허법시행규칙 제91조.

32) 국제조사기관이 되려면 심사인력 및 보유한 선행기술 자료의 규모 등에서 일정 조건 이상을 갖추어야 한다. 현재(2018년 6월 30일) 국제조사기관은 22개 특허청이며, 그 중에서 우리나라 특허청을 수리관청으로 출원하는 출원인은 국제조사기관으로 한국·오스트리아·호주 및 일본 특허청(일본어 출원에 한함) 중에서 선택할 수 있다.

33) 예를 들어 국제조사보고서와 견해서가 출원발명의 특허성에 대하여 부정적인 내용을 기재하고 있다면, 이를 검토하여 국내단계 진입을 포기하거나 선행기술을 회피할 수 있도록 명세서에 대한 보정을 하는 등의 선택을 할 수 있다.

34) 국제공개언어는 아랍어, 중국어, 영어, 불어, 독어, 일어, 러시아어, 스페인어, 한국어, 포르투갈어이며, 이들 언어로 출원된 경우에는 그 언어로 공개된다. 다만 발명의 명칭, 초록(요약서) 및 검색보고서(서치리포트)는 영어로도 공개된다. PCT Rule 48.3.

35) 국가마다 30개월 또는 31개월로 차이가 있으며, 한국에서는 31개월이다.

대로 국제출원에 대하여 어느 국가에서 국내단계를 밟을 것인지를 결정하게 된다. 위 기간 이내에 국내단계를 밟지 않은 국가에 대해서는 그 국제출원은 취하된 것으로 본다.

출원인이 국내단계를 밟기로 결정한 국가에는 번역문 제출, 수수료 납부 및 대리인 선임 등 국내법에 따른 절차를 밟아야 하고, 해당 국가의 특허청은 국제조사보고서 등을 참고하며 일반 특허출원과 동일하게 심사하여 특허 여부를 결정하게 된다.

(2) PCT 국제출원의 장단점

① PCT 국제출원의 장점은, ㉠ 출원절차가 간편하고, ㉡ 제1국 출원일(우선일)부터 30개월 또는 31개월 이내에 번역문을 내고 국내단계를 밟으면 되므로 해외출원을 준비할 시간적 여유를 충분히 가질 수 있으며, ㉢ 국제조사보고서를 통해 특허성의 사전판단이 가능하여 불필요한 출원을 포기하거나 출원서류를 보완할 수 있고, ㉣ 번역문 제출까지 시간 여유가 있으므로, 시장상황을 고려하여 특허출원이 필요한 국가만을 선택할 수 있어 비용 절감이 가능하다는 점을 들 수 있다.

② PCT 국제출원의 단점은, ㉠ 각국의 진입비용 외에 PCT 출원비용이 추가되고,[36] ㉡ 지정국에 늦게 진입하므로 특허등록이 늦어지며, ㉢ 국제출원일이 출원일로 인정되므로 특허권을 행사할 수 있는 기간이 그만큼 줄어든다는 것이다.

PCT 국제출원은 통상 4개국 이상 출원하는 경우에 효율적이다.

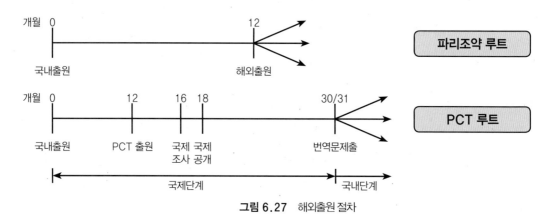

그림 6.27 해외출원 절차

3) 유럽특허청을 통한 출원

유럽특허조약(EPO: European Patent Convention)에 의해 유럽특허청(EPO)의 심사를 거쳐 부여받은 특허는 각 가입국 특허의 묶음이라고 할 수 있다. 출원인은 유럽특허청에서 특허를 받은 후 원하는 가입국의 필요한 절차(번역문 및 수수료 등)에 따르고 특허를 등록하면 된다.[37]

---

36) PCT 출원을 위해서는 출원료, 국제조사료 및 송달료 등을 납부해야 한다.
37) 유럽 특허는 모든 가맹국에서 그 국가에서 허가받은 내국 특허와 동일한 효력을 갖고, 동일한 조건에 따른다. EPC Article 2.

현재(2018년 6월 30일) 유럽특허조약의 가입국은 38개국으로 거의 모든 유럽국가가 포함된다. 다만 특허권의 등록 이후 그 특허의 유·무효 및 특허권의 효력·침해 등은 모두 각 국가의 국내법에 따른다.

PCT 국제출원과 마찬가지로 통상 4개국 이상을 출원하는 경우에 유럽의 개별국 별로 출원하는 것보다 유럽특허청을 통해 출원하는 것이 효율적이다.[38]

(1) 출원 절차

유럽특허 신청을 위한 특허출원서는 유럽특허청의 뮌헨(본부), 헤이그 및 베를린 사무소뿐만 아니라 각 가입국의 특허청에 제출하여도 된다. 특허출원은 인터넷을 통한 온라인 출원, 우편이나 팩스를 이용한 서면 출원도 가능하다.

유럽특허청에 직접 출원하는 것뿐 아니라, PCT 출원을 한 후 유럽특허청에 국내단계 진입을 하여 특허를 받는 것도 가능하다.

유럽특허청에 제출하여야 하는 특허출원 서류는 출원 시에는 가맹국의 어떤 언어로 작성되어도 관계가 없다. 그러나 유럽특허청에서의 모든 절차는 공식언어인 영어, 불어 또는 독어 등 3개 언어 중 하나로 진행되기 때문에, 출원 후 2개월 이내에 위 3개 언어 중 하나로 작성된 번역문을 제출하여야 한다.[39]

유럽특허청으로의 출원은 파리조약에 의한 우선권을 주장할 수 있다.

(2) 출원 후 완결까지의 절차

유럽특허청에 출원 후 심사 완결까지는 아래와 같은 절차를 거친다. 통상 심사착수 전에 서치리포트(search report)가 발행되는 것과 최종 특허 여부 결정이 3인의 심사관의 합의에 의하여 이루어지는 것 등은 다른 주요 특허청에서는 찾아보기 힘들다.

① 특허출원 후 서치 심사관에 의한 검색을 거쳐 서치리포트(Search report)가 만들어져 출원인에게 송부된다.[40]

② 특허출원은 출원 후 18개월이 되었을 때 공개된다. 이때 통상 서치리포트도 함께 공개된다.

③ 출원인은 출원일부터 유럽특허공보에 조사보고서가 공고된 후 6개월까지 심사청구를 할 수 있다.[41] 이 기간내에 심사청구가 없으면 그 출원은 취하된 것으로 간주된다.

---

[38] https://www.epo.org/applying/basics.html., "European Patent and Grant Procedure."

[39] EPC Article 14(2).

[40] 특허출원에 대한 검색과 실체심사를 동일한 심사관이 수행하는 다른 특허청과 달리 유럽특허청은 통상 검색(search)을 담당하는 심사관과 실체심사를 담당하는 심사관이 다르다. 출원인은 서치리포트를 받은 후 출원을 계속할 것인지 포기할 것인지를 결정할 수 있다.

[41] 조사보고서가 출원인에게 송달되기 전에 출원인이 이미 심사청구를 한 경우, 유럽특허청은 출원인에게 출원절차를 계속 진행할 것인지를 확인하는 요청을 하며, 출원인은 이때 출원명세서를 보정할 수 있다. 유럽특허청의 확인 요청에 대하여 기간 내에 응답이 없을 때에는 해당 출원은 취하된 것으로 간주된다. EPC Rule 70.

④ 특허출원마다 주(主)심사관이 있지만 최종 특허 여부 결정은 3인의 심사관의 합의에 의하여 이루어진다.

⑤ 특허결정이 공고된 날부터 9개월 이내에 제3자가 이의신청(opposition)을 할 수 있으며, 이의신청의 심사는 3인 심사관 합의체에 의하여 이루어진다.

⑥ 심사관의 거절결정에 대해서는 유럽특허청의 심판원(Appeal Board)에 항소할 수 있다.

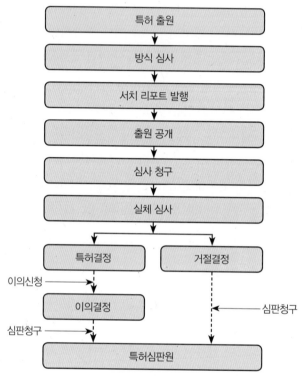

그림 6.28 유럽특허청 심사 절차도

01 다음 부엌칼 발명에 대한 구성요소표(이 장의 표 6.1 참조) 및 특허청구범위를 작성하라.

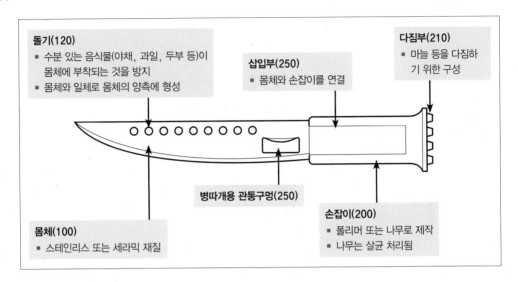

돌기(120)
- 수분 있는 음식물(야채, 과일, 두부 등)이 몸체에 부착되는 것을 방지
- 몸체와 일체로 몸체의 양측에 형성

삽입부(250)
- 몸체와 손잡이를 연결

다짐부(210)
- 마늘 등을 다짐하기 위한 구성

병따개용 관통구멍(250)

몸체(100)
- 스테인리스 또는 세라믹 재질

손잡이(200)
- 폴리머 또는 나무로 제작
- 나무는 살균 처리됨

02 아래 '케이크용 양초꽂이' 발명을 정리하여 명세서(발명의 설명, 특허청구범위, 도면 및 요약서)를 작성하라.

본 발명은 상부에 양초꽂이를 갖고 케이크용에 사용되는 포크에 관한 것이다. 종래처럼 케이크에 양초를 직접 꽂는 경우 비위생적임은 물론 양초의 파라핀이 녹아 케이크에 떨어지게 되어, 이를 사람이 섭취하여 인체에 유해한 영향을 미칠 우려가 높았다.

본 발명은 각종 동물이나 캐릭터의 형상으로 포크의 손잡이를 형성하고, 손잡이의 상단에 양초를 꽂을 수 있는 삽입홈을 형성하여, 케이크용 포크를 케이크에 다수 개 꽂은 다음, 포크 상단의 삽입홈에 양초를 꽂아 사용할 수 있도록 형성함으로써, 케이크에 직접 양초를 꽂을 필요가 없어 위생적이고, 양초에 케이크가 묻지 않게 되므로 재활용이 가능하고, 포크가 음식을 먹는 단순한 기능으로서의 포크가 아니라 포크에 형성된 다양한 동물의 형상은 사용자의 호기심을 충족시켜 줄 수 있고, 장식품이 역할도 할 수 있으며, 촛불을 끈 후에는 포크로 케이크를 먹는데 사용할 수도 있다.

도 1은 케이크용 촛대에 관한 종래기술(특허출원 2010-69098, 2012. 1. 30. 2012-8313로 공개)이다. 도 2는 본 발명의 일실시예로서 양초꽂이를 갖는 케이크용 포크를 나타낸 사시도이고, 도 3 및 4는 본 발명의 다른 일실시예로서 양초꽂이를 갖는 케이크용 포크를 나타낸 정면도이다.

발명의 구성을 보면 도 2 내지 도4에 도시한 바와 같이, 하단(103)에 갈퀴발을 형성한 케이크용 포크(100)의 손잡이(101)의 상단에 양초를 꽂을 수 있는 삽입홈(102)을 2∼5개 다수 개 형성한다. 상기 포크(100)의 상단의 손잡이(101)의 형상은 각종 동물이나 다양한 캐릭터의 형상으로 형성한다.

사용할 때 상기의 양초꽂이를 갖는 케이크용 포크(100)를 케이크에 꽂아, 양초(104)를 케이크용 포크(100)의 손잡이(101) 상단에 형성된 삽입홈(102)에 꽂는다. 이 때 필요한 양초(104)의 개수에 따라 여러 개의 포크(100)을 케이크에 꽂을 수 있다.

따라서, 양초(104)는 케이크에 꽂히는 것이 아니라 포크(100)의 손잡이(101) 상단에 꽂히는 것이므로, 양초(104)로 지저분해지지 않는 위생적인 케이크를 먹을 수 있으며, 양초(104)는 케이크의 크림 등이 묻지 않아, 보관하였다가 다시 사용할 수도 있다.

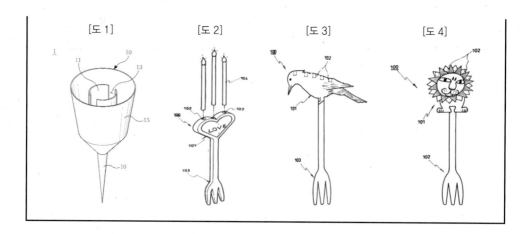

[도 1]　　[도 2]　　[도 3]　　[도 4]

03 다음 중 물건에 관한 특허출원을 할 때 반드시 제출해야 하는 서류가 아닌 것은?

❶ 특허출원서　　　　　　　❷ 명세서　　　　　　　❸ 도면
❹ 요약서　　　　　　　　　❺ 주민등록등본증 사본

04 특허수수료에 관한 다음 설명 중 맞지 않는 것은?

❶ 특허를 받기 위해서는 특허출원료, 심사청구료, 최초 3년분 등록료를 납부해야 한다.
❷ 대학생에 해당하는 만 19세 이상 만 30세 미만의 개인(발명자와 출원인이 같은 경우만 해당)은 출원료, 심사청구료 및 3년분 등록료의 50%를 감면받는다.
❸ 만 30세 이상 만 65세 미만의 개인(발명자와 출원인이 같은 경우만 해당) 및 중소기업은 출원료, 심사청구료 및 3년분 등록료의 70%를 감면받는다.
❹ 특허출원료에 비해서 심사청구료가 훨씬 비싸다.
❺ 심사를 빨리 받기 위해 우선심사를 청구하는 경우 매건 20만원의 우선심사청구료를 내야 한다.

05 명세서에 관한 다음 설명 중 맞지 않는 것은?

❶ 명세서는 특허출원서에 첨부되는 서류이다.
❷ 특허법상의 발명은 특정 제품이 아니라 기술적 사상의 창작이므로, 명세서에는 미래에 개발될 수 있는 제품까지 포함하여 가능한 한 다양한 형태를 기재한다.
❸ 명세서에는 발명의 설명, 특허청구범위, 도면 및 요약서가 포함된다.
❹ 명세서는 공개되어 제3자가 이용할 수 있는 기술문헌의 역할을 하는 한편, 특허출원이 등록된 후에는 특허청구범위가 특허권의 보호대상이 됨에 따라 권리서로서의 역할을 하게 된다.
❺ 특허출원시에는 영어로 작성된 명세서를 제출할 수 있다.

06 다음 중 발명의 설명의 기재순서가 차례대로 바르게 연결된 것은?

❶ 발명의 명칭 → 기술분야 → 배경기술 → 발명의 내용 → 도면의 간단한 설명 → 발명을 실시하기 위한 구체적인 내용
❷ 발명의 명칭 → 배경기술 → 기술분야 → 도면의 간단한 설명 → 발명의 내용 → 발명을 실시하기 위한 구체적인 내용
❸ 발명의 명칭 → 배경기술 → 기술분야 → 발명의 내용 → 도면의 간단한 설명 → 발명을 실시하기 위한 구체적인 내용

❹ 발명의 명칭 → 도면의 간단한 설명 → 기술분야 → 배경기술 → 도면의 간단한 설명 → 발명을 실시하기 위한 구체적인 내용

❺ 기술분야 → 발명의 명칭 → 배경기술 → 발명의 내용 → 도면의 간단한 설명 → 발명을 실시하기 위한 구체적인 내용

07 다음은 특허청구범위에 대한 설명이다. 이들 중 맞지 않는 것은?

❶ 특허청구범위의 각 청구항은 ⊙ 발명의 설명에 의해 뒷받침되어야 하고, ⓛ 발명이 명확하고 간결하게 기재되어야 하며, ⓒ 발명을 특정하는데 필요하다고 인정되는 구조·방법·기능·물질 또는 이들의 결합관계가 기재되어야 한다.

❷ 특허청구범위뿐 아니라 발명의 설명에 기재된 내용까지 고려하여 출원발명의 신규성, 진보성, 선원 등 특허요건을 판단한다.

❸ 특허청구범위에 "소망에 따라, 필요에 따라, 특히, 예를 들어, 주로, 적당량의, 많은, 높은, 대부분의, 약" 등의 표현들이 기재되면 특허청구범위가 불명확하다고 하여 거절될 수 있다.

❹ 특허청구범위에는 구성들이 단순히 나열되어 있어서는 안 되고, 이들 구성 간의 결합관계가 충분히 기재되어 있어야 한다.

❺ 특허청구범위의 각 청구항은 아무리 길더라도 하나의 문장으로 작성되어야 한다.

08 특허청구범위의 청구항 기재에 관한 다음 설명 중 맞지 않는 것은?

❶ 독립항은 다른 청구항을 인용하지 않은 청구항이고, 종속항은 독립항 또는 다른 종속항을 인용한 청구항을 말한다.

❷ 종속항은 인용하는 청구항의 구성을 ⊙ 더욱 한정하거나 또는 ⓛ 추가적인 구성을 부가하는 형태로 기재한다.

❸ 특수한 기재형식의 청구항으로서, 수단 또는 단계 형식의 청구항, 젭슨청구항, 마쿠쉬 청구항 등이 있다.

❹ 하나의 종속항이 여러 청구항을 인용하고 있는 경우는, 그 하나의 종속항이 인용하고 있는 청구항의 수만큼의 여러 발명을 청구하고 있는 것이다.

❺ 종속항은 인용하는 청구항의 모든 기재사항을 포함하면서 종속항에 기재된 내용을 추가적으로 갖는 것이어서, 통상 인용하는 청구항의 보호범위보다 상대적으로 더 넓은 보호범위를 가진다.

09 전자출원을 위한 통상의 절차가 순서대로 맞게 작성된 것은?

❶ 공인인증서 등록 → 전자출원소프트웨어 설치 → 특허고객번호 신청 → 서식작성기로 출원서 작성 → 전자문서작성기로 명세서 작성 → 온라인제출 및 확인

❷ 공인인증서 등록 → 특허고객번호 신청 → 전자출원소프트웨어 설치 → 서식작성기로 출원서 작성 → 전자문서작성기로 명세서 작성 → 온라인제출 및 확인

❸ 특허고객번호 신청 → 공인인증서 등록 → 전자출원소프트웨어 설치 → 전자문서작성기로 명세서 작성 → 서식작성기로 출원서 작성 → 온라인제출 및 확인

❹ 특허고객번호 신청 → 공인인증서 등록 → 서식작성기로 출원서 작성 → 전자문서작성기로 명세서 작성 → 전자출원소프트웨어 설치 → 온라인제출 및 확인

❺ 특허고객번호 신청 → 전자출원소프트웨서 설치 → 전자문서작성기로 명세서 작성 → 서식작성기로 출원서 작성 → 공인인증서 등록 → 온라인제출 및 확인

10 다음 특허출원 절차에 관한 설명 중 맞는 것은?

　❶ 특허출원서는 반드시 온라인을 통한 전자출원으로 하여야 한다.

　❷ 특허출원을 하고자 할 때는 반드시 선행기술조사 결과를 기재하여야 한다.

　❸ 특허출원을 위해서 출원인코드가 있으면 편리하며, 특허출원이 접수되면 출원번호통지서가 즉시 발급된다.

　❹ 특허출원시에는 특허출원서에 첨부되는 명세서를 영어로 작성하여 제출할 수 있다.

　❺ 특허출원시에는 특허출원서에 첨부되는 명세서에는 발명의 설명과 특허청구범위를 반드시 기재하여야 한다.

11 다음 특허청구범위와 관련된 설명으로서 맞지 않는 것은?

　❶ 특허권의 보호범위는 청구항에 기재된 사항에 의하여 정하여 진다.

　❷ 침해제품이 특허발명의 청구항에 기재된 구성요소를 모두 포함하는 경우에 특허침해에 해당한다.

　❸ 특허청구범위에 기재되는 청구항의 수에는 제한이 없다.

　❹ 청구항의 종류로는 독립항과 종속항이 있다.

　❺ 특허청구범위의 해석을 위해 요약서를 참고할 수 있다.

12 甲은 우리나라에 2015.3.1. 특허출원하였다. 이후 갑의 행동 중 가장 잘못된 것은?

　❶ 2015.4.1. 우리나라 특허출원을 취하하고, 일부 잘못 기재한 내용을 수정하여 2015.7.1. 우리나라에 특허출원한다.

　❷ 2016.1.1. 우리나라 특허청에 파리조약에 의한 우선권을 주장하면서 PCT 출원을 한다.

　❸ 2016.2.1. 유럽특허청(EPO)에 파리조약에 의한 우선권을 주장하면서 특허출원을 한다.

　❹ 2016.3.1. 파리조약에 의한 우선권을 주장하면서 독일에 특허출원을 한다.

　❺ 2016.11.1. 우리나라 특허출원을 취하하고, 일본 특허청에 특허출원을 한다.

13 다음중 PCT 출원에 관한 설명으로 옳지 않은 것은?

　❶ 하나의 출원으로 150여 개국에 출원된 효과를 가지므로 출원절차가 간편하다.

　❷ 각국의 진입비용 외에 PCT 출원비용이 추가되고, 지정국에 늦게 진입하므로 특허등록이 늦어지는 단점이 있다.

　❸ PCT 출원은 통상 2개국 이상 출원하는 경우에 경비를 절감할 수 있다.

　❹ 제1국 출원일(우선일)부터 30개월 또는 31개월 이내에 번역문을 내고 국내단계를 밟으면 되므로 해외출원을 준비할 시간적 여유를 충분히 가질 수 있다.

　❺ 국제조사보고서를 통해 특허성의 사전판단이 가능하여 불필요한 출원을 포기하거나 명세서를 보정하여 거절이유를 해소할 수 있다.

　❻ 국제출원일이 출원일로 인정되므로 특허권을 행사할 수 있는 기간이 그만큼 줄어든다는 단점이 있다.

14 다음 해외출원에 관한 설명 중 가장 잘못된 것은?

　❶ 해외출원을 하는 방법은 ① 출원하고자 하는 국가마다 별도로 출원하는 방법과 ② 특허협력조약(Patent Cooperation Treaty; PCT)을 이용하여 출원하는 방법으로 크게 나눌 수 있다.

　❷ 해외출원을 해야 하는 이유는 파리조약의 3대원칙 중 '각국 특허독립의 원칙(속지주의 원칙)'에 의해 특허권을 보호받고자 하는 국가에는 모두 특허출원하여 등록을 받아야 하기 때문이다.

❸ 각국 특허독립의 원칙에 따른 해외특허의 필요성에 따라 해외출원은 갈수록 활발해지고 있으며, 예를 들어 미국에 출원되는 특허출원 중 해외출원의 비율은 50%를 넘는다.

❹ 유럽국가를 포함하여 해외출원을 하려는 경우에는, 유럽 개별국마다 출원할 것인지 지역특허청인 유럽특허청(European Patent Office; EPO)을 통하여 출원할 것인지를 선택해야 한다.

❺ PCT 출원이나 EPO에 출원하는 경우 파리조약에 의한 우선권 주장은 인정되지 않는다.

15 다음 중 청구항의 기재방법에 맞게 작성된 청구항은?

❶ (청구항1) 제2항에 있어서, … 인 냉장고
❷ (청구항3) 제1항 및 제2항에 있어서, … 인 냉장고
❸ (청구항4) 제1항 내지 제3항에 있어서, … 인 냉장고
❹ (청구항3) 제1항과 제2항에 있어서, … 인 냉장고
❺ (청구항6) 제1항 또는 제2항 있어서, … 인 냉장고

Creation and Utilization of
INVENTION AND PATENT

07 특허권 및 특허침해

1. 특허권

1. 특허권의 발생 및 유지

출원인이 특허결정서를 받은 날부터 3개월 이내에 특허청에 최초 3년분의 특허료(설정등록료)를 납부하면 설정등록이 되어 특허권의 효력이 발생한다. 설정등록이란 특허청에 비치한 등록원부에 특허권의 설정·이전·변경·소멸 등에 관한 사항이 기록되는 것을 말한다. 일반인도 특허청에 신청하여 특허등록원부를 열람할 수 있다.

특허권의 존속기간은 특허권을 설정등록한 날부터 특허출원일 후 20년이 되는 날까지이다.[1] 그러나 특허권의 존속을 위해서는 4년차 이후 매년 특허권의 설정등록일을 기준으로 만료일을 경과하기 전에 연차특허료를 납부해야 한다.[2]

설정등록료나 연차등록료는 납부기간이 지난 후에도 6개월 이내(추가납부기간)에 추가로 납부할 수 있으나, '특허료 등의 징수규칙'에서 정하는 금액을 더 납부하여야 한다.[3]

추가납부기간에도 설정등록료를 내지 아니한 경우 그 특허출원은 포기한 것으로 보며, 연차특허료를 내지 아니한 경우에는 납부기간이 끝나는 날의 다음 날로 소급하여 소멸된 것으로 본다.

---

[1] 특허법 제88조.

[2] 이 때 수년 분 또는 모든 연도 분을 함께 내는 것은 가능하다.

[3] 특허법 제81조.

연차특허료에 대해서는 추가납부기간이 지나더라도 3개월 이내에 원래 내어야 하는 특허료의 2배를 내고, 그 소멸된 권리의 회복을 청구할 수 있다.[4]

연차특허료는 4년, 7년, 10년, 13년차에 계단식으로 인상되며, 기본료 외에 청구항의 수에 따라 정해지므로, 연차등록을 할 때 불필요한 청구항을 포기하면 연차특허료를 절약할 수 있다.

2. 특허권의 효력

1) 적극적 효력과 소극적 효력

특허법은 제94조 본문에서 "특허권자는 업으로서 그 특허발명을 실시할 권리를 독점한다"고 규정하여 특허권자만이 특허발명을 독점적으로 실시할 수 있다고 명시하고 있는데 이를 특허권의 적극적 효력(독점권 또는 실시권)이라고 한다.

한편 특허법에서 "특허권자는 특허발명이 그 특허발명의 특허출원일 전에 출원된 타인의 특허발명·등록실용신안을 이용하거나 디자인권·상표권과 저촉되는 경우에는 (침해가 성립하므로) 그 특허권자 등의 허락을 받지 아니하고는 자기의 특허발명을 업으로서 실시할 수 없다"(제98조), "특허권자 또는 전용실시권자는 자기의 권리를 침해한 자 또는 침해할 우려가 있는 자에 대하여 그 침해의 금지 또는 예방을 청구할 수 있다"(제126조)는 규정들은 타인이 정당한 권한 없이 특허발명을 업으로 실시하는 것을 배제(금지)할 수 있는 특허권의 소극적 효력(배타권 또는 금지권)에 관한 것으로 볼 수 있다.

특허권의 본질이 독점권인가 배타권인가에 대해서는 많은 논란이 있다. 특허권의 효력을 독점권과 배타권으로 나누어 파악하고 있는 우리나라, 일본, 독일과 달리 미국이나 유럽 등은 통상 특허권을 배타권으로만 파악하고 있다.[5]

배타권설의 입장은 ① 특허권의 본질은 특허와 아무 관련이 없는 법규에 의해 또는 타인의 특허발명에 의해(이용관계) 제한 받을 수 있으므로 그 발명을 실시할 권리를 포함

---

[4] 특허법 제81조의3 제3항.

[5] 미국 특허법(제154조)은 특허권의 효력에 관하여 "Every patent shall contain … a grant to the patentee of the right to exclude others from making, using, offering for sale, or selling the invention throughout the United States or importing the invention into the United States, and, if the invention is a process, of the right to exclude others from using, offering for sale or selling throughout the United States, or importing into the United States, products made by that process"로 규정하고 있다(35 U.S.C. §154(a)(1)).

WTO의 TRIPs 협정 제28조는 "A patent shall confer on its owner the following rights:

(a) where the subject matter of a patent is a product, to prevent third parties not having the owner's consent from the acts of: making, using, offering for sale, selling, or importing for these purpose that product;

(b) where the subject matter of a patent is a process, to prevent third parties not having the owner's consent from the act of using the process, and from the acts of: using, offering for sale, selling, or importing for these purposes at least the product obtained directly by that process.

하는 것이 아니며, ② 발명자는 특허권 설정을 기다릴 필요 없이 본래 자신의 발명을 자유롭게 실시할 수 있는 권능을 갖는 것이므로, 특허권은 타인의 실시를 배제할 권리, 즉 배타권에 불과하다는 등에 근거한다.[6]

이에 대해서 "특허권은 물권적 권리이므로 당연히 배타적 효력을 갖는 것이며, 특허권에는 실시의무가 따르는데, 이는 특허권이 실시를 전용하는 권리임을 전제로 하지 않으면 설명할 수 없다"는 이유로 독점권(실시권)을 주장하는 반론이 있다.[7]

특허권의 효력 내용은 산업 정책적 판단에 의하여 결정될 성격의 것이지만, 우리나라는 특허법 제94조에서 독점권으로 규정하고 있으면서 이에 대한 효력제한 조항들을 두고 있다.

예를 들어 특허법 제98조(타인의 특허발명 등과의 관계)의 이용발명 관계 규정은 제94조의 독점권 조항에 대한 효력제한 규정이라고 볼 수 있다. 특허권을 배타권으로 파악한다면 이는 당연한 내용이므로 이와 같은 조항은 필요 없을 것이다.

2) 특허권 효력의 구체적 내용

(1) 업으로서의 실시

특허권의 효력은 "청구범위에 기재된 발명을 업(業)으로서 실시할 수 있는 권리를 독점"하는 것이다. 업(業)이 아닌 개인적, 가정적 실시에는 특허권의 효력이 미치지 않는다.

업으로서의 실시는 '사업으로서'란 의미로 파악할 수 있다. 경제활동의 일환인 한 영리를 목적으로 하지 않은 공공사업 등도 업으로서의 실시에 포함되고, 여러 회에 걸친 실시나 반복적인 실시를 요하지 아니하며 단 1회의 실시라도 업으로서의 실시에 해당한다.

(2) '실시'의 의미

실시(實施)의 의미는 물건의 발명에 대해서는 그 물건을 생산, 사용, 양도, 대여 또는 수입하거나 그 물건의 양도 또는 대여의 청약을 하는 행위, 방법발명은 그 방법을 사용하는 행위, 물건을 생산하는 방법의 발명은 그 방법의 사용 및 그 방법에 의하여 생산된 물건을 사용, 양도, 대여 또는 수입하거나 그 물건의 양도 또는 대여의 청약에 미친다(특허법 제2조 제3호).

① 생산이란 일반적으로 '제조'라 불리는 것으로서[8] 물건을 만들어 내는 행위를 가리

---

[6] 竹田和彦, 特許の知識(第6版), ダイヤモンド社, 1999, 326-330면 참고.

[7] 吉藤幸朔, 特許法概説(YOU ME 특허법률사무소 역), 앞의 글, 514면.

[8] 특허법상의 물건에는 동식물과 같이 제조물이라고 하기에는 적당하지 않은 것도 있어서, 제조보다는 넓은 개념인 생산이 적합한 용어이다. 그러나 생산보다는 제조가 귀에 익은 용어이고 실무상 이로서 충분한 경우가 많기 때문에 생산 대신에 제조라는 용어가 많이 사용되고 있다. 앞의 글, 493면.

킨다. 공업적 생산물뿐만 아니라 조립·구축·성형·식물 재배 등도 포함된다. 중요 부분의 수리나 개조도 생산에 해당하는 것으로 해석된다.

그러나 모형의 제작, 설계도의 작성과 같은 생산의 준비행위는 포함되지 않으며, 폐기된 용품을 재사용하는 경우에도 중요 부품의 재사용은 특허권의 침해에 해당될 것이다.[9]

② 사용이란 물건이나 방법발명을 본래의 목적을 달성하거나 작용효과를 나타내도록 이용하는 것을 말한다. 따라서 물건으로서는 동일해도 특허제품과 다른 목적이나 효과를 나타내도록 사용하는 것은 여기서 말하는 사용이 아니다. 예를 들어 자동차가 특허제품인 경우에 이를 정원의 장식용으로 사용하는 경우 실시에 해당하지 않는다.

소지만으로는 비록 사용할 의사로 소지하고 있더라도 사용에 해당하지 않는다.

③ 양도는 특허제품의 소유권을 타인에게 이전하는 것으로서 유상이건 무상이건 관계가 없다.

④ 대여는 특허제품을 정해진 시기에 반환할 것을 조건으로 타인에게 빌려주는 것을 말하며, 양도와 같이 유상이건 무상이건 관계가 없다(무상인 경우는 업으로서의 실시가 아닐 수 있다). 물건의 보관을 위한 기탁은 대여에 포함되지 않는다.

⑤ 수입은 외국에서 생산된 특허품을 국내시장에 반입하는 행위를 가리킨다. 단순히 보세지역에 있는 화물은 아직 수입되었다고 할 수 없으며, 단순한 인보이스(invoice) 도착만으로는 수입행위가 이루어졌다고 할 수 없다.

한편 관세법 제235조 제1항에서는 특허권·디자인권·상표권·저작권·저작인접권·품종보호권·지리적표시권 등을 침해하는 물품들은 수출하거나 수입할 수 없다고 규정하고 있으며, 세관장은 이들 물품이 위 지식재산권을 침해하였음이 명백한 경우 해당 물품의 통관을 보류하거나 해당 물품을 유치할 수 있다.[10]

일단 국내에 수입되어 버리면 사실상 이에 대한 저지가 곤란한 경우가 많으므로 이와 같은 관세법에 의한 처분이 중요한 의미를 갖는다.

⑥ 양도 또는 대여의 청약(전시를 포함한다)이란 특허권자가 특허제품을 판매 또는 대여하기 위하여 특허제품의 특징, 가격, 내용 등이 담긴 카탈로그나 팜플렛 등을 배포하거나 판매광고를 하는 행위를 말한다.[11]

---

[9] 윤선희, 앞의 글, 628면.

[10] 관세법 제235조 제7항.

[11] 청약이란 특허품을 양도·대여하기 위하여 계약을 성립시킬 것을 목적으로 하는 의사표시로서 하나의 법률행위이다. 청약은 '청약의 유인'과 개념이 다르다. 청약은 상대방의 승낙이 있으면 계약이 성립되는 것을 목적으로 하는 구체적·확정적 내용을 지닌 구속력 있는 의사표시인데 반하여, 청약의 유인은 청약을 구하는 의사표시에 불과하다는 점에서 큰 차이가 있다. 예를 들어 단순히 안내를 하려는 선전용 팜플렛이나 광고, 진열장에의 전시 등은 청약의 유인이라고 할 수 있으나 청약은 아니다. 김원준, 특허법, 박영사(2009), 477면.

전시는 특허제품을 양도하거나 대여할 목적의 전시가 실시에 해당하고, 양도나 대여 목적이 아닌 단순한 전시는 특허법상의 실시에 해당하지 않는다.

(3) 실시행위의 독립과 권리소진론

특허권은 위에서 설명한 실시의 각 형태에서 독립적으로 효력이 미치며, 하나의 행위가 적법하다고 하여 다른 행위가 적법한 것은 아니다. 이를 '실시행위 독립의 원칙'이라 한다. 예를 들어 특허제품의 판매만을 허락 받은 실시권자가 특허제품을 생산하게 되면 특허권의 침해가 된다.

위의 실시행위 독립의 원칙은 특허권자나 실시권자가 판매한 특허제품을 구입한 자가 타인에게 다시 판매하거나 대여하는 등의 실시행위에 대해서는 그 적용을 제한할 필요가 있다. 만약 권리자에 의해 판매된 것을 구입하여 재판매하는 등의 양도행위가 불법이라고 한다면, 유통은 혼란에 빠지고 정상적인 경제활동이 불가능하게 된다.

따라서 특허제품에 대하여 정당한 생산·판매가 이루어진 후에는 해당 물품에 대한 특허권의 효력은 제한되어 다시 특허권을 주장할 수 없다는 것이 권리소진론(doctrine of exhaustion)[12]이다.

그런데 생산 및 판매가 동일국 내에서 이루어지는 국내적 소진론에 대해서는 별다른 이견이 없으나, 국경을 넘는 거래에서의 소진론(국제적 소진론)에 대해서는 파리조약 상의 '각국 특허독립의 원칙'과 충돌한다는 등의 이유로 논란이 많다.

국제적 소진론과 관련하여 발생하는 분쟁은 병행수입(parallel import)과 관련이 있다. 즉 외국에서 권리자 또는 그로부터 실시권을 받은 자에 의해 특허제품이 적법하게 유통되어진 후 이 특허제품(진정상품)이 국내에 수입되었을 때 우리나라에서 특허권이 소진된 것으로 볼 수 있을 지가 국제적 소진론의 문제이다.

특허권의 소진(exhaustion)에 관한 대법원 판례는 아직 없으나,[13] 특허법원 판례 중에는 "방법발명을 실질적으로 구현한 물건이 특허권자 등에 의하여 적법하게 양도되는 때에는 특허권이 소진되어 이후 그 제품의 사용에 대해서는 특허권의 효력이 미치지 아니한다"고 하여 국내적 소진론을 인정한 사례가 있다.[14]

한편 상표권과 관련하여서 진정상품의 병행수입을 일정한 조건하에서 인정한 대법원

---

[12] 저작권법에서는 '최초판매이론'(first sale doctrine)이란 원칙으로 정착되어 있다. 저작권법 제20조는 "저작자는 저작물의 원본이나 그 복제물을 배포할 권리를 가진다. 다만 저작물의 원본이나 그 복제물이 해당 저작재산권자의 허락을 받아 판매 등의 방법으로 거래에 제공된 경우에는 그러하지 아니하다"라고 규정하고 있다.

[13] 상표권의 소진을 인정한 대법원 판결은 여러 건이 있다. 대법원 2003.4.11. 선고 2002도3445 판결은 "상표권자 등이 국내에서 등록 상표 등이 표시된 상품을 양도한 경우에는 당해 상품에 대한 상표권은 그 목적을 달성한 것으로서 소진되고, 최초 양도 이후 당해 상품을 사용, 양도 또는 대여한 행위 등에는 상표권의 효력이 미치지 않는다"고 판시하였다.

[14] 특허법원 2017.11.10. 선고 2017나1001 판결 손해배상(지) [각공2018상,16].

판례[15]가 있어서, 특허발명에 대한 병행수입도 일정한 조건하에서 인정될 것으로 판단된다.[16]

3. ___ 특허권 효력의 제한

1) 특허권의 효력이 미치지 않는 범위

특허법 제96조는 산업정책상·공익상의 이유로 아래의 경우는 특별히 특허권의 효력이 미치지 않도록 규정하고 있다.

(1) 연구 또는 시험(의약품의 품목허가·품목신고 및 농약의 등록을 위한 연구 또는 시험을 포함)을 하기 위한 특허발명의 실시(제1조 제1호)

특허제도의 목적은 발명을 공개함으로써 개량발명을 촉진하여 산업발전을 도모하고자 하는데 있으므로, 후속발명 및 개량발명을 위한 특허발명의 연구 또는 시험은 적극 장려되어야 한다. 또한 특허발명의 연구 또는 시험 자체는 특허권자에게 특별히 경제적 불이익을 주는 것도 아니다. 이와 같은 사정을 고려하여 '연구 또는 시험을 위한 실시'에는 특허권의 효력이 미치지 않도록 규정한 것이다.

원칙적으로 기술진보를 목적으로 하는 것이 아니라 상품판매를 위한 시장조사 목적의 시험 등 개인적 이익을 위한 시험은 제외된다. 그러나 약사법에 따른 의약품의 품목허가·품목신고 및 농약관리법에 따른 농약의 등록을 위한 연구 또는 시험에는 특허법 제96조 제1항 제1호의 규정에 따라 특허권의 효력이 미치지 않는다.

(2) 국내를 통과하는데 불과한 선박·항공기·차량 등

국내를 통과하는 데에 불과한 교통수단(선박, 항공기, 차량) 또는 이에 사용되는 기계, 기구, 장치 및 기타의 물건들은 원활한 국제적 운송이나 교통의 편의를 위해 필요하다는 점을 고려하여 특허권의 효력이 미치지 않도록 규정하고 있다.[17]

(3) 특허출원시부터 국내에 있었던 물건

특허출원시부터 국내에 있었던 물건에까지 특허권의 효력이 미치도록 하는 것은 사회통념에 반하여 법적 안정성을 저해할 우려가 있기 때문에 이러한 물건에는 특허권의

---

[15] 국내에 등록된 상표와 동일·유사한 상표가 부착된 상품을 수입하는 행위가 그 등록상표권의 침해 등을 구성하지 않는다고 하기 위해서는 외국의 상표권자 내지 정당한 사용권자가 그 수입된 상품에 상표를 부착하였고, 그 외국 상표권자와 우리나라의 등록상표권자가 법적 또는 경제적으로 밀접한 관계에 있거나 그 밖의 사정에 의하여 위와 같은 수입상품에 부착된 상표가 우리나라의 등록상표와 동일한 출처를 표시하는 것으로 볼 수 있어야 하며, 그 수입된 상품과 우리나라 상표권자가 등록상표를 부착한 상품 사이에 품질에 있어 실질적인 차이가 없어야 한다. 대법원 2006.10.13. 선고 2006다40423 판결. 한편 지식재산권 보호를 위한 수출입통관 사무처리에 관한 고시(관세청 고시 제2017-21호)제5조 제1항은 위 대법원 판례와 동일·유사한 취지로 상표권 침해로 보지 아니하는 병행수입 허용기준을 제시하고 있다.

[16] 하급심 판례로는 특허발명에 대한 병행수입을 인정한 사례(서울동부지방법원 1981.7.30 선고 81가합466판결)가 있다.

[17] 파리조약(제5조의3)에도 같은 취지의 규정이 있다.

효력이 미치지 않도록 규정한 것이다.[18]

한편 특허발명과 동일한 물건이 특허출원시부터 존재하였다면 그 특허발명은 신규성 상실로 인해 등록무효의 대상이 될 가능성이 높다. 또한 특허출원시부터 국내에 있었던 물건을 이용하여 실시사업을 하거나 준비 중이었다면 그 특허발명에 대하여 선사용에 의한 통상실시권을 주장하여 침해책임을 벗어날 수 있다(특허법 제103조).

(4) 둘 이상의 의약을 혼합하여 제조하는 특허발명에 대한 약사의 조제행위와 그 조제에 의한 의약

둘 이상의 의약을 혼합하여 예측하지 못한 현저한 효과를 가지는 경우에는 그 혼합제조된 의약이나 의약의 제조방법으로 특허를 받는 것이 가능하다.

그런데 둘 이상의 의약을 혼합하여 조제하는 약사의 조제행위에까지 특허권이 미치게 된다면 의료행위의 원활한 실시를 방해하여 국민의 생명유지나 보건위생을 저해할 우려가 있다. 본 조항은 이러한 우려를 반영하여 "둘 이상의 의약을 혼합하여 제조하는 약사의 조제행위와 그 조제에 의한 의약"에는 특허권이 미치지 않도록 규정한 것이다.

2) 실시권에 의한 제한

특허권에 대하여 실시권(license)이 부여되어 있는 경우에는 그 실시권의 범위만큼 특허권의 효력이 미치지 않는다. 실시권(實施權)이란 특허권자가 아닌 자가 특허발명을 업(業)으로 실시할 수 있는 권리를 말한다.

실시권은 권리의 독점성 여부에 따라 전용실시권과 통상실시권으로 구분된다.

(1) 전용실시권

전용실시권(exclusive license)은 한 사람에게만 독점적으로 실시할 권리를 부여하는 것을 말하며, 특허권자와 전용실시권자의 계약에 의해 발생한다(특허법 제100조 제1항).

전용실시권은 물권적 권리여서 설정계약에서 정한 범위내에서는 특허권이 전용실시권자에게 독점되므로(특허법 제100조 제2항), 특허권자는 제3자에게 중복으로 실시권을 설정해 줄 수 없으며, 특약이 없는 한 특허권자 스스로도 실시할 수 없다.

전용실시권을 설정받은 자는 특허발명을 침해한 자 또는 침해할 우려가 있는 자에 대하여 자기의 이름으로 그 침해의 금지 또는 예방을 청구할 수 있고, 손해가 있는 경우에는 그 배상을 청구할 수 있다.

전용실시권 범위에 대한 제한은 시간적 제한, 장소적 제한 및 내용적 제한을 둘 수 있다. 예를 들어 "5년 동안 서울에서 판매만의 실시권"과 같이 부여하는 것이 가능하다.

전용실시권은 당사자 사이에 설정계약을 한 것만으로 성립하지 않으며, 특허청의 등

---

[18] 박희섭·김원오, 앞의 글, 427면.

록원부에 등록되어야만 그 효력을 발생한다. 전용실시권은 설정뿐만 아니라 그 이전 (상속 기타 일반승계의 경우는 제외), 변경, 소멸 또는 처분의 제한도 등록을 하지 아니 하면 효력이 발생하지 않는다(특허법 제101조 제1항).

전용실시권이 설정되었다고 하더라도 특허권자의 특허권 양도행위나 질권 설정행위 에는 아무런 제한이 없으며(특허법 제99조), 금지청구권과 손해배상청구권 등도 그대 로 인정된다(특허법 제126조 및 제128조).

오히려 전용실시권자의 전용실시권이전행위, 통상실시권설정행위 및 전용실시권을 목적으로 하는 질권설정행위 등에는 특허권자의 동의가 필요하다(특허법 제100조 제3 항 및 제4항).

(2) 통상실시권

통상실시권(non-exclusive license)은 전용실시권과 마찬가지로 특허발명을 업(業)으로 실시할 수 있는 권리인데, 전용실시권과 다른 점은 실시할 권리를 독점하는 것이 아니 라는 것이다.

통상실시권은 채권적 권리로서 동일한 권리가 여러 사람에게 부여될 수 있으며, 특허 권자도 스스로 실시할 수 있다.

통상실시권은 ① 특허권자와 통상실시권자 간의 계약에 의해 발생하는 허락실시권, ② 공익상의 필요에 의해 법률상 당연히 발생하는 법정실시권 및 ③ 행정청의 처분에 의 해 강제로 발생하는 강제실시권으로 구분된다.

❶ 허락실시권

허락실시권은 특허권자가 그 특허권에 대하여 타인에게 실시를 허락한 통상실시권을 말한다. 기술도입, 기술계약 등을 주요 내용으로 하는 실시계약에 의해 이루어진다. 대 부분의 통상실시권은 허락실시권이다.

전용실시권과 달리 통상실시권을 설정받은 자는 자기의 이름으로 특허발명에 대한 침 해의 금지 또는 손해배상을 청구할 수 없다.

전용실시권과 마찬가지로 통상실시권에 대하여 시간적 제한, 장소적 제한 및 내용적 제한을 둘 수 있다.

❷ 법정실시권

특허권자의 의사에 관계없이 공익상 필요에 따른 법률상 규정에 의해 당연히 발생하는 통상실시권을 말한다. 아래는 법정실시권의 예이다.

① 직무발명에 대하여 사용자가 갖는 통상실시권

　종업원의 직무발명에 대하여 사용자가 종업원의 의사에 관계없이 당연히 갖게 되

는 통상실시권을 말한다.[19]

② 선(先)사용에 의한 통상실시권(특허법 제103조)

특허발명과 동일한 기술을 그 특허출원 전부터 선의(善意)로 실시하고 있는 자(선사용자)에게 부여되는 통상실시권이다.

선사용에 의한 통상실시권이 성립하기 위해서는 특허출원 시에 그 특허출원된 발명의 내용을 알지 못하고 그 발명을 하거나 그 발명을 한 사람으로부터 알게 되어 국내에서 그 발명의 실시사업을 하거나 이를 준비하고 있었던 사실이 있어야 한다(특허법 제103조).

선사용권이 인정되는 범위는 "그 실시 또는 준비를 하고 있었던 발명의 범위" 및 "사업목적의 범위"로 한정된다.

③ 무효심판청구등록 전의 실시에 대한 통상실시권(특허법 제104조)

특허에 대한 무효심판청구가 특허원부에 등록되기 이전에 그 특허에 무효사유가 있음을 알지 못하고 그 발명을 실시하는 사업을 하거나 준비하고 있는 자에게 현존하는 다른 특허권이나 실용신안권에 의해 방해받지 않고 발명을 계속 실시할 수 있도록 부여되는 실시권을 말한다. 다만 특허권자 또는 전용실시권자에게 상당한 대가를 지급해야 한다.

④ 디자인권의 존속기간 만료 후의 통상실시권(특허법 제105조)

특허권과 저촉되는 선출원 디자인권이 그 존속기간이 만료되어 소멸된 경우에 소멸된 디자인권에 기하여 실시하고 있던 자가 존속하고 있는 특허권에 대하여 가지게 되는 법정 실시권이다.

⑤ 질권 행사로 인한 특허권의 이전에 따른 통상실시권(특허법 제122조)

특허권에 대하여 질권을 설정한 특허권자가 채무를 변제하지 못하여 특허권이 경매되어 이전되었을 때, 그 특허발명을 실시하고 있던 특허권자에게 계속 실시할 수 있도록 부여하는 법정 통상실시권이다.

이 경우 경매에 의해 특허권을 이전받은 새로운 특허권자에게 상당한 대가를 지급하여야 한다.

⑥ 재심에 의하여 회복한 특허권에 대한 선사용자의 통상실시권(특허법 제182조)

거절결정이나 특허무효 등에 대한 확정 심결을 믿고 특허발명의 실시를 하고 있던 자에게, 해당 심결이 재심(再審)에 의하여 뒤집혀서 특허권이 발생하거나 회복된 경우에 주어지는 실시권이다.

---

[19] 통상실시권을 포함하여 직무발명에 대하여 사용자가 갖는 권리와 의무에 대하여는 2-2-2를 참고할 것.

❸ 강제실시권

강제실시권(compulsory license)은 국방상 필요, 공공의 이익 등의 목적으로 특허청장 등의 처분에 의해 특허권자의 의사에 관계없이 특정인에게 부여되는 실시권을 말한다.

특허권자의 의사에 관계없이 특정인에게 부여된다는 점은 법정실시권과 동일하나, 법정실시권은 법률의 규정에 따라 자동적으로 발생하는 실시권인데 대하여, 강제실시권은 적법한 절차를 거쳐 요건에 해당하는 지가 가려진 후 특허청장 등의 처분으로 발생한다는 점에서 차이가 있다.

강제실시권을 부여할 때에는 특허권자에게 정당한 보상금(상당한 대가)을 지급해야 한다. 아래는 강제실시권의 예이다.

① 국가가 전시·사변 등 비상시 또는 공공의 이익을 위하여 특히 필요한 경우 특허권을 실시하거나 정부 외의 자에게 실시하게 하는 재정에 의한 실시권[20]

② 특허권자가 3년 이상 그 특허를 실시하고 있지 않을 때 제3자의 청구에 의해 실시권이 부여되는 불실시에 의한 실시권(특허법 제107조)

③ 이용발명의 경우에 선특허권자가 후특허권자의 정당한 실시료 지급 의사에도 불구하고 실시를 막고 있는 경우에 후특허권자가 청구한 통상실시권허여심판의 인용결정에 의해 후특허권자에게 부여되는 실시권(특허법 제138조)

3) 이용 · 저촉관계에 의한 제한

이용(利用)발명은 선(先)특허발명 등(등록실용신안, 등록디자인 포함)을 이용하는 발명을 말하며,[21] 이와 같은 선후 특허발명 사이의 관계를 이용관계라 한다. 예를 들면 선특허발명이 구성요소 A+B를 갖고 후특허발명이 A+B+C로 이루어진 경우로서, 후특허발명이 선특허발명의 구성요소(A+B)를 그대로 포함하고 새로운 기술적 요소(C)를 부가하였을 경우이다.[22]

선후 특허발명 사이에 이용관계가 성립하면 후특허발명은 선특허발명의 권리범위에 속하므로(이른바 이용침해), 후특허발명을 실시하려면 선특허발명 특허권자의 허락을 받아야 한다.

저촉(抵觸)발명은 두 권리 간에 어느 한쪽을 실시하게 되면 다른 쪽의 권리를 실시하게 되는 경우, 즉 두 권리가 동일(同一)한 경우를 말한다. 이와 같은 저촉관계는 특허와 특

---

[20] 정부는 특허발명이 전시, 사변 또는 이에 준하는 비상시에 국방상 필요한 경우에는 특허권을 수용할 수도 있다. 특허법 제106조.

[21] 광의로는 특허를 출원 중이거나 미출원 중인 발명들 사이의 이용발명도 포함하는 의미로 쓰이기도 한다.

[22] 판례(대법원 2001.9.7. 선고 2001후393 판결 등)는 이러한 이용관계와 관련하여 "선특허발명과 후특허발명이 이용관계에 있는 경우에는 후특허발명은 선특허발명의 권리범위에 속하게 되고, 이러한 이용관계는 후특허발명이 선특허발명의 기술적 구성에 새로운 기술적 요소를 부가하는 것으로서 후특허발명이 선특허발명의 요지를 전부 포함하고 이를 그대로 이용하되, 후특허발명 내에서 선특허발명이 발명으로서의 일체성을 유지하는 경우에 성립한다"고 판시하고 있다.

허, 또는 특허와 실용신안 간에는 심사상의 착오에 의한 것이 아니라면 성립할 수 없다. 그러나 특허·실용신안과 디자인 또는 상표 사이에는 실질적으로 동일한 내용의 권리가 중복하여 등록되어 저촉관계를 형성할 수 있다.

특허법 제98조는 이용·저촉발명과 관련하여 "특허권자 및 실시권자는 특허발명이 그 특허발명의 특허출원일 전에 출원된 타인의 특허발명·등록실용신안 또는 등록디자인을 이용하거나, 특허권이 그 특허발명의 특허출원일 전에 출원된 타인의 디자인권 또는 상표권과 저촉되는 경우에는, 그 특허권자 등의 허락을 받지 아니하고는 자기의 특허발명을 업으로서 실시할 수 없다"고 규정하고 있다.

4) 기타 특허권이 제한되는 경우

(1) 특허권의 공유에 의한 제한
특허권이 공유인 경우에는 각 공유자는 다른 공유자의 동의를 받지 않고 그 특허발명을 자신이 실시할 수 있으나, 자신의 지분을 다른 사람에게 양도하거나 질권을 설정하고자 할 때는 다른 공유자 모두의 동의를 받아야만 한다(특허법 제99조 제2항).

또한 특허권이 공유인 경우 그 특허권에 대하여 전용실시권이나 통상실시권을 허락하고자 하는 경우에도 다른 공유자 모두의 동의가 필요하다(특허법 제99조 제4항).

(2) 공지기술에 의한 제한
특허발명이 그 특허발명의 출원 이전에 공지된 발명(신규성이 없는 발명)인 경우에는, 무효심판에 의해 무효가 되기 이전이라도 권리범위확인심판이나 침해소송 등에서 그 특허권의 효력을 인정하지 않는다.

이를 '공지기술 참작의 원칙'이라고 하며, 이에 관해서는 후술한다.

4. 특허권의 표시 및 특허권 존속기간 연장

1) 특허권의 표시
특허권자·전용실시권자·통상실시권자는 아래와 같이 특허표시 및 특허출원표시를 할 수 있다(특허법 제223조).

① 물건의 특허발명: 물건에 "특허 제 … 호"
② 물건의 생산방법의 특허발명: 그 방법에 따라 생산된 물건에 "방법특허 제 … 호"
③ 물건의 특허출원: 그 물건에 "특허출원(심사중) 제 … 호"
④ 물건의 생산방법의 특허출원: 그 방법에 따라 생산된 물건에 "방법특허출원(심사중) 제 … 호"

특허표시를 할 수 없는 물건의 경우에는 그 물건의 용기 또는 포장에 특허표시를 할 수 있다.

특허표시 및 특허출원표시와 관련된 허위표시는 3년 이하의 징역 또는 3천만원 이하의 벌금으로 처벌받을 수 있다(특허법 제228조).

2) 특허권 존속기간 연장제도

특허권의 존속기간은 설정등록일로부터 출원일 후 20년이 되는 날까지이나, 특허법은 아래 두 가지 경우에 대한 특허권존속기간연장제도를 두고 있다.

(1) 의약품 및 농약에 대한 특허권 존속기간 연장

의약품 및 농약은 특허를 받은 후에도 식약처의 허가를 받아야 판매등 실시를 할 수 있다. 그런데 식약처의 허가를 받기 위한 사전준비(임상실험 등) 및 처리절차에 상당한 시간이 소요되기 때문에 그만큼 특허권자가 특허권을 행사할 수 있는 기간이 줄어든다.

이러한 점을 감안하여 우리나라를 포함한 대부분의 국가에서 의약품 등에 대하여 존속기간연장제도를 두고 있다. 의약품 등에 대한 존속기간연장은 실시할 수 없었던 기간에 대하여 5년까지, 1회에 한하여 연장 받을 수 있다(특허법 제89조 제1항).

(2) 등록지연에 따른 존속기간 연장제도

한미 FTA 협정에 따라 미국의 제도를 도입한 것으로서, 출원인의 귀책사유 없이 특허 등록이 늦어지게 되면 결국 특허권을 행사할 수 있는 존속기간이 짧아지는 면을 고려한 존속기간 연장제도이다.

그 내용은 출원인의 귀책사유 없이 "특허출원일부터 4년과 심사청구일부터 3년 중 늦은 날"보다 특허권의 설정등록이 늦게 이루어지는 경우, 그 지연된 기간만큼 존속기간을 연장해 주는 것이다.

통상 특허심사는 심사청구일부터 3년 이내에 종결되기 때문에, 등록지연에 따른 존속기간 연장제도의 대상이 되는 출원은 심사관의 거절결정에 대한 거절결정불복심판이나 불복소송에서 취소환송된 후 등록된 특허가 해당된다.

2. 특허침해

1. 특허침해 개요

1) 특허침해 개요

특허권의 침해는 크게 직접침해(direct infringement)와 간접침해(indirect infringement)로 분류되나, 특허침해라 함은 통상 직접침해를 의미한다.

(1) 직접침해

특허권의 (직접)침해란 유효하게 존속하는 특허발명의 보호범위에 속하는 기술을 정당한 권한이 없는 제3자가 업으로서 실시하는 것을 말한다. 특허침해의 판단 과정은 통상 ① 특허발명의 보호범위 확정, ② 침해자의 실시기술 특정, ③ 문언침해 성립 여부, ④ 균등론에 의한 침해의 성립 여부, ⑤ 금반언 원칙 적용 여부의 단계를 거친다.

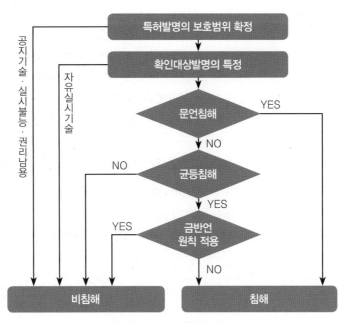

그림 7.1 특허침해 흐름도

(2) 간접 침해

간접침해란 직접적인 침해가 이루어지고 있지는 않지만 방치하면 침해를 유발할 우려가 높은 행위, 즉 침해의 예비적인 행위 또는 방조적인 행위를 침해로 간주하는 것을 말한다.

특허법 제127조(침해로 보는 행위)에 따른 간접침해는, ㉠ 특허가 물건의 발명인 경우에 그 물건의 생산에만 사용하는 물건을 생산·양도·대여 또는 수입하거나 그 물건의 양도 또는 대여의 청약을 하는 행위, ㉡ 특허가 방법의 발명인 경우에는 그 방법의 실시에만 사용하는 물건을 생산·양도·대여 또는 수입하거나 그 물건의 양도 또는 대여의 청약을 하는 행위를 말한다.

예를 들어 판례를 보면, 제3자가 특허발명을 채택한 레이저 프린터의 소모부품인 감광드럼카트리지를 제조·판매하고 있던 사건에서, 감광드럼카트리지가 특허발명의 주요 구성요소이고 다른 용도로는 사용되지 아니하며 쉽게 구입할 수도 없는 물품이라는 등의 이유로 간접침해의 성립을 인정한 사례가 있다.[23]

간접침해에서는 "그 물건의 생산에만 사용되거나 그 방법의 실시에만 사용된다"는 요건을 배제하기에 충분한 다른 용도가 있는지의 여부가 중요하다. 단순히 사용될 가능성이 있다는 정도로는 부족하고, 경제적·상업적 내지 실용적인 용도가 있어야 한다.[24]

2) 특허 침해의 특수성

특허권은 무체재산권으로서 권리의 객체를 사실상 점유할 수 없다는 점에서 유체재산권과는 차이가 있다. 즉 침해가 쉽게 이루어지는 한편 침해사실을 발견하기가 쉽지 않으며 또한 침해를 입증하는 것이 곤란하다는 등 권리행사상 많은 제약이 있다.

위와 같은 특허권 권리행사상의 제약을 보완하기 위하여 특허법은 ① 과실의 추정규정, ② 손해액의 추정규정, ③ 생산방법의 추정규정을 두고 있다.

① 과실(過失)의 추정이란 "타인의 특허권 또는 전용실시권을 침해한 자는 그 침해행위에 대하여 과실이 있는 것으로 추정한다"[25]는 것이다.

특허권 침해에 대한 손해배상을 청구할 때 원칙적으로 특허권자가 침해자의 고의나 과실을 입증하여야 한다. 특허권의 성격상 이것이 쉽지 않기 때문에 특허법은 과실의 입증책임을 침해자에게 전환시키고 있다.

따라서 특허권자는 아무 입증을 하지 않아도 침해자가 침해행위에 대하여 과실이 있었던 것으로 추정되므로, 침해자가 과실이 없었음을 입증하지 못한다면 손해배상의 책임을 면할 수 없게 된다.

② 손해액의 추정이란, "침해자가 침해행위로 인하여 얻은 이익액을 특허권자 또는 전용실시권자가 입은 손해액으로 추정한다"는 것이다.[26] 즉 특허권자는 침해행위에

---

[23] 대법원 2001. 1. 30 선고 98후2580 판결[권리범위확인].
[24] 吉藤幸朔, (YOU ME 특허법률사무소 역), 앞의 글, 521면.
[25] 특허법 제130조.
[26] 특허법 제128조 제4항.

대하여 침해자가 얻은 이익액만 증명하면 그 이익액이 특허권자의 손해액으로 추정되며, 이러한 추정을 번복하기 위한 입증책임은 침해자가 지게 된다.

③ 생산방법의 추정이란, "물건을 생산하는 방법의 발명에 관하여 특허가 된 경우에 그 물건과 동일한 물건은 그 특허된 방법에 의하여 생산된 것으로 추정한다"[27]는 것이다.

원래 침해자가 방법발명의 특허권을 실시하고 있다는 것을 특허권자가 입증해야 한다. 그러나 이 입증이 쉽지 않기 때문에 특허법은 생산방법의 추정 규정을 두어, 특허권자는 상대방이 생산한 물건이 자신의 특허발명에 의해 생산된 물건과 동일하다는 것만 입증하면 방법이 동일하다는 것에 대한 입증을 할 필요는 없다.

2. 특허청구범위 해석

특허침해 판단의 첫 번째 단계는 특허발명의 보호범위를 확정하기 위하여 특허청구범위를 해석하는 단계이다.

이 때 특허청구범위의 해석과 관련하여 특허청구범위 기준의 원칙, 발명의 설명 참작의 원칙 및 공지기술 참작의 원칙 등이 적용된다.

1) 특허청구범위 기준의 원칙

특허청구범위 기준의 원칙은 문언해석의 원칙이라고도 하며, 특허청구범위 해석의 가장 기본이 되는 원칙이다.

특허법 제97조는 "특허발명의 보호범위는 특허청구범위에 기재된 사항에 의하여 정하여진다"고 규정하고 있으므로 특허청구범위에 기재된 사항만이 보호범위에 속한다.

이러한 원칙에 입각하여 "특허청구범위의 기재만으로 기술적 범위가 명백한 경우에는, 원칙적으로 명세서의 다른 기재에 의하여 청구범위의 기재를 보완해석 하여서는 안 된다"[28]는 것이 특허청구범위 기준의 원칙이다.

예를 들어 판례[29]를 보면, 등록고안의 청구항에 기재된 '통형상의 드럼'의 해석에 있어서, "'통형상의 드럼'은 그 바깥 테두리가 분리 또는 개방되지 않은 속이 빈 둥글고 긴 통을 의미하는 것이고, 이 사건 등록고안이 속하는 기술분야에서 바깥 테두리의 일부가 개방된 경우에도 이와 같은 용어를 일반적으로 사용하고 있음을 인정할 만한 증거가 없음에도, 원심이 이 사건 등록고안의 상세한 설명 중 실시예 2에 관한 기재를 끌어

---

27) 특허법 제129조.
28) 대법원 1996. 12. 6. 선고 95후1050 판결, 대법원 1998. 4. 10. 선고 96후1040 판결, 대법원 2000. 11. 14. 선고 98후2351 판결, 대법원 2003. 5. 16 선고 2001후3262 판결 등 다수.
29) 대법원 2003.5.16. 선고 2001후3262 판결.

들여 통형상의 드럼을 '외주면의 일부가 개방, 분리된 경우'까지도 포함하는 것으로 해석한 것은 청구범위 해석에 관한 법리에 반하여 부당하다"고 판단하였다.

2) 발명의 설명 참작의 원칙

특허발명의 보호범위는 청구범위에 기재된 사항에 의하여 정하여지는 것이 원칙이지만, 그 기재만으로는 특허의 기술적 구성을 알 수 없거나 알 수 있더라도 기술적 범위를 확정할 수 없는 경우에는 명세서의 다른 기재에 의하여 보충 해석할 수 있다는 것이 '발명의 설명 참작의 원칙'이다.

판례[30]를 보면, 탄성스프링의 설치와 관련하여 청구범위에 '연결부재에 삽입 구비되어 있어'라고 기재되어 있는 사건에서, "청구범위에 기재된 문언의 기재 내용만으로는 '탄성스프링'이 연결부재 내부에 삽입·구비되는 것인지, 연결부재 외주에 삽입·구비되는 것인지, 아니면 양자를 다 포함하는 것인지가 불명확하다"고 전제하고, "발명의 설명 및 도면의 기재를 보면 '탄성스프링'을 연결부재의 외주에 삽입 설치하는 구성만을 개시하고 있고, 만약 '탄성스프링'이 연결부재 내부에 삽입 구비되는 경우에는 '탄성스프링'은 연결부재 상단과 연결부재 외부에 있는 슬라이딩부재 사이 또는 슬라이딩부재와 고정판 사이에서 압축·팽창을 제대로 할 수 없어 그 실시가 불가능하므로, … 이 사건 등록고안의 '탄성스프링'은 연결부재의 외주에 삽입 구비되는 것으로 보아야 한다"고 판단하였다.

한편 출원인은 명세서에서 특정 용어를 일반적인 의미와 다소 다르게 정의하여 사용할 필요가 있을 때에는, 발명의 설명에서 그와 같이 정의하여 사용할 수 있으며,[31] 특허청구범위의 해석에서도 그에 따른다.

3) 공지기술 참작의 원칙

특허청구범위에 공지기술이 기재된 경우란 ① 청구항의 구성요소 일부에 공지기술이 있는 경우, 또는 ② 청구항 전체가 공지여서 신규성이 없는 경우로 나눌 수 있다.

①의 경우는 예를 들면 A+B+C로 구성된 발명에 있어서, A+B가 공지이고 C의 구성요소만이 신규한 경우이다. 이러한 경우에 특허발명의 권리범위는 A+B+C가 유기적으로 결합된 전체가 필수적 구성요소를 이루는 것이므로, 공지구성인 A+B를 제외한 C의 구성만으로 선행기술과 대비하거나 권리범위해석을 해서는 안 된다.[32]

---

[30] 대법원 2006.12.22. 선고 2006후2240 판결.

[31] 대법원 1998.12.22. 선고 97후990 판결.

[32] 특허발명의 구성요소 중 일부가 공지되었다고 하더라도, 각 구성요소가 독립하여 별개의 발명이 되는 것이 아니라 그 구성요소들이 결합된 전체로서 하나의 발명이 되는 것이고, 또한 여기에서 이들 구성요소를 분리하게 되면 그 발명의 목적달성은 불가능하게 되고, 이러한 공지의 구성요소가 나머지 신규의 구성요소들과 유기적 결합관계를 이루고 있다고 하지 않을 수 없으므로, 이 사건 특허발명의 권리범위를 판단함에 있어서 이 부분을 제외해서는 아니될 것이다. 대법원 2001.6.15. 선고 2000후617 판결.

젭슨 청구항을 예로 들면, 전제부에 기재한 구성이 공지기술이더라도 전제부와 특징부를 포함하여 청구항에 기재된 모든 구성요소들이 유기적으로 결합된 전체가 특허발명의 필수적 구성요소이다. 따라서 전제부에 기재한 구성요소를 제외한 특징부의 구성요소만으로 선행기술과 대비하거나 권리범위해석을 해서는 안 된다.

②의 경우는 청구항의 구성요소 전체가 공지여서 결국 청구항에 기재된 발명이 신규성이 없는 경우인데, 이 경우는 특허무효심판에 의해 무효가 되기 전이라도 그 권리범위를 인정하여 제3자에게 불이익을 주어서는 곤란하다.

이와 같이 특허발명의 청구항이 공지인 경우에는 권리범위확인심판이건 침해소송이건 확인대상발명과 대비할 필요도 없이 권리범위에 속하지 않는다고 판단한다.

1983년 7월 26일 선고된 대법원 81후56 전원합의체 판결은 "실용신안권의 권리범위를 정함에 있어서는 출원 당시의 기술수준이 당연히 고려되어야 할 것이므로, 등록고안의 전부가 출원 당시 공지된 것이었다면 그 권리범위를 인정할 근거가 상실되어 그 등록고안에 대한 무효심판이 확정되기 전이라도 권리범위를 인정할 수 없다"고 판시하였다.

4) 기타 청구범위 해석 관련 판례 등

(1) 청구범위의 축소 해석[33]

청구범위의 일부가 발명의 상세한 설명에 의해 뒷받침되지 않는 등 청구범위를 문언 그대로 해석하는 것이 명세서의 다른 기재에 비추어 보아 명백히 불합리할 때에는, 출원된 기술사상의 내용과 명세서의 다른 기재 및 출원인의 의사와 제3자에 대한 법적 안정성을 두루 참작하여 특허권의 권리범위를 축소하여 제한 해석할 수 있다(대법원 1998.5.22. 선고 96후1088 판결, 대법원 2008.10.23. 선고 2007후2186 판결 등).

위와 같은 법리 하에, 대법원 2009. 4. 23. 선고 2009후92 판결은 특허청구범위에 기재된 '폐축산투입수단'이라는 용어를 그 고안의 상세한 설명과 도면 등을 참작하여 "폐축산을 안치하여 증기드럼 내부로 슬라이딩 이송시키는 이송테이블 및 이송테이블을 안치하여 증기드럼으로 이동시킬 수 있는 이송프레임으로 이루어진 구성"으로 축소(제한) 해석하였다.

이와 같이 특허청구범위를 제한 해석하는 이유는, 원래 특허권자가 발명하지 않은 사항까지 포함하여 특허청구범위를 인정하게 되면, 그 부분에 관한 발명을 실시하고 있는 제3자가 불의의 피해를 입을 수 있기 때문이다.

---

[33] 이러한 류의 판례들은 출원발명의 신규성·진보성 판단 보다는 대부분 권리범위확인에 관한 판례들이다.

(2) 심히 불명료한 청구범위와 실시불가능한 청구범위 발명

특허청구범위의 기재가 발명의 설명에 의하더라도 추상적이거나 심히 불명료하여 그 발명 자체의 권리범위를 특정할 수 없는 때에는 특허권자는 그 특허발명의 권리범위를 주장할 수 없다(대법원 1983.1.18. 선고 82후36 판결).

또한 등록된 실용신안특허청구범위에 기재된 고안이 고안의 설명의 기재를 참작하더라도 그 실시가 불가능하다고 인정되는 때에는 그 권리범위를 인정할 수 없다(대법원 2001.12.27. 선고 99후1973 판결).

특허의 무효항변-권리남용

앞서 '공지기술 참작의 원칙'에서 살펴 본 바와 같이 특허청구범위의 구성요소 전체가 공지여서 결국 특허발명이 신규성이 없는 경우에는 무효심판에 의해 무효가 되기 전이라도 확인대상발명은 특허발명의 권리범위에 속하지 않는다(침해하지 않는다).

그런데 침해소송에서 특허청구범위에 기재된 발명이 신규성은 있으나 진보성이 없는 경우는 어떤가. 판례는 이와 같은 경우 '권리남용'이라는 법리로 침해를 부정하고 있다.[34]

판례를 보면 "무효심결이 확정되기 전이라도 특허발명의 진보성이 부정되어 그 특허가 특허무효심판에 의해 무효로 될 것임이 명백한 경우에는 그 특허권에 기초한 침해금지 또는 손해배상 등의 청구는 '권리남용'에 해당하여 허용되지 아니한다"고 판시하고 있다(대법원 2012.1.19. 선고 2010다95390 전원합의체 판결 등).

---

3. 침해자의 실시기술 특정

침해판단의 두 번째 단계는 특허발명과 대비되는 발명(확인대상발명)의 구성을 구체적으로 특정하는 단계이다. 확인대상발명은 설명서 및 도면상에 문언적으로 기재하여야 하며, 설명서에는 특허발명과 대비되는 구체적인 구성을 빠짐없이 기재하여야 한다.

확인대상발명의 특정은 특허발명의 특허청구범위의 구성요소와 대비할 수 있을 정도로 구체적으로 기재하면 된다. 즉 확인대상발명의 구성을 전부 기재할 필요는 없고 특허발명의 구성요소에 대응하는 부분의 구체적인 구성을 기재하면 되며, 그 구체적인 구성의 기재도 특허발명의 구성요소와 대비하여 그 차이점을 판단함에 필요한 정도면 족하다.[35]

---

[34] 통상 법원의 침해소송에서 확인대상발명이 특허발명의 권리범위에 속하여 침해하는지의 여부와 특허심판원의 권리범위확인심판에서 확인대상발명이 특허발명의 권리범위에 속하는지 여부의 판단기준은 동일하다. 그러나 권리범위확인심판에는 '권리남용'의 법리가 적용되지 않으며, 특허발명의 진보성은 판단대상이 아니다. 따라서 이 부분에서 침해소송과 권리범위확인심판의 결론이 달라질 수 있다. 판례(대법원 1998. 10. 27 선고 97후2095 판결, 대법원 2017. 11. 14 선고 2016후366 판결 등)는 "특허발명이 출원 당시 신규성이 없는 경우에는 그 권리범위를 인정할 수 없으나, 신규성은 있으나 진보성이 없는 경우까지 권리범위확인심판에서 특허발명의 권리범위를 부정할 수 없다"고 판시하고 있다.

[35] 특허심판원, 심판편람(제11판), 2014, 474면.

> **자유실시기술의 항변**
>
> 특허발명이 신규성 또는 진보성이 없는 경우에 대한 '공지기술 참작의 원칙'과 '권리남용' 법리에 대하여 앞서 살펴보았다.
>
> 그런데 특허발명이 아니라 특허발명과 대비되는 확인대상발명이 공지이거나 진보성이 없는 경우는 어떨까.
>
> 특허발명과 대비되는 확인대상발명이 신규성 또는 진보성이 없는 경우에는 특허침해가 성립하지 않는다. 공지기술과 대비하여 신규성 또는 진보성이 없는 발명의 실시는 특허발명과는 무관한 자유기술을 실시하는데 불과하다는데 근거한다. 이를 '자유기술의 항변'이라고 한다.
>
> 독일에서 탄생한 자유기술의 항변은, 공지의 기술은 본래 누구나 자유롭게 실시할 수 있는 만인공유의 재산으로서, 특허권과 대등하게 대립하는 독립된 권리라는 것이다.[36]
>
> 특허가 유효하다는 것을 전제로 하는 점에서는 전술(前述)한 공지기술 참작의 원칙과 같지만, 특허발명의 공지 여부가 문제가 되는 공지기술참작의 원칙과 달리 특허발명과 대비되는 확인대상발명의 신규성·진보성 여부가 쟁점이 되는 점에서 차이가 있다.
>
> 판례는 "특허발명과 대비되는 발명이 공지의 기술만으로 이루어지거나 그 기술분야에서 통상의 지식을 가진 자가 공지기술로부터 용이하게 실시할 수 있는 경우에는 특허발명과 대비할 필요도 없이 특허발명의 권리범위에 속하지 않는다"고 판시하여 왔다.[37]
>
> 자유기술의 항변은 후술하는 균등론에서도 침해의 성립을 부정하는 소극적 요건의 한자리를 차지하고 있다.

4. 문언침해

문언침해(literal infringement)는 특허청구항[38]과 확인대상발명을 문언적으로 대비하여 특허청구항의 구성요소를 확인대상발명이 그대로 실시하고 있는 경우에 성립한다.

문언침해에서 기본이 되는 원칙은 '구성요소 완비의 원칙(all element rule)'이다. 구성요소 완비의 원칙은 복수의 구성요소로 이루어진[39] 특허발명에 있어서, 청구항에 기재된 구성요소의 전부를 실시하고 있는 경우에만 침해가 성립하고, 하나의 구성요소라도 빼고 실시하는 경우에는 침해가 성립하지 않는다는 원칙이다.

침해자가 특허발명의 구성요소 중 일부를 결여하여 확인대상발명을 실시하고 있는 사건에 있어서, 특허권자는 결여된 구성요소가 별로 중요하지 않거나 부수적인 것이기 때문에 이들 구성요소가 결여되었다고 하더라도 확인대상발명이 특허발명의 권리범위에 속한다는 주장을 하는 경우가 많다.

그러나 판례는, "특허청구항에 기재된 구성요소는 모두 그 특허발명의 구성에 없어서는 아니 되는 필수적 구성요소로 보아야 하므로, 구성요소 중 일부를 권리행사의 단계에서 비교적 중요하지 않은 사항이라고 하여 무시하는 것은 사실상 특허청구범위의 확

---

36) 吉藤幸朔, (YOU ME 특허법률사무소 역), 앞의 글, 610면.

37) 대법원 1997.11.11. 선고 96후1750 판결, 대법원 2003.12.12. 선고 2002후2181 판결, 대법원 2006. 5. 25 선고 2005도4341 판결, 대법원 2013. 9. 12 선고 2012다36326 판결 등 다수.

38) 특허청구범위가 여러 개의 청구항으로 이루어진 경우, 특허발명과 확인대상발명의 대비는 청구항 별로 이루어지며, 침해 판단의 결론이 일부 청구항은 침해, 나머지 청구항은 비침해로 결론이 날 수 있다. 그러나 어느 하나의 청구항이라도 침해하면 결국 특허침해는 성립한다고 볼 수 있다.

39) 대부분의 발명은 복수의 구성요소로 이루어져 있다.

장적 해석을 사후에 인정하는 것이어서 허용될 수 없다"고 판시하고 있다.[40]

〈사례〉 특허법원 2006.12. 21. 선고 2006허4857 판결

확인대상고안은 등록고안과 구성이 대체로 동일하며, 다만 크라운 너트(4)의 상부에 형성된 '반구상의 캡(5)'에 대응되는 구성이 없다는 작은 차이만 있다. 원고는 "위 반구상의 캡은 특별한 기능이 없는 부가적인 요소에 불과하여 생략 가능한 주지관용의 기술이다"라고 주장하였다.

판례는, "고안의 설명을 참고하면 '반구상의 캡(5)'은 크라운너트(4)와 유기적으로 결합하여 전원선을 외부로 유도하는 기능을 하면서, 아울러 전열선의 연결부를 안전하게 보호하는 효과를 갖는 것이어서 부가적 구성요소가 아니라 필수적 구성요소로 보아야 하며, 이러한 필수적 구성요소를 결여한 확인대상고안은 등록고안의 권리범위에 속하지 않는다"고 판시하였다.

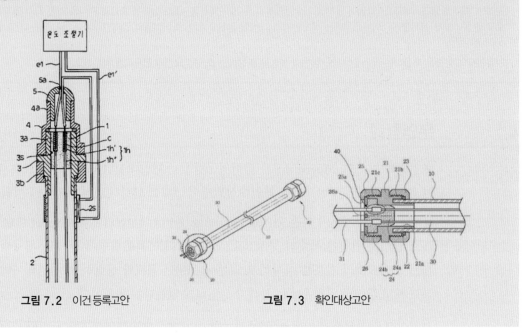

그림 7.2 이건등록고안   그림 7.3 확인대상고안

한편 침해대상발명이 특허발명의 구성요소를 모두 갖고 있으면서 다른 구성요소를 더 갖고 있는 것은 침해 판단에 영향을 미치지 않는다. 이른바 이용침해에 해당하여 침해가 성립한다.

이 때 확인대상발명이 청구항과 동일한 구성요소가 아니라 균등한 구성요소를 갖고 있는 경우에도 후술하는 균등론에 의한 침해가 성립한다.

구성요소 완비의 원칙에서 보는 바와 같이 특허발명의 청구항은 적은 구성요소를 갖는 청구항이 권리범위가 넓은 것이다(다기재협범위의 원칙). 따라서 발명의 주요한 작용효과를 달성하는 한에서는 적은 구성요소로 청구항을 작성할 필요가 있다.

---

[40] 대법원 2005.9.30. 선고 2004후3553 판결. 특허발명의 청구항에 기재된 구성요소 중에서 중요성이 낮은 일부 구성요소를 생략한 생략발명, 생략발명에 일정한 구성요소를 더 부가한 불완전이용발명도 경우에 따라 침해가 성립할 수 있다는 생략침해론, 불완전이용침해론이 있으나, 실제로 이러한 이론을 받아들여 침해를 인정한 판례는 찾아보기 힘들다.

다만 적은 구성요소를 갖는 청구항은 신규성·진보성으로 거절될 가능성이 높아지므로, 선행기술검색을 통해 선행기술과 구별되는 한도 내에서 적은 구성요소를 갖도록 청구항을 작성하여야 한다.[41)]

구성요소 완비의 원칙

"특허발명과 대비되는 발명이 특허발명의 구성요소 전부를 갖추고 있을 때는 침해이고, 구성요소의 하나라도 결여되면 침해가 성립하지 않는다"는 원칙

특허발명이	A + B + C	인 경우
⇨	A + B	비침해
	A + B + C	침해
	A + B + C + D	침해
	A + B + C′	침해*

*C와 C′가 균등물인 경우

그림 7.4 구성요소 완비의 원칙

5. 균등론에 의한 침해

균등론에 의한 침해(infringement by Doctrine of Equivalence)는 구성요소완비의 원칙(all element rule)에 따라 침해를 판단할 때, 구성요소들이 문언적으로 일치하지 않더라도 그 구성요소의 균등물이 확인대상발명에 존재하는 경우에는 침해가 성립한다는 원칙이다.

특허발명은 기술적 사상에 관한 것이어서 특허청구범위 문언만으로 특허발명을 완전하게 표현하기는 어렵다. 따라서 특허침해를 문언적 침해로만 한정하면 제3자가 너무 쉽게 피해갈 수 있어서 특허발명이 유명무실해질 수 있다. 균등론은 이러한 점을 고려하여 특허발명의 권리범위를 균등한 구성까지 일정부분 확장하는 것이다.

판례에 의한 균등침해의 요건은, 확인대상발명에서 특허발명의 청구항에 기재된 구성 중 변경된 부분이 있는 경우에도, ① 과제의 해결원리가 동일하고, ② 그러한 변경에 의하더라도 실질적으로 동일한 작용효과를 나타내며, ③ 그와 같이 변경하는 것이 통상의 기술자라면 누구나 쉽게 생각해낼 수 있는 정도라면, ④ 확인대상발명이 특허발명의 출원 시에 이미 공지된 기술 또는 공지기술로부터 통상의 기술자가 용이하게 발명할 수 있었던 기술에 해당하거나, ⑤ 특허발명의 출원절차를 통하여 확인대상발명의 변경된 구성요소가 특허청구범위로부터 의식적으로 제외된 것에 해당하는 등의 특별

---

41) 가장 좋은 방법은 적은 구성요소로 독립항을 작성하고, 독립항의 구성요소를 한정하거나 부가하면서 적정한 수의 종속항을 더 작성하는 것이다.

한 사정이 없는 한, 확인대상발명은 청구항에 기재된 구성과 균등한 것으로서 여전히 권리범위에 속한다(즉 침해가 성립한다).[42]

위 ④의 요건은 확인대상발명이 신규성 또는 진보성이 없어서 누구나 실시할 수 있는 '자유실시기술'에 해당되는 것을 의미하고, ⑤의 요건은 균등론의 적용을 배제하는 출원경과 금반언의 원칙(prosecution history estoppel)을 말한다.

위 균등침해의 요건 ①, ②, ③을 적극적 요건, ④, ⑤를 소극적 요건이라고 하며, 균등침해가 성립하려면 적극적 요건 ①, ②, ③은 모두 충족하면서 소극적 요건 ④, ⑤에는 해당되지 않아야 한다.

특허청구항의 구성요소와 확인대상발명의 구성요소가 균등물인지의 판단은 청구범위 전체로 판단하는 것이 아니라 구성요소별로 판단한다. 즉 특허발명이 A+B+C이고 확인대상발명이 A´+B´+C´라면 A+B+C대 A´+B´+C´로 전체를 대비하는 것이 아니라, A와 A´, B와 B´, C와 C´를 각각 대비하여 각 구성요소들이 균등물인지를 판단한다.

한편 구성요소들이 형식상 일대 일로 대응되는 경우에만 균등론이 적용되는 것은 아니다. 확인대상발명에 외형상으로 특허청구항의 일부 구성요소가 생략되어 있더라도, 그 생략된 구성요소와 실질적으로 동일한 기능을 하는 구성요소를 확인대상발명이 갖고 있다면, 이는 구성요소의 생략이 아니라 치환에 해당하여 균등론에 의한 침해가 성립할 수 있다.[43]

〈사례〉 특허법원 2002.12. 27. 선고 2002허3979 판결

등록고안과 확인대상고안은 모두 '견본형 장판지 바닥재첩'에 관한 것으로서, 장판지 바닥재의 배면부 고정선단 근처에 절결홈을 횡방향으로 형성한 구성이 동일하고, 다만 등록고안은 절결홈이 다수 개이고, 확인대상고안은 절결홈이 하나인 점에서만 차이가 있다.

판례는, 등록고안의 다수 개 절결홈과 확인대상고안의 하나의 절결홈이 균등관계에 있는지를 살펴 볼 때, 양 고안은 장판지 바닥재의 배면부 고정선단 근처에 역삼각형 모양의 절결홈(8)을 횡방향으로 형성함으로써 카탈로그 각 낱장이 원래의 위치로 돌아오려는 복원력을 없앤 점에서 과제의 해결원리가 동일하고, … 절결홈이 2개인 경우는 확인대상고안과 같이 절결홈이 하나인 경우에 비하여 특별한 효과의 차이가 있다고 할 수도 없으므로 양 고안이 작용효과도 실질적으로 동일하다.

한편, 등록고안의 고안의 설명에는 "절결홈은 그 개수를 장판지 바닥재첩의 두께에 따라 적절히 선택할 수 있다"고 기재되어 있는 바, 통상의 기술자라면 등록고안의 다수 개의 절결홈을 확인대상고안의 하나의 절결홈으로 변경하는 것을 극히 쉽게 생각해낼 수 있을 것이다. 따라서 "등록고안의 다수 개의 절결홈과 확인대상고안의 하나의 절결홈은 균등관계에 있다"고 하면서 확인대상고안이 등록고안의 권리범위에 속한다고 판시하였다.

---

[42] 대법원 2018.5.30. 선고 2016후2119 판결, 대법원 2014.5.29. 선고 2012후498 판결 등 다수.

[43] 대법원 2001.6.12. 선고 98후2016 판결, 대법원 2012.6.14. 선고 2012후443 판결.

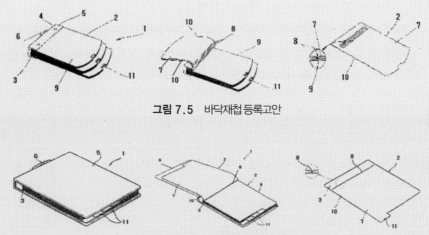

그림 7.5 바닥재첩 등록고안

그림 7.6 바닥재첩 확인대상고안

위 사례를 통해 청구범위 작성의 중요성을 다시 확인할 수 있다. 등록고안의 청구범위를 '다수 개의 절결홈'이 아니라, '절결홈'이라고 작성하였다면 절결홈이 하나이든지 다수 개이든지 관계없이 문언적 침해가 성립되므로, 소송으로 다투는 일은 없었을 것이다.

6. 출원경과 금반언의 원칙

출원경과 금반언의 원칙(prosecution history estoppel)[44]은 영미 형평법(equity) 상의 금반언(estoppel)의 원칙에 근거한 것으로서, 출원인이 특허받을 때까지 심사과정에서 행한 행위와 진술 때문에 균등론의 적용이 배제되는 것을 말한다.

출원경과 금반언의 원칙은, 균등론 판단기준에서 "확인대상발명의 변경된 구성요소가 출원절차를 통하여 특허청구범위로부터 의식적으로 제외되었는지"라는 특별한 사정을 따지는 소극적 요건의 한자리를 차지하고 있다.

출원절차를 통해 특허청구범위로부터 의식적으로 제외되었다고 볼 수 있는 심사과정에서의 행위는 ① 통상 출원인이 심사관의 거절이유통지에 대응하여 청구범위를 감축하는 보정을 하는 경우가 해당되며, ② 출원인이 출원과정에서 의견서 등을 통해 권리범위를 좁게 해석할 여지가 있는 진술을 하는 경우도 해당될 수 있다.

그러나 출원과정에서 청구범위의 감축이 이루어졌다는 사정만으로 감축 전의 구성과 감축 후의 구성을 비교하여 그 사이에 존재하는 모든 구성이 청구범위에서 의식적으로 제외되었다고 판단하지는 않는다.

---

[44] File wrapper estoppel이라고도 한다.

심사관이 거절이유통지에 제시한 선행기술을 회피하기 위한 의도로 그 선행기술에 나타난 구성을 배제하는 감축을 한 경우 등과 같이 보정이유를 포함하여 여러 사정을 종합하여 볼 때 출원인이 해당 구성을 권리범위에서 제외하려는 의사가 존재한다고 볼수 있는 경우라야 한다.[45]

〈사례〉 대법원 2017. 4. 26. 선고 2014후638 판결

특허발명과 확인대상발명은 모두 '강판 포장용 받침대'에 관한 발명으로서, 특허발명의 심사경과를 보면 최초 출원된 당시 청구범위 제1항에는 하부받침대의 단면모양이 '속이 빈 사다리꼴'로 기재되어 있었으나, 선행 기술에 근거한 심사관의 거절이유통지에 대응한 보정을 통하여 하부받침 대의 단면모양을 '하부면이 상부면보다 넓은 속이 빈 사다리꼴 단면모양'으로 축소보정하면서, 의견서를 통해서는 청구범위 제1항의 상부받침대는 홈부가 상부에 형성되어 있는 점에서 선행기술과 다르다는 취지의 주장을 하였다.

한편 확인대상발명은 하부받침대의 단면모양이 '상부면이 하부면보다 넓은 사다리꼴'이고, 상부받침대의 홈부는 하부에 설치되어 있다.

판례는 아래와 같은 이유로 하부받침대와 상부받침대에 관한 확인대상발명의 구성이 특허발명의 청구범위에서 의식적으로 제외되었으므로, 확인대상발명이 특허발명의 권리범위에 속하지 않는다고 판단하였다.

(i) 출원인이 하부받침대를 축소보정한 이유가 선행기술을 회피하기 위한 의도라고 볼 수는 없으나(이 부분이 선행기술에 나타나 있는 구성은 아니다), 발명의 설명에는 '하부면이 상부면보다 넓은 사다리꼴 단면모양'은 하부받침대의 지면과 지지면적을 넓게 하여 구조적인 안정성을 얻을 수 있다'고 기재되어 있어서, 이 사건 보정은 청구범위를 발명의 설명에 부합하도록 한정한 것이므로, 축소보정으로 삭제된 부분을 권리범위에서 제외하려는 의사가 존재한다.

(ii) 상부받침대에 관하여 살펴보면, 출원인은 의견서 제출을 통해 상부 받침대의 홈이 상부에 형성되어 하부받침대와의 결합면적을 넓혀 결합력을 강화시킨다는 취지의 주장을 함으로써 상부받침대의 홈이 하부에 형성되어 있는 선행기술과 차별화하였다. 이러한 사정으로 보아 '홈이 하부에 형성되어 있는' 확인대상발명의 구성 역시 권리범위에서 제외하였다고 볼 수 있다.

3. 특허침해에 대한 구제

1. 개요

특허침해에 대한 구제에는 민사적 구제와 형사적 구제가 있다. 특허권의 침해에 대한 민사적 구제방법으로 침해금지청구권, 손해배상청구권, 신용회복청구권, 부당이득반환청구권 등이 있고, 형사적 구제방법으로 고소에 의해 7년 이하의 징역, 1억원 이하의 벌금에 처할 수 있다.

---

[45] 이러한 법리는 청구범위의 감축 없이 의견서 제출 등을 통한 의견진술이 있었던 경우에도 마찬가지로 적용된다.

특허침해와 관련된 소송절차는 지방법원에 특허권 침해에 대한 구제를 구하는 소장을 제출함으로써 개시되며, 이에 대한 불복은 특허법원(가처분 사건은 고등법원)을 거쳐 대법원까지 상고할 수 있다.

이러한 침해소송 절차와는 별도로 특허심판원에 권리범위확인심판[46], 무효심판[47]을 청구하여 특허법원으로 항소할 수 있는 심결취소소송 절차가 있다.

많은 사건에서 법원의 침해소송과 함께 특허심판원의 권리범위·무효심판이 같이 청구되며, 통상 특허심판원의 심결이 신속하고 또 그 결과가 법원의 판결에 큰 영향을 미칠 수 있기 때문에 법원이 특허심판원의 심결을 기다려 판결하는 경우도 많다.

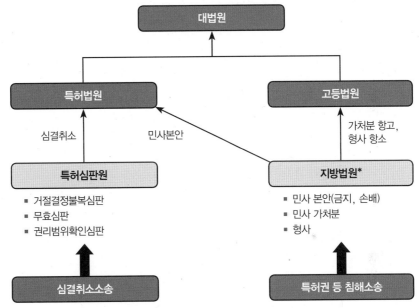

그림 7.7 특허소송의 진행도

2.   구제수단

1) 침해금지청구권

특허권자 또는 전용실시권자는 자기의 권리를 침해한 자 또는 침해할 우려가 있는 자에 대하여 그 침해의 금지 또는 예방을 청구할 수 있다(특허법 제126조 제1항). 또한 금

---

46) 권리범위확인심판과 특허침해소송은 모두 침해대상발명(확인대상발명)이 특허권의 권리범위에 속하는지를 판단하는 점에서 동일하다. 법원이 권리범위확인심판의 결과에 따라야 하는 것은 아니지만, 통상 법원에서도 심판의 결과를 신뢰하고 있기 때문에, 권리범위확인심판에서 승리한 당사자는 일단 법원의 침해소송에서도 상당히 유리한 입장에 설 수 있다.

47) 특허를 무효시키려면 특허심판원에 무효심판을 청구하는 방법 밖에는 없다. 특허가 무효가 된다면 특허권은 처음부터 없었던 것으로 보게 되므로, 권리범위에 속하는지 여부에 관계없이 침해는 성립하지 않는다.

지 또는 예방의 청구를 하면서 침해행위를 조성한 물건의 폐기, 침해행위에 제공된 설비의 제거, 그 밖에 침해의 예방에 필요한 행위를 청구할 수 있다(특허법 제126조 제2항).

침해금지청구권은 손해배상청구와 달리 침해자의 고의나 과실을 묻지 아니하므로 특허권자는 선의, 무과실로 특허권을 침해한 자에 대하여도 침해금지청구권을 행사할 수 있다. 이와 같이 침해금지청구권은 배타권으로서의 특허권의 성질이 가장 잘 표출된 것으로, 특허권 침해에 대한 구제수단으로서 가장 유효하고 막강한 대세적 영향력을 가지고 있다.[48]

특허권침해 소송은 기술적 내용이 고도하고 복잡한 발명이라는 기술적 사상을 대상으로 하는 것이어서, 통상 소를 제기한 후 판결이 나기까지 오랜 기간이 걸린다. 때문에 금지청구권의 행사는 가처분이라는 보전소송에 의해 행하여지는 경우가 많다. 이러한 가처분신청은 침해금지청구소송의 전·후 어느 때라도 가능하며 신속하게 이루어지므로 실무적으로 많이 활용되고 있다.[49]

그러나 본안소송에서 패소하거나 특허가 무효가 되는 경우에는 통상 그 가처분소송의 집행으로 인하여 상대방에게 입힌 손해를 배상할 책임을 지게 되므로 가처분신청은 신중을 기할 필요가 있다.

2) 손해배상청구권

특허권의 침해행위는 민사상 불법행위를 구성하기 때문에, 특허권자는 민법 제750조에 근거하여 침해자의 고의·과실을 증명하며 손해배상청구를 할 수 있다. 불법행위에 기한 손해배상청구권자는 ① 그 불법행위가 없었다면 얻을 수 있었을 금액에 상당하는 손해(소극적 손해), ② 불법행위로 인하여 입게 된 기존재산의 감소로서의 손해[50](적극적 손해), 불법행위로 인하여 입게 된 정신적 손해 모두가 청구대상이다.[51]

특허권 침해에 대한 손해배상을 인정받기 위하여 침해자의 고의 또는 과실, 침해행위, 침해행위와 손해와의 인과관계, 손해액 등을 입증해야 하는 책임은 원칙적으로 특허권자에게 있다.

특허법 제128조에 따른 손해액의 산정은 ① 침해행위를 하게 한 그 물건의 양도수량에 특허권자가 당해 침해행위가 없었다면 판매할 수 있었던 물건의 단위 수량당 이익액을

---

48) 조영선, 앞의 글, 509면 참조.

49) 가처분이란 권리관계의 분쟁이 있어 그 확정을 기다리는 것은 그동안 현저한 손해를 받거나 급박한 침해를 방지할 수 없는 등의 긴급한 이유가 있는 경우에 본안소송으로 판결을 받기 전에 이것과 같은 효과를 얻을 수 있는 잠정적인 조치를 말한다. 물론 긴급성이 인정되지 않는 경우에는 가처분신청은 기각된다. 윤선희, 앞의 글, 804-805면.

50) 특허권자가 손해를 제거하거나 방지하기 위하여 지출한 비용, 변호사 비용, 침해조사 비용 등이 해당될 수 있다.

51) 조영선, 앞의 글, 513면.

곱한 금액(제2항),[52] ② 침해자가 침해행위에 의하여 얻은 이익액(제4항), ③ 실시로 인하여 통상 받을 수 있는 실시료 상당액(5항), ④ 기타 법원이 인정하는 상당한 손해액(제7항)[53] 등으로 산정될 수 있다.

우리나라는 외국에 비하여 법원에서 인정되는 손해배상액이 너무 적다는 점에서 특허권에 대한 보호가 미흡하다는 비판이 있다.

3) 부당이득반환청구권

부당이득반환청구권이란 법률상 정당한 원인 없이 타인의 재산 또는 노무로 인하여 이익을 얻고 이로 인하여 타인에게 손해를 가한 자에 대하여 그 이득의 반환을 청구할 수 있는 권리를 말한다. 특허법에는 부당이득반환에 관한 규정은 존재하지 않지만, 민법의 부당이득반환청구권이 인정된다는 것이 통설이다.

불법행위의 경우와 부당이득의 경우는 소멸시효의 기간이 다르다는 점에 있어서 큰 차이가 있다. 즉, 불법행위에 의한 손해배상청구권의 시효는 그 손해를 안 날로부터 3년임에 대하여 부당이득반환청구권의 시효는 통상의 채권과 마찬가지로 10년이기 때문에, 불법행위에 의한 손해배상 청구권의 시효가 소멸한 후에 있어서 부당이득반환청구권은 의미를 갖는다.

4) 형사벌

특허권 또는 전용실시권을 침해한 자는 7년 이하의 징역 또는 1억원 이하의 벌금에 처한다(법 제225조). 형사벌은 침해자의 고의가 입증되어야 하고, 또 특허권자 또는 전용실시권자의 고소가 없으면 공소(公訴)를 제기할 수 없다.[54]

---

[52] 다만 손해액 산정 시 특허권자 등이 침해행위 외의 사유로 판매할 수 없었던 사정이 있는 때에는 당해 침해행위 외의 사유로 판매할 수 없었던 수량에 따른 금액은 빼야 한다. 특허법 제128조 제3항 단서.

[53] 특허권의 침해에 의하여 손해가 발생한 것은 인정되나, 그 손해액을 입증하기 위하여 필요한 사실을 입증하는 것이 해당 사실의 성질상 매우 곤란한 경우에 적용한다.

[54] 이를 친고죄라 한다.

01   특허권의 효력에 대한 다음 설명 중 옳지 않은 것은?

  ❶ 특허법은 제94조에서 "특허권자는 업으로서 그 특허발명을 실시할 권리를 독점한다"고 규정하고 있는데, 이는 특허권의 적극적 효력(독점권 또는 실시권)에 관한 규정이다.

  ❷ 특허권의 효력을 독점권과 배타권으로 나누어 파악하고 있는 우리나라, 일본과 달리 미국이나 유럽 등은 통상 특허권을 배타권으로만 파악하고 있다.

  ❸ 특허권의 효력은 "청구범위에 기재된 발명을 업(業)으로서 실시할 수 있는 권리를 독점"하는 것이므로, 업(業)이 아닌 개인적, 가정적 실시에는 특허권의 효력이 미치지 않는다.

  ❹ 물건의 발명에 대한 실시(實施)의 의미는 그 물건을 "생산, 사용, 양도, 대여 또는 수입하거나 그 물건의 양도 또는 대여의 청약을 하는 행위"를 말한다.

  ❺ 특허제품의 전시는 양도하거나 대여할 목적의 전시인지 또는 양도나 대여 목적이 아닌 단순한 전시인지에 관계없이 특허발명의 실시에 해당한다.

02   특허권에 대한 권리소진론(Doctrine of Exhaustion)에 대한 다음 설명 중 옳지 않은 것은?

  ❶ 권리소진론은 특허제품에 대하여 정당한 생산·판매가 이루어진 후에는 해당 물품에 대한 특허권의 효력은 제한되어 다시 특허권을 주장할 수 없다는 것이다.

  ❷ 권리소진론은 생산 및 판매가 동일국 내에서 이루어지는 국내적 소진론과 국경을 넘는 거래에서의 소진론(국제적 소진론)으로 나누어 파악할 필요가 있다.

  ❸ 우리나라에서는 국내적 소진과 국제적 소진이 모두 이견 없이 인정되고 있다.

  ❹ 국제적 소진론은 주로 외국에서 권리자 또는 그로부터 실시권을 받은 자에 의해 특허제품이 적법하게 유통되어진 후 이 특허제품(진정상품)이 국내에 수입되는 병행수입(parallel import)과 관련이 있다.

  ❺ 상표권과 관련하여서는 진정상품의 병행수입을 일정한 조건하에서 인정한 대법원 판례가 있다.

03   다음 중 특허권의 효력이 제한되는 경우가 아닌 것은?

  ❶ 연구 또는 시험을 위한 특허발명의 실시

  ❷ 약사법에 따른 의약품의 품목허가·품목신고 및 농약관리법에 따른 농약의 등록을 위한 연구 또는 시험 목적의 실시

  ❸ 특허출원시부터 국내에 있던 물건

  ❹ 둘 이상의 의약을 혼합하여 제조하는 특허발명에 대한 약사법에 의한 조제행위

  ❺ 특허제품을 제조하여 특허권이 없는 해외에 수출하려는 목적의 품질 테스트를 위한 실시

04   특허의 실시권(license)에 대한 설명 중 옳지 않은 것은?

  ❶ 실시권이란 특허권자가 아닌 자가 특허발명을 업으로서 실시할 수 있는 권리를 말하며, 전용실시권과 통상실시권으로 나뉜다.

  ❷ 전용실시권(exclusive license)은 한 사람에게만 독점적으로 실시할 권리를 부여하는 것이지만, 특약이 없는 한 특허권자는 실시할 수 있다.

  ❸ 전용실시권과 통상실시권 모두 그 실시범위에 대하여 시간·장소 및 내용적 제한을 둘 수 있다.

❹ 전용실시권을 설정 받은 자는 특허권자와 마찬가지로 특허발명을 침해한 자 또는 침해할 우려가 있는 자에 대하여 자기의 이름으로 그 침해의 금지 또는 예방을 청구할 수 있고, 손해가 있는 경우에는 그 배상을 청구할 수 있다.

❺ 통상실시권(non-exclusive license)도 전용실시권과 마찬가지로 특허발명을 업(業)으로 실시할 수 있는 권리이나, 전용실시권과 다른점은 실시할 권리를 독점하는 것이 아니라는 것이다.

05 다음 통상실시권에 대한 설명으로 옳지 않은 것은?

❶ 통상실시권은 물권적 권리인 전용실시권과 달리 채권적 권리여서 동일한 권리가 여러 사람에게 부여될 수 있으며, 특허권자도 스스로 실시할 수 있다.

❷ 통상실시권도 전용실시권과 마찬가지로 당사자 사이에 설정계약을 한 것만으로 성립하지 않으며, 특허청의 등록원부에 등록되어야만 그 효력이 발생한다.

❸ 통상실시권은 계약에 의해 발생하는 허락실시권, 공익상의 필요에 의해 당연히 발생하는 법정실시권 및 행정청의 처분에 의해 강제로 발생하는 강제실시권으로 구분된다.

❹ 법정실시권은 특허권자의 의사에 관계없이 공익상 필요에 따른 법률상 규정에 의해 당연히 발생하는 통상실시권을 말하며, 직무발명에 대하여 사용자가 갖는 통상실시권 및 선(先)사용에 의한 통상실시권 등이 해당된다.

❺ 강제실시권(compulsory license)은 국방상 필요, 공공의 이익 등의 목적으로 특허청장 등의 처분에 의해 특허권자의 의사에 관계없이 특정인에게 부여되는 실시권을 말하며, 특허권자가 3년 이상 그 특허를 실시하고 있지 않을 때 제3자의 청구에 의해 실시권이 부여되는 불실시에 의한 통상실시권이 대표적이다.

06 이용·저촉관계에 대한 다음 설명 중 옳지 않은 것은?

❶ 이용(利用)발명은 선(先)특허발명을 이용하는 발명을 말하며, 이와 같은 선후 특허발명 사이의 관계를 이용관계라 한다.

❷ 저촉(抵觸)발명은 두 권리 간에 어느 한쪽을 실시하게 되면 다른 쪽의 권리를 실시하게 되는 경우, 즉 두 권리가 동일(同一)한 경우를 말한다.

❸ 이용관계는 예를 들면 선특허발명이 구성요소 A+B를 갖고 후특허발명이 A+B+C로 이루어진 경우로서, 후특허발명이 선특허발명의 구성요소(A+B)를 그대로 포함하고 새로운 기술적 요소(C)를 부가하였을 경우이다.

❹ 선후 특허발명 사이에 이용관계가 성립하면 후특허발명은 선특허발명의 권리범위에 속하므로(이른바 이용침해), 후특허발명을 실시하려면 선특허발명 특허권자의 허락을 받아야 한다.

❺ 이용관계는 특허발명과 특허발명 사이에서만 발생할 수 있다.

07 다음 특허권에 관한 설명 중 옳지 않은 것은?

❶ 특허권은 출원인이 특허결정서를 받은 날부터 3개월 이내에 특허청에 최초 3년분의 특허료를 납부하면 설정등록이 되어 특허권이 발생한다.

❷ 특허권이 공유인 경우에는 각 공유자는 다른 공유자의 동의를 받지 않고 그 특허발명을 자신이 실시할 수 있으나, 자신의 지분을 다른 사람에게 양도하거나 질권을 설정하고자 할 때는 다른 공유자 모두의 동의를 받아야만 한다.

❸ 특허발명이 그 특허발명의 출원 이전에 공지된 발명(신규성이 없는 발명)인 경우에는, 무효심판에 의해 무효가 되기 이전이라도 권리범위확인심판이나 침해소송 등에서 그 특허권의 효력을 인정하지 않는다.

❹ 특허권의 존속기간은 특허권을 설정등록한 날부터 특허출원일 후 20년이 되는 날까지이나, 특허권의 존속을 위해서는 4년차 이후 매년 연차특허료를 납부해야 한다.

❺ 특허권은 무체재산권으로서 채권에 준하는 성질만을 가진다.

08 특허발명이 A+B+C로 이루어져 있을 때 특허침해와 관련한 다음의 설명 중 옳지 않은 것은?

❶ A+B+C+D로 이루어진 제3자의 발명은 구성요소완비의 원칙(all element rule)에 의해 특허발명을 침해한다.

❷ A+B로 이루어진 제3자의 발명은 구성요소 완비의 원칙에 의하여 특허발명을 침해하지 않는다.

❸ A'+B'+C'인 제3자 발명은 특허발명을 문언적으로 침해하지는 않으나 균등론에 의해서는 침해가 성립할 수 있다.

❹ A+B로 이루어진 특허발명의 특허권자는 A+B+C로 이루어진 특허발명을 마음대로 실시할 수 있다.

❺ 균등론에 의한 침해는 출원경과금반언의 원칙이 적용되면 성립하지 않을 수 있다.

09 특허청구범위의 해석에 관한 다음 설명 중 옳지 않은 것은?

❶ 특허침해 판단의 첫 번째 단계는 특허발명의 보호범위를 확정하기 위하여 특허청구범위를 해석하는 단계이며, 특허청구범위 기준의 원칙, 발명의 설명 참작의 원칙 및 공지기술 참작의 원칙 등이 적용된다.

❷ 특허청구범위 기준의 원칙이란 "특허청구범위의 기재만으로 기술적 범위가 명백한 경우에는, 원칙적으로 명세서의 다른 기재에 의하여 청구범위의 기재를 보완해석 하여서는 안 된다"는 것이다.

❸ 발명의 설명 참작의 원칙이란 "특허청구범위의 기재만으로는 특허의 기술적 구성을 알 수 없거나 알 수 있더라도 기술적 범위를 확정할 수 없는 경우에는 명세서의 다른 기재에 의하여 보충 해석할 수 있다"는 것을 말한다.

❹ 특허청구범위의 청구항의 구성요소 일부에 공지기술이 기재되어 있는 경우에는 공지기술을 제외한 구성요소만으로 선행기술과 대비하거나 권리범위 해석을 할 수 있다.

❺ 특허청구범위의 청구항의 구성요소 전체가 공지인 경우(즉 신규성이 없는 경우)에는 제3자의 발명과 대비할 필요도 없이 그 권리범위가 인정되지 아니한다.

10 특허권 침해의 구제방법에 관한 설명으로 옳지 않은 것은?

❶ 특허권의 침해에 대한 민사적 구제방법으로는 침해금지청구권, 손해배상청구권, 신용회복청구권, 부당이득반환청구권 등이 있다.

❷ 특허침해와 관련된 소송절차는 지방법원에 특허권 침해에 대한 구제를 구하는 소장을 제출함으로써 개시되며, 이에 대한 불복은 특허법원(가처분 사건은 고등법원)을 거쳐 대법원까지 상고할 수 있다.

❸ 침해소송 절차와는 별개로 특허심판원에 권리범위확인심판, 무효심판을 청구하여 특허법원으로 항소할 수 있는 심결취소소송 절차가 있으며, 침해소송과 권리범위확인심판·무효심판의 결과가 서로 영향을 미치는 경우는 없다.

❹ 침해금지청구권은 손해배상청구와 달리 침해자의 고의나 과실을 묻지 아니하므로 특허권자는 선의, 무과실로 특허권을 침해한 자에 대하여도 침해금지청구권을 행사할 수 있다.

❺ 특허침해에 대한 형사적 구제방법으로 고소에 의해 7년 이하의 징역, 1억원 이하의 벌금에 처할 수 있다. 다만 형사벌은 침해자의 고의가 입증되어야 하고, 특허권자 또는 전용실시권자의 고소가 없으면 공소(公訴)를 제기할 수 없다.

11 특허권자 甲은 자신의 특허발명 X와 유사한 X' 발명을 실시하고 있는 乙을 대상으로 법원에 특허권 침해금지청구를 하였다. 이 때 乙이 할 수 있는 주장으로 적절하지 아니한 것은?

❶ X와 X'는 다른 발명이다.

❷ X는 그 특허출원일 전에 공지된 선행문헌에 의해 신규성이 없다.

❸ X'는 X의 특허출원일 전에 공지된 선행문헌으로부터 통상의 기술자가 쉽게 생각해낼 수 있는 발명이다.

❹ X'가 X의 특허출원시부터 국내에 있었던 물건이다.

❺ X'와 X가 균등물이다.

12 특허권의 존속기간에 관한 다음 설명 중 옳지 않은 것은?

❶ 특허권의 존속기간은 설정등록일로부터 출원일 후 20년이 되는 날까지이다.

❷ 특허권은 존속기간 만료, 연차특허료 불납, 특허권의 포기, 무효심판에 의한 무효 등에 의해 소멸된다.

❸ 의약품 허가에 소요된 기간에 대한 존속기간 연장은 최대 10년까지이다.

❹ 의약품 허가에 소요된 기간에 대한 존속기간 연장제도 및 등록지연에 따른 존속기간 연장제도에 의해 특허권의 존속기간이 출원 후 20년보다 연장될 수 있다.

❺ 등록지연에 따른 존속기간 연장제도는 출원인의 귀책사유 없이 "특허출원일부터 4년과 심사청구일부터 3년 중 늦은 날"보다 특허권의 설정등록이 늦게 이루어지는 경우, 그 지연된 기간만큼 존속기간을 연장해 주는 것이다.

Creation and Utilization of
INVENTION AND PATENT

ㄱ

각국 특허독립의 원칙 / 225
간접 침해 / 249
간행물 / 40
강제 결합법 / 80
강제실시권 / 246
거절결정 / 60, 63
거절결정불복심판 / 62, 65
거절이유통지 / 60, 61
검색 DB / 120, 149
검색시스템 / 120
검색연산자 / 120
결정계 심판 / 64
결합 / 97
경업금지 약정 / 14
공개공보와 등록공보 / 115
공동발명 / 35
공백기술 파악 / 184
공업상이용가능성 / 5
공연히 실시 / 39
공지 / 39
공지기술에 의한 제한 / 247
공지기술 참작의 원칙 / 252
공지예외 제도 / 42
공지예외 주장기간 / 43
과실의 추정 / 250
관련디자인제도 / 6
구성요소 완비의 원칙(all element rule) / 33, 67, 255
국가코드 약어 / 134
국내 단계 / 227
국내우선권 제도 / 54
국제공개 / 227
국제예비심사 / 227
국제조사 / 227
국제출원 / 226
국제특허분류 / 117

권리남용 / 68
권리범위확인심판 / 67
권리소진론 / 241
균등론에 의한 침해 / 67, 257
금지권 / 238
기록매체청구항 / 19
기술력 지수 / 168
기술발전도 / 182
기술분류표 / 150
기술적 모순 / 83
기술적 사상 / 31

ㄴ

노하우 / 14

ㄷ

닫힌 세계의 조건 / 88
당사자계 심판 / 64, 66
대칭파괴 / 95
대학에서의 직무발명 / 37
데이터 가공 / 152
데이터베이스 / 24
도면 / 203
독립항 / 201
독립항의 진보성 / 45
독점권 / 238
동물 관련 발명 / 21
동일성 / 49
디자인 / 5

ㅁ

매트릭스 분석 / 182
명세서 / 52, 193
명세서에 대한 보정 / 62
명세서 작성 실습 / 205
모순 / 82
모순의 개념 / 83
모인출원 / 35
문언침해 / 67, 255

물리적 모순 / 83
물리적인 모순 / 84
미국 연방상표법 / 24
미생물 관련 발명 / 21
미생물기탁제도 / 21

ㅂ

반도체집적회로 / 16
반도체집적회로의 배치설계에 관한 법률 / 16
발명의 단일성 / 55
발명의 명칭 / 194
발명의 설명 / 194
발명의 설명 참작의 원칙 / 252
발명자 / 35
방식심사 / 60
배경기술 / 195
배타권 / 238
배타적발행권 / 10
번호검색 / 125, 129
법정실시권 / 244
베른조약 / 11
변경출원 / 56
보상금청구권 / 60
보정각하결정 / 62
보정서 / 62
보호범위 / 198
복수디자인제도 / 6
복제 / 92
복합우선 / 53, 54
부당이득반환청구권 / 260, 263
부분디자인제도 / 6
부분우선 / 53, 54
부정경쟁방지 및 영업비밀보호에 관한 법 / 13
부정경쟁방지법 / 15, 25
분리 / 84
분할 / 94

분할출원 / 56
브레인스토밍 / 77
블루투스 / 101

ㅅ

사물인터넷 개요 / 99
사용자 / 36
산업상이용가능성 / 39
산업재산권 / 2, 3
상업적 성공 / 45
상표의 유사 여부 / 10
상품화권 / 23
상호 / 9
생명공학기술 / 20
생명체에 관한 발명 / 20
생산방법의 추정규정 / 250
서식작성기 / 220
서열목록 제출제도 / 21
서지사항 검색 / 129
선원 / 31, 49
선출원주의 / 31
선행기술조사보고서 / 135
설정등록료 / 237
성립성 / 38
세계지식재산권기구 / 2
센서 / 100
소극적 권리범위확인심판 / 67
소극적 효력 / 238
소프트웨어 / 18
손해배상청구권 / 260, 262
손해액의 추정규정 / 250
스마트검색 / 126
스캠퍼 / 78
승계인 / 35
시장확보지수 / 168
식물 관련 발명 / 21
식물신품종 / 17
식물신품종보호법 / 17
식별력 / 25
신규 사항 / 55
신규성 / 39
신규성 상실의 예외규정 / 6
신속심판제도 / 64
신용회복청구권 / 260
신지식재산권 / 2, 13

실시 / 239
실시권 / 238
실시권에 의한 제한 / 243
실시행위의 독립 / 241
실용신안 / 4
실질적 유사성 / 12
실체심사 / 60
심결취소소송 절차 / 261
심사관 면담 / 62
심사청구제도 / 57

ㅇ

아이디어 창출 과정 / 104
아이디어/표현 이분법 / 12
연산자 / 126
연차등록료 / 237
연차특허료 / 33
영업방법 / 19
영업비밀 / 13
영업비밀 침해행위 / 13
영향력 지수 / 168
외국어 특허출원제도 / 52
요약서 / 204
용도발명 / 32
용도통합 / 90
우선권 / 52
우선권 제도 / 224
우선권 주장 / 53
우선심사 청구 / 58
우선심판제도 / 64
유럽특허청을 통한 출원 / 228
유용성 / 21
유전공학 발명 / 21
유효데이터 추출 / 152
의거 / 12
의견서 / 62
이상해결책 / 82
이용발명 / 246
이용·저촉관계에 의한 제한 / 246
이해관계인 / 67
인간의 치료방법 / 39
인용도 지수 / 168
인용발명 / 42
인증서등록 / 218
인터넷 게시물 / 40

일사부재리의 원칙 / 64
입체상표 / 25

ㅈ

자원 / 82
자유발명 / 38
자유실시기술의 항변 / 255
재심사청구 / 63
저작권 / 2, 10
저작권위원회 / 12
저작권의 제한 / 12
저작인격권 / 10, 12
저작인접권 / 10
저작재산권 / 10, 12
저촉발명 / 246
적극적 권리범위확인심판 / 67
적극적 효력 / 238
전기통신회선 / 40
전매조례 / 30
전용실시권 / 243
전자출원 / 214
전자출원 소프트웨어 다운로드 / 219
절차, 특허출원 / 51
정당한 보상 / 37
정량분석 / 156
정성분석 / 176
정정심판 / 65
제거 / 97
젭슨청구항 / 202
조기공개신청 / 59
조약우선권 / 52
종속항 / 201
종속항의 기재방법 / 202
종업원 / 36
중복데이터 제거 / 154
증명서류 제출 / 43
지식재산권 / 1
직권심리주의 / 64
직권진행주의 / 64
직무발명 / 36
직접침해 / 249
진단방법 및 수술방법 / 39
진보성 / 44
진보성의 유무 / 44

질적 변화의 조건 / 89

ㅊ

창의성 / 75
창의적 문제해결론 / 81
창작성 / 6
청구범위의 축소 해석 / 253
청구범위제출 유예제도 / 52
청구항의 기재형식 / 205
청구항의 종류 / 200
초상권 / 22
최초 거절이유통지 / 61
최후 거절이유통지 / 61
추가납부기간 / 237
출원경과 금반언의 원칙 / 259
출원공개제도 / 59
출처혼동행위 / 15
출판권 / 10
침해금지청구권 / 260, 261
침해소송 / 68
침해소송 절차 / 261

ㅋ

카탈로그 / 40
캐릭터 / 23
컴퓨터프로그램 / 17
컴퓨터프로그램보호법 / 18
키워드 검색 / 124
키프리스 검색 / 125

ㅌ

통상실시권 / 36, 244
통상실시권허여심판 / 68
통합명세서 작성기 / 219
트레이드 드레스 / 24
트리즈(TRIZ) / 81
특허 / 3, 29
특허결정 / 60, 63
특허고객번호 / 215
특허공보 / 59, 115
특허관리 전문회사 / 34
특허괴물 / 34
특허권 / 237
특허권의 공유에 의한 제한 / 247
특허권의 소극적 효력 / 238

특허권의 적극적 효력 / 238
특허권의 존속기간 / 33, 237
특허권의 표시 / 247
특허권의 효력이 미치지 않는 범위 / 242
특허권 효력 / 239
특허대상 / 38
특허로 / 214
특허로 통합설치 프로그램 / 215
특허를 받을 수 없는 발명 / 50
특허무효심판 / 33, 66
특허법원 / 63
특허분류 / 117
특허수수료 / 192
특허심사하이웨이 / 58
특허심판 / 63
특허의 기원 / 30
특허의 특징 / 31
특허장 / 30
특허정보 / 115
특허정보검색 / 115
특허정보검색 순서 / 122
특허정보분석 / 147
특허지도 / 147
특허청구범위 / 198
특허청구범위 기준의 원칙 / 251
특허청구범위 해석 / 251
특허출원서 / 51, 191
특허출원에 대한 정보제공 / 57
특허출원의 보정 / 55
특허출원 절차 / 51
특허취소신청 / 69
특허침해 / 68
특허침해 개요 / 249
특허침해에 대한 구제 / 260
특허 침해의 특수성 / 250
특허협력조약 / 225
특허활동지수 / 168

ㅍ

파리조약 / 53, 224
퍼블리시티권 / 22
편집저작물 / 24
품종보호출원 / 17
프로세서 / 100

ㅎ

하나의 특허출원의 범위 / 54
한국특허령 / 31
해외출원 / 224
해외출원의 필요성 / 225
해외특허검색 / 132
핵심특허 / 176
허락실시권 / 244
현저한 지리적 명칭 / 8
형사벌 / 263
확대된 선원 / 50
확인대상발명의 특정 / 254
희망점 열거법 / 80
희석화 행위 / 15

A

ASIT / 87

C

CPC / 119

E

ECLA / 119
e특허나라 사이트 / 148

F

FI / 119
F-term / 119

I

INID 코드 / 116
IP-R&D / 147

U

USPC / 119

W

WiFi / 101

기타

2차적 저작물 / 11
40가지 발명원리 / 86

홍정표

- 서울시립대학교 화학공학 학사
- 연세대학교 산업대학원 공학석사
- 미국 사우스캐롤라이나주립대학 Law School J.D.(Juris Doctor)
- 기술고등고시 제21회 합격
- 특허청 심사관, 심판관, 심사국장, 특허심판원장
- 변리사, 미국변호사
- 現) 국민대학교 융합전자공학과/지식재산전담교수/IP-R&D센터장

저서

《특허판례연구(공저)》, 박영사
《특허법주해(공저)》, 박영사
《직무발명제도 해설(공저)》, 박영사
《영업비밀보호법(공저)》, 박영사

지식재산 창출·활용을 위한
발명과 특허

| 인 쇄 | 2021년 10월   8일 초판 2쇄 |
| 발 행 | 2021년 10월 15일 초판 2쇄 |

인지

저 자	홍정표
발 행 인	성희령
출 판 기 획	안성일, 한혜인, 임민정
영업마케팅	채희만, 한석범, 유효진
총 무 회 계	이승희

발 행 처	**INFINITY**BOOKS
주 소	경기도 고양시 일산동구 하늘마을로 158 대방트리플라온 C동 209호
대 표 전 화	02)302-8441
팩 스	02)6085-0777

도서 문의 및 A/S 지원

| 홈 페 이 지 | www.infinitybooks.co.kr |
| 이 메 일 | helloworld@infinitybooks.co.kr |

I S B N	979-11-85578-38-5
등 록 번 호	제 25100-2013-152 호
판 매 정 가	**20,000원**